Vorarlberger Jahrbuch für Politik 2009 / 2010

Kathrin Hämmerle, Peter Plaikner (Hg.)

Vorarlberger Jahrbuch für Politik 2009/2010

facultas.wuv

Bibliografische Information der Deutschen Nationalbibliothek

Die Deutsche Nationalbibliothek verzeichnet diese Publikation
in der Deutschen Nationalbibliografie;
detaillierte bibliografische Daten sind im Internet unter
http://d-nb.de abrufbar.

Typografische Gestaltung, Satz: Ekke Wolf, typic.at
Umschlaggestaltung: Atelier Tiefenthaler
Druck: Facultas AG
Printed in Austria

ISBN 978-3-7089-0447-4

Gefördert vom Land Vorarlberg und durch das Bundesministerium
für Unterricht, Kunst und Kultur in Wien.
Gedruckt mit Unterstützung des Bundesministeriums
für Wissenschaft und Forschung in Wien.

Inhalt

Vorwort

Auch ein Sachbuch ist ungeachtet seines Anspruchs eine sehr persönliche Sache. Ohne Leidenschaft für das Thema kommt die Nüchternheit seiner Behandlung weder auf den Bildschirm noch zu Papier. Ein Vorarlberger Jahrbuch für Politik benötigt ein ganz besonderes Maß von Spaß am Leid. Denn solche Fibeln, wie es sie für Österreich und die meisten Bundesländer schon gibt, sind grundsätzlich keine Bestseller, verringern ihr ohnehin beschränktes Zielpublikum mit der Kleinheit der Bestimmungsregion und rekrutieren ihre Autor/inn/en vornehmlich von Universitäten. Wahrscheinlich sind dies die drei Hauptursachen, warum es ein Vorarlberger Jahrbuch für Politik bisher noch nicht gab. Das aber wiederum ist der maßgebliche Grund, weshalb Sie jetzt eines in Händen halten.

Manche steigen auf die Berge, weil sie da sind. Andere machen Bücher, damit es sie gibt. Das ist eine sehr persönliche Sache. Für die Verfassungsrechtlerin und Politikwissenschafterin aus Lustenau hat es mit Heimat zu tun. Ein Zuhause, das bis heute verlassen muss, wer ihre oder seine Studien absolvieren will. Für den Journalisten und Berater aus Innsbruck hat es mit Heimat zu tun. Eine Region, die er mehr als andere begreifen möchte, aber so grenzüberschreitend, wie er Vorarlberger Kameraden beim Bundesheer und Kommilitonen an der Universität erlebt hat.

Weggehen, Zurückkommen, Da- oder Fernbleiben: Schon aus dem Wohnort und Lebensmittelpunkt entsteht für uns ein reizvoller Perspektivenwechsel aus dem Land und auf das Land. Türke, Tiroler, Liechtensteiner und sogar ein Wiener neben den echten Gsi: Auch die Abstammung ermöglicht die Grundlage jeder Kritik – den Vergleich. Wissenschafter/innen und Medienmacher/innen, Politiker/innen und Sozialarbeiter/innen, Wirtschaftstreibende und Kulturschaffende: Auch die verschiedenen beruflichen Hintergründe sorgen für die Vielfalt der Ausdrucksformen – vom spöttischen lyrischen Versuch bis zu den angreifbaren Daten der Marktforschung, vom vor Fußnoten strotzenden wissenschaftlichen Beitrag bis zur locker-flockigen journalistischen Maximatur, von der betont trockenen Tatsachenaufbereitung bis zur mühsam abgerungenen Herzensangelegenheit reicht das Spektrum der Artikel.

Wir hoffen, dass daraus jenes Vorarlberg-Lesebuch entstanden ist, das wir uns gewünscht haben. Eine Fibel, zu der nicht nur unsere Kinder Magdalena und Felix greifen, wenn sie etwas über das Ländle wissen wollen. Ein Band, der Politik umfassend und übergreifend definiert als den Versuch, jenes Gemeinwohl zu schaffen und zu regeln, das trotz dieses antiquiert wirkenden Ausdrucks unsere Endstation Sehnsucht sein muss. Ansonsten hätte nicht nur dieses Buch keinen Sinn.

Wir wollten es viel früher erscheinen lassen. Das ist uns trotz Leidenschaft für die Sache nicht gelungen. Einige Beiträge sind lange vor ihrem Erscheinen fertiggestellt worden. Sollten Sie etwas Überholtes darin finden: Nicht die Verfasser/innen, wir Herausgeber tragen die Schuld daran. Unseren generösen Förderern und idealistischen Autor/inn/en möchten wir für mehr als ihren Langmut und ihre Nachsicht danken. Sie sind die wahren Möglichmacher dieses ersten Vorarlberger Jahrbuchs für Politik, von dem wir hoffen, dass es Fortsetzungen findet.

Klagenfurt, Innsbruck, Lustenau im Juli 2010
Kathrin Hämmerle und Peter Plaikner

Abschnitt I

Wahlen

Peter Filzmaier, Flooh Perlot

Die Vorarlberger Landtagswahl 2009

Wahlverhalten, Wähler/innenströme und -motive

Am 20. September 2009 fand in Vorarlberg die Landtagswahl statt. Diese war zeitlich eingebettet in die Wahljahre 2009/10, welche – nach der Nationalratswahl am 28. September 2008 – unter anderem Wahlen zum Europäischen Parlament im Juni 2009, die Bundespräsidentschaftswahl im April 2010 sowie Landtagswahlen in Kärnten und Salzburg Anfang März 2009 bzw. Oberösterreich (eine Woche nach Vorarlberg im September 2009), Steiermark, Burgenland und Wien (plangemäß jeweils im Herbst 2010) vorsahen. Zentrale Fragestellungen für die Interpretation des Wahlergebnisses sind daher mit regionalem Schwerpunkt zu verstehen, es müssen jedoch auch gesamtösterreichische Zusammenhänge berücksichtigt werden:

- Welche Auffälligkeiten bzw. soziodemographischen Unterschiede und Veränderungen zeigen sich im Wahlverhalten der Vorarlberger/innen? Von großem Interesse sind dabei Trends einer möglichen Alters- und/oder Geschlechterkluft sowie vor dem Hintergrund der Wirtschaftskrise die Parteipräferenzen nach Berufsgruppen, vor allem von Arbeiter/inne/n, Angestellten und Pensionist/inn/en. Hinzu kommt, dass auch in Vorarlberg nach der Senkung des Wahlalters auf 16 Jahre erstmals 16- und 17-Jährige an der Landtagswahl teilnahmen.
- Inwiefern ist insbesondere angesichts der zunehmenden Personalisierung der Politik die Bedeutung der Parteien bzw. ihrer Kandidat/inn/en als Einflussfaktor für das Wahlverhalten einzuordnen? In Vorarlberg 2009 hatte das spezielle Bedeutung, nachdem die ÖVP ihre Wahlkampfstrategie fast ausschließlich auf die Person von Landeshauptmann Sausgruber fokussierte. Dieser kündigte an, im Fall eines Verlusts der absolu-

ten Mehrheit zurückzutreten, er war insbesondere in der Schlussphase allein plakatiert und wurde inseriert, während der Parteiname in den Hintergrund trat.

- Was waren zentrale Wahlmotive und inwiefern sind unabhängig von den jeweiligen Besonderheiten regionaler Wahlgänge 2009/10 bundespolitische Kontinuitäten festzustellen?
- Welche Entwicklungen und Hintergründe zeigen sich bezüglich der – stark unterschiedlichen – Wahlbeteiligung und welchen Einfluss hat diese auf künftige Wahlen?

Zugleich dürfen Vergleiche der Wahlanalyse in Vorarlberg mit anderen Bundesländern bzw. der Bundesebene nicht überschätzt werden. Zwar waren in Vorarlberg rund 260 000 Menschen wahlberechtigt, das entspricht aber lediglich vier Prozent der über 6,3 Millionen Wahlberechtigten Österreichs. Die Wahlbeteiligung der Vorarlberger/innen ist trotz eines Anstiegs 2009 zudem unterdurchschnittlich. Tatsächlich gaben daher am 20. September 2009 nur 2,8 Prozent der österreichischen Wahlberechtigten ihre Stimme ab. Die ÖVP wurde von 1,4 Prozent zum Erstplatzierten gekürt. Bei allen anderen Landtagsparteien betrug der gesamtösterreichische Wähleranteil zwischen 0,3 und 0,7 Prozent.

Wahlergebnisse im Vergleich und Indikatoren des Wahlverhaltens

Zusammenfassung der Ergebnisse

Bei der Vorarlberger Landtagswahl 2009 gab es – siehe Tabelle 1 – drei absolute und/oder relative Gewinner und einen großen Verlierer. Die ÖVP erreichte neuerlich die absolute Mehrheit an Stimmen und Mandaten. 50,79 Prozent der Stimmen bedeuteten zwar ein Minus von rund vier Prozentpunkten im Vergleich zur Wahl 2004 sowie 20 der 36 Mandate im Landtag (minus eins). Der erste Platz und die absolute Mehrheit wurden allerdings trotzdem klar gehalten, das Wahlziel wurde somit erreicht. Die SPÖ verlor nach ihren Zugewinnen 2004 deutlich und wurde auf 10,02 Prozent und drei Mandate reduziert. Umgekehrt das Bild bei der FPÖ: Diese konnte ihren Stimmenanteil mehr als verdoppeln und kam auf 25,12 Prozent und neun Sitze im Landtag – ein Plus von 12,18 Prozentpunkten sowie vier Mandaten. Die Grünen erhielten neuerlich rund zehn Prozent der Stimmen sowie Klubstatus und vier Sitze.

Blickt man bis zur Landtagswahl 1999 zurück (siehe Tabelle 1), so fällt auf, dass die ÖVP trotz der jüngsten Verluste fünf Prozentpunkte stärker ist. Der starke Zugewinn von 2004 hat sich demgemäß nur teilweise relativiert. Die FPÖ hat ihr Ergebnis von 2004 von 27,41 Prozent noch nicht ganz wieder erreicht und die SPÖ liegt sogar unter dem damaligen Wert von 12,99 Prozent. Die Grünen haben sich stabilisiert. Kleinstparteien und neue Listen hatten bei keiner der vergangenen drei Landtagswahlen realistische Chancen auf den Einzug in den Landtag.

Tabelle 1: Ergebnisse der Landtagswahl in Vorarlberg 1999 bis 2009

	Landtagswahl 1999	**Landtagswahl 2004**	**Landtagswahl 2009**
ÖVP	87542 (45,76%)	80112 (54,92%)	90108 (50,79%)
FPÖ	52444 (27,41%)	18881 (12,94%)	44562 (25,12%)
SPÖ	24844 (12,99%)	24609 (16,87%)	17779 (10,02%)
Grüne	11541 (6,03%)	14829 (10,17%)	18763 (10,58%)
BZÖ			2134 (1,2%)
GSI			3090 (1,74%)
Kiebitz			331 (0,19%)
WIR			647 (0,36%)
VAU	4363 (2,28%)	3046 (2,09%)	
LFB		1373 (0,94%)	
Frizz	2328 (1,22%)	2806 (1,92%)	
DBK		207 (0,14%)	

Quelle: Amt der Vorarlberger Landesregierung.

Wahlverhalten

Vorauszuschicken ist, dass die Wahljahre 2009/10 – und zum Teil auch frühere Wahljahre (vgl. etwa Filzmaier/Hajek 2005; Filzmaier/Perlot 2008) – von folgenden Trends im österreichischen Wahlverhalten gekennzeichnet waren:

- Die beiden Traditionsparteien ÖVP und SPÖ sind einem starken Überalterungsprozess ausgesetzt, FPÖ und Grüne holen vergleichsweise mehr Stimmen bei jüngeren Personen (*generation gap*).
- Arbeiter/innen tendieren stark zur FPÖ, ähnlich wie bereits in den 1990er-Jahren (*public versus private*).
- Männer und Frauen wählen signifikant anders (*gender gap*): Männer freiheitlich, Frauen sozialdemokratisch bzw. insbesondere grün. Allerdings finden sich hier immer wieder Unterschiede, vor allem hinsichtlich des Wahlverhaltens älterer Frauen.

Das Wahlergebnis in Vorarlberg (siehe Tabelle 2) bildet die genannten Trends nur teilweise ab, was vor allem am schwachen Abschneiden der SPÖ liegt (und dieses umgekehrt bedingt). So stieg diesmal nur der Stimmenanteil der ÖVP deutlich mit dem Alter (bis auf 63 Prozent bei über 60-jährigen Wähler/inne/n), die SPÖ stagnierte jedoch durchwegs auf rund zehn Prozent. FPÖ und Grüne lagen hingegen bei jüngeren Wähler/inne/n mit 18 Prozent (Grüne) deutlich über ihrem Gesamtergebnis bzw. mit 34 Prozent (FPÖ) sogar auf gleichem Niveau wie die ÖVP. Deren Differenz zum Parteiergebnis war mit minus 17 Prozentpunkten in keiner anderen Gruppe so groß. Bei Wähler/inne/n über 60 Jahren wiederholte sich die Schwäche der Grünen von vergangenen Wahlen (vgl. etwa Filzmaier et al. 2009, 29), sie bewegten sich mit vier Prozent in diesem Alterssegment gerade noch im Bereich der Mindestprozenthürde.

Bei Arbeiter/inne/n schnitt die FPÖ ebenfalls überdurchschnittlich ab, sie kam auf 33 Prozent und damit auf vier Prozentpunkte an die ÖVP heran, die in dieser Gruppe nur 37 Prozent erzielte. Die SPÖ erreichte mit 21 Prozent unter Arbeiter/inne/n ein doppelt so gutes Ergebnis wie gesamt, blieb allerdings als traditionelle Arbeiterpartei klar hinter der FPÖ. Zu berücksichtigen ist auch, dass die Gruppe der Arbeiter/innen im klassischen Sinn aufgrund gesellschaftlicher Veränderungen – Arbeitsplätze werden in der Industrie weniger, im Dienstleistungssektor mehr – zahlenmäßig stark abnimmt.

Der *gender gap* wurde 2009 in Vorarlberg insbesondere bei ÖVP und FPÖ deutlich, allerdings mit teilweise geänderten Vorzeichen. Während 31 Pro-

Tabelle 2: Wahlergebnisse der Landtagswahl in Vorarlberg 2004 und 2009 nach Geschlecht und Alter

	ÖVP		FPÖ		SPÖ		Grüne		Andere	
	2004	2009	2004	2009	2004	2009	2004	2009	2004	2009
Wahlergebnis	55	51	13	25	17	10	10	11	5	3
Männer	55	45	16	31	15	10	9	10	5	4
Frauen	54	60	11	16	19	8	11	13	5	3
PPD	+1	–15	+5	+15	–4	+2	–2	–3	+/–0	+1
Bis 30 Jahre	51	34	12	34	11	9	18	18	8	5
PPD	–4	–17	–1	+9	–6	–1	+8	+7	+3	+2
30 bis 49 Jahre (2009 bis 59)	46	55	16	21	17	10	14	11	7	3
PPD	–9	+4	+3	–4	+/–0	+/–0	+4	+/–0	+2	+/–0
Über 50 Jahre (2009 ab 60)	65	63	10	23	20	10	2	4	3	1
PPD	+10	+12	–3	–2	+3	+/–0	–8	–7	–2	–2

Angaben in Prozent. PPD (*percentage point difference*) bezeichnet die Abweichung des Einzelergebnisses einer soziodemographischen Gruppe im Vergleich zum gerundeten Gesamtergebnis der Partei bzw. den Unterschied zwischen den Geschlechtern in Prozentpunkten.
Quellen: Für 2004 OGM-Repräsentativumfrage im Auftrag der APA; n = 400; max. Schwankungsbreite +/– 4,9 Prozent; zitiert nach Filzmaier/Hajek 2004, 13. Für 2009 ISA/SORA-Wahltagsbefragung im Auftrag des ORF; n = 1038; max. Schwankungsbreite +/–3 Prozent.

zent der Männer mit einer Stimme für die FPÖ den langjährigen Trend bestätigten (im Gegensatz zu 16 Prozent der Frauen), blieb die ÖVP mit 45 Prozent bei männlichen Wählern unter ihrem Landesresultat. Dafür erreichte sie 60 Prozent der Stimmen bei Frauen. Bei den Grünen war der *gender gap* mit einem Überhang von drei Prozentpunkten zugunsten weiblicher Stimmen kaum sichtbar, Gleiches galt für die SPÖ.

Den hohen Wert unter Frauen verdankte die ÖVP besonders Wählerinnen ab 30 Jahren, unter den über 60-jährigen Wählerinnen stieg er sogar auf 70 Prozent der Stimmen. Eine solche Zustimmung älterer Frauen konnte man 2008 auch bei der Tiroler Landtagswahl beobachten, die dortige ÖVP lag in dieser Gruppe relativ gesehen ebenfalls am besten (vgl. Filzmaier/Perlot 2009, 17f).

Die Auswertung nach Geschlecht und Alter zeigt weiters, dass die FPÖ bei jungen Männern, die Grünen bei jungen Frauen stark sind. Mit 41 Prozent bei männlichen Wählern unter 30 war die FPÖ die stärkste Partei in dieser Gruppe, die Grünen lagen bei Wählerinnen unter 30 mit 21 Prozent in etwa gleichauf mit der FPÖ (23 Prozent).

Im Vergleich zu 2004 fällt auf, dass die ÖVP ihren Erfolg 2009 eindeutig den Frauen verdankt, während sie fünf Jahre zuvor bei beiden Geschlechtern punkten konnte. Die Geschlechterkluft bei der FPÖ hat sich ebenfalls stark vergrößert, wobei hier die Zugewinne eine wesentliche Rolle spielen. Gleiches gilt für den stärkeren Zuspruch bei unter 30-Jährigen.

Das Wahlverhalten nach Berufsgruppen (siehe Tabelle 3) zeigt – neben der erwähnten Stärke der FPÖ und SPÖ unter Arbeiter/inne/n, analog zur Schwäche der ÖVP in dieser Gruppe – ein vergleichsweise ausgeglichenes Bild. Mit Ausnahme der deutlich über- bzw. unterdurchschnittlichen Ergebnisse der ÖVP und der Grünen bei Pensionist/inn/en, welche sich mit dem altersbezogenen Wahlverhalten decken, liegen die Parteien relativ konstant. Nur unter Angestellten verliert die SPÖ noch etwas deutlicher Stimmen gegenüber der ÖVP.

Tabelle 3: Wahlergebnis der Landtagswahl in Vorarlberg 2009 in ausgewählten Berufsgruppen

	ÖVP	**FPÖ**	**SPÖ**	**Grüne**	**Andere**
Wahlergebnis	51	25	10	11	3
Arbeiter/innen	37	33	21	4	5
PPD	*–14*	*+8*	*+11*	*–7*	*+2*
Angestellte	54	25	6	10	5
PPD	*+3*	*+/–0*	*–4*	*–1*	*+2*
Selbständige und Landwirte	49	28	8	10	5
PPD	*–2*	*+3*	*–2*	*–1*	*+2*
Pensionist/inn/en	61	22	11	5	1
PPD	*+10*	*–3*	*+1*	*–6*	*–2*

Angaben in Prozent.
Quelle: ISA/SORA-Wahltagsbefragung im Auftrag des ORF; n = 1038; max. Schwankungsbreite +/–3 Prozent.

Parteiidentifikation und Wähler/innenmobilität

Die Partei der Nichtwähler/innen

Nach dem massiven Absinken der Wahlbeteiligung bei der Landtagswahl 2004 (mit einem Minus von 27,2 Prozentpunkten im Vergleich zu 1999, siehe Tabelle 4) stieg diese 2009 wieder auf 68,4 Prozent. Sie liegt damit allerdings immer noch deutlich unter jener von 1999, auch im österreichweiten Vergleich von Landtagswahlen ist dieser Wert eher gering (ähnlich niedrig war er zuletzt nur in Tirol und Wien).

Ein Effekt der gestiegenen Wahlbeteiligung war, dass ÖVP und Grüne insgesamt prozentuell schlechter abschnitten als in absoluten Zahlen. Die ÖVP erreichte in absoluten Zahlen ein Plus von rund 10 000 Stimmen im Vergleich zu 2004, die Grünen von rund 4000. Prozentuell verlor die ÖVP jedoch rund vier Prozentpunkte, die Grünen konnten nur 0,4 Prozentpunkte zulegen.

Tabelle 4: Wahlbeteiligung bei Landtagswahlen in Vorarlberg im Vergleich

	Wahlbeteiligung	Veränderung der Wahlbeteiligung im Vergleich zur vorherigen LTW (+/–)
1949	96,4	
1954	94,3	–2,1
1959	93,8	–0,5
1964	93,1	–0,7
1969	93,7	+0,6
1974	94,2	+0,5
1979	94,1	–0,1
1984	93,2	–0,9
1989	90,9	–2,3
1994	89,3	–1,6
1999	87,8	–1,5
2004	60,6	–27,2
2009	68,4	+7,8

Angaben in Prozent.
Quelle: Amt der Vorarlberger Landesregierung.

In Vorarlberg haben demnach 2009 rund 82 000 Wähler/innen auf ihr Stimmrecht verzichtet. Die Gruppe der Nichtwähler/innen war damit die zweitstärkste Partei. Stärkstes Motiv, nicht zur Wahl zu gehen, war die Meinung, die Wahl würde nichts ändern, was angesichts der bestehenden absoluten Mehrheit der ÖVP als Begründung nahelag. Knapp dahinter folgte die Unattraktivität von Kandidat/inn/en und Parteien und die Enttäuschung über die sonst von jemandem gewählte Gruppierung.

Aussagen über Nichtwähler/innen zu treffen ist generell schwierig, da die Bereitschaft, an entsprechenden Umfragen teilzunehmen, ebenso gering ausfällt wie jene, sich an der Wahl zu beteiligen. Dennoch lässt sich mit Blick auf frühere Wahlen festhalten, dass der/die typische Nichtwähler/in jung ist, einen formal niedrigen Bildungsgrad hat und er oder sie enttäuscht ist von der Politik. Er/Sie hält keine Partei und keine Kandidat/inn/en für attraktiv und/oder ist der Meinung, dass seine/ihre Stimme keinen Einfluss hätte. Hinzu kommt ein politisches Informationsdefizit (siehe Tabelle 5). Allerdings wird diese grundlegende Tendenz durch individuelle Wahlen immer wieder eingeschränkt oder es wird ihr widersprochen, insbesondere dann, wenn einzelne Bevölkerungsgruppen von einer oder mehreren Parteien nicht mobilisiert werden können.

Klaus Poier (2004, 94ff) hat in seiner Studie über die Nichtwähler/innen vier ausschlaggebende Faktoren festgestellt: Politik dient nicht mehr der Existenzsicherung, das heißt, die sogenannten *bread and butter issues* sind deutlich in den Hintergrund getreten. Die Politik als Sicherung des Lebensstandards (Wohnung/Arbeitsplatz etc.) ist erstens stark zurückgedrängt worden. Die Problemlösungskompetenz der Politik wird zweitens als schwindend angesehen. Diese beiden Aspekte sind in Zusammenhang mit der weltweiten Wirtschaftskrise als die Vorarlberger Landtagswahl 2009 begleitenden Rahmenbedingungen deshalb interessant, weil einerseits die Renaissance der existenzsichernden Politikfunktion zu erwarten wäre und andererseits Parteien angesichts der ihnen gerade diesbezüglich kaum zugetrauten Lösungskompetenz (etwa für eine Sicherung der Arbeitsplätze usw.) entsprechende Chancen nicht nutzen können.

Drittens verstärkt die Mediatisierung eine Entzauberung der Politik: Einerseits gibt es so viele Informationen wie noch nie, andererseits ist damit eine oberflächliche und boulevardeske Sichtweise der Politik entstanden. Auch die subjektiv empfundene Bürgerverantwortung ist viertens gesunken: Unabhängig von der Abschaffung der Wahlpflicht gilt Demokratie als Selbstverständlichkeit, die nicht mehr durch hohe Wahlbeteiligungen legitimiert werden muss. Die Abschaffung der Wahlpflicht wirkt auf einer unterbewussten Ebene, denn schon davor wurde die Enthaltung der Wahlpflicht rechtlich nicht geahndet.

Tabelle 5: Motive der Nichtwähler/innen, Vorarlberger Landtagswahl 2009

Wahl ändert nichts	15
Parteien/Kandidat/inn/en sprechen nicht an	12/13
Enttäuschung	11
Desinteresse	9
meine Stimme hat keinen Einfluss	7
zu wenig Information	7

Angaben in Prozent. Gestützte Motivabfrage, „stimme sehr zu", Mehrfachnennungen möglich, sechs stärkste Motive.
Quelle: ISA/SORA-Wahltagsbefragung im Auftrag des ORF; n = 320 Nichtwähler/innen. Infolge der geringen Fallzahl sind die angegebenen Werte lediglich als Tendenz zu verstehen.

Interessant ist der generell geringe Ausschlag der Zustimmung zu den einzelnen Nichtwahlmotiven. Dafür sind zwei Erklärungsansätze denkbar: Erstens, die angebotenen Aussagen ließen ein zentrales Motiv für Nichtwähler/innen vermissen. Aufgrund der Standardisierung und bisherigen Erprobung der Motive ist das unwahrscheinlich. Zweitens, die Befragten weisen bereits eine große Distanz zur Politik auf. Dies würde bedeuten, dass keine situationsbezogenen oder spontanen Gründe zur Wahlverweigerung führen, sondern eine grundsätzliche Abkehr von der Politik.

Die Entwicklung der Wahlbeteiligung in Vorarlberg lässt darauf schließen, dass generell mit einem weiteren Rückgang respektive einer Stabilisierung auf niedrigerem Niveau – durchaus im österreichweiten Trend – zu rechnen ist. Der Einbruch 2004 war zwar durch das singuläre Ereignis des FPÖ-Absturzes (mit-)verschuldet, eine vollständige Rückkehr auf den Wert von 1999 vollzog sich 2009 jedoch nicht einmal annähernd.

Die Konsequenz für die Parteien im politischen Wettbewerb ist, dass die Mobilisierung der noch vorhandenen Wählerschaft Priorität vor der versuchten und im Ausgang unsicheren Rückgewinnung von Nichtwähler/inne/n hat. Dies bedingt gleichzeitig, dass vonseiten der etablierten Landtagsparteien kein allzu großer Impuls für eine neuerliche Erhöhung der Wahlbeteiligung ausgehen kann, schlicht weil der notwendige Ressourcenaufwand zu hoch wäre. Das Lager der Nichtwähler/innen stellt allerdings ein gewisses Potential für neue Gruppierungen dar, das etwa in Tirol die Liste Dinkhauser ein Jahr zuvor nutzen konnte (vgl. Filzmaier/Perlot 2009, 21).

Wähler/innenströme und Wahlmotive

Die großen Wähler/innenstrom-Trends in der Vorarlberger Landtagswahl 2004 waren hohe Verluste sämtlicher Parteien, vor allem aber der FPÖ, an die Nichtwähler/innen sowie ein relativ geringer Wähler/innenstimmen-Austausch zwischen den Parteien. ÖVP, SPÖ und Grüne verloren vor fünf Jahren je ein Viertel ihrer Wähler/innen von 1999 an die Wahlenthaltung, die FPÖ sogar mehr als die Hälfte. Dem Wahlergebnis entsprechend gab die FPÖ auch Stimmen an alle anderen Parteien ab.

Nach Parteien ergibt sich – siehe dazu die Tabelle 6 – in der Wähler/innenstrom-Analyse für 2009 folgendes Bild (vgl. SORA 2009):

- Die ÖVP konnte fast 90 Prozent ihrer Wähler/innen von 2004 halten. Daneben verlor sie 7000 Stimmen an die FPÖ. Der Verlust von 1000 Stimmen an die Grünen wird im Gegenzug vom Gewinn von 5000 Stimmen von dieser Partei wieder aufgewogen. Weitere Zugewinne kamen von der SPÖ (6000), der FPÖ (3000) und den Nichtwähler/inne/n (3000), an die die ÖVP ebenfalls nur 1000 Stimmen abgab.
- Die Behalterate der SPÖ sank bei der Landtagswahl auf unter 50 Prozent. Nur mehr knapp die Hälfte der Wähler/innen von 2004 gab diesmal der Partei in Vorarlberg ihre Stimme. Der größte Abfluss erfolgte an die ÖVP und an die Nichtwähler/innen, an beide verlor die SPÖ jeweils 6000 Stimmen, dazu noch 1000 Stimmen an die FPÖ. Von sonstigen Gruppen 2004 erhielt die Partei 1000 Stimmen, weiters 5000 Stimmen aus dem Lager der Nichtwähler/innen. Das Saldo war damit aber klar negativ.
- 20 000 der neuen FPÖ-Stimmen kamen von ehemaligen Nichtwähler/inne/n. Die Vermutung liegt nahe, dass sie 2004 verlorene Personen erneut mobilisieren konnte. Neben den Gewinnen von der ÖVP (7000) kamen noch 1000 ehemalige SPÖ- und 4000 frühere Sonstige-Stimmen zur FPÖ. Sie verlor gleichzeitig 3000 Stimmen an die Nichtwähler/innen und die ÖVP und 1000 Stimmen an sonstige Gruppen.
- Die Grünen gaben 30 Prozent oder 5000 ihrer Stimmen von 2004 an die ÖVP ab, mobilisierten aber dafür von dieser Partei 1000 sowie 8000 ehe-

malige Nichtwähler/innen. Andere nennenswerte Stimmenverschiebungen gab es bei der Partei keine.

Tabelle 6: Wähler/innenstrom-Analyse Vorarlberg 2009

	ÖVP 09	SPÖ 09	FPÖ 09	Grüne 09	BZÖ 09	Sonstige 09	Nicht-wähler/innen 09	Summe 04
ÖVP 04	71	0	7	1	0	0	1	80
SPÖ 04	6	12	1	0	0	0	6	25
FPÖ 04	3	0	12	0	0	1	3	19
Grüne 04	5	0	0	9	0	0	2	15
Sonstige 04	0	1	4	0	0	1	1	7
Nichtwähler/innen 04	3	5	20	8	2	2	74	115
Summe 09	89	18	44	18	2	4	86	261

Angaben in 1000 Stimmen.

	ÖVP 09	SPÖ 09	FPÖ 09	Grüne 09	BZÖ 09	Sonstige 09	Nicht-wähler/innen 09	Summe 04
ÖVP 04	89%	0%	8%	1%	0%	0%	1%	100%
SPÖ 04	26%	46%	4%	0%	0%	0%	24%	100%
FPÖ 04	17%	0%	64%	0%	0%	5%	14%	100%
Grüne 04	30%	0%	0%	58%	0%	0%	11%	100%
Sonstige 04	0%	16%	57%	0%	0%	14%	13%	100%
Nichtwähler/innen 04	3%	4%	17%	7%	2%	2%	64%	100%

Angaben in Prozent.
Quelle: jeweils SORA-Wähler/innenstrom-Analysen im Auftrag des ORF.

Die Fragestellung, ob nun in einem Wahlkampf eher Persönlichkeiten bzw. Imagefaktoren oder Sachthemen (*issues*) ausschlaggebend waren, ist in den meisten Fällen nicht eindeutig zu klären. „Entscheidungsrelevante Beweggründe der Wähler und Wählerinnen sind realiter mehrdimensionale Motivbündel, die monokausale Erklärungen des Wahlverhaltens unmöglich machen. [...] Spitzenkandidaten betreiben nicht nur kameragerechtes *impression management* und persönliche Imageprofilierung, sondern repräsentieren und kommunizieren inhaltliche wie programmatische Positionen und prägen damit das öffentliche Erscheinungsbild wie die Attraktivität ihrer Partei." (Plasser/Ulram/Seeber 2003, 138)

Die Wahlmotive unterscheiden sich zudem zwischen den Parteien stark (siehe Tabelle 7), was eng mit deren Rolle im politischen System verknüpft ist. Für die Wähler/innen der ÖVP war 2009 besonders wichtig, dass Herbert Sausgruber Landeshauptmann bleibe (85 Prozent, jeweils „stimme sehr zu"; falls nicht anders angegeben vgl. für alle ISA/SORA 2009). Die gute Arbeit in der Landesregierung (70 Prozent), der Spitzenkandidat generell (68 Prozent) und die Annahme, die ÖVP führe Vorarlberg in die richtige Richtung (62 Prozent), waren weitere zentrale Motive.

Die SPÖ konnte im Vergleich dazu kein einzelnes starkes Motiv aufbieten. Der Einsatz für Arbeitnehmer/innen war mit 66 Prozent sehr starker Zustimmung der wichtigste Grund für eine Stimme für die Partei. Dahinter folgten das Traditionsmotiv (54 Prozent) und das Setzen auf die wichtigen Themen (53 Prozent). Bei den Motiven der SPÖ-Wähler/innen aus einer Verliererpartei mit nunmehr bloß einem Zehntel der Stimmen muss freilich berücksichtigt werden, dass sich alle Daten zwangsläufig nur auf den Kreis von der Partei verbliebenen Anhänger/inne/n beziehen, das heißt, Motive von Abwanderern/Abwanderinnen, welche von hohem Interesse wären, sind nicht erfasst.

Wähler/innen der FPÖ stimmten vor allem für die Partei, da diese ihre Interessen vertrete und auf die wichtigen Themen setze (jeweils 58 Prozent „stimme sehr zu"). Der Verlust der absoluten Mehrheit der ÖVP (41 Prozent) und die bisherige Arbeit in der Landesregierung (40 Prozent) waren weitere relativ starke Motive. Das Auftreten gegen Ausländer/innen spielte oberflächlich betrachtet hingegen nur eine untergeordnete Rolle (32 Prozent „stimme sehr zu"). Hier ist freilich zu hinterfragen, inwieweit sich sozial erwünschtes Antwortverhalten auf das Resultat auswirkt respektive die fehlende Bereitschaft, sich offen zum konfrontativen Kurs der FPÖ zu bekennen – vor allem angesichts der für die Wähler/innen wichtigen Themenorientierung bei dieser Partei.

Auch bei den Grünen war die Themenorientierung sehr wichtig als Wahlmotiv (64 Prozent), sie wurde nur durch das konkrete inhaltliche Engagement für Umwelt- und Klimaschutz noch übertroffen (79 Prozent). Relativ stark war auch der Wunsch, die Partei solle in die Landesregierung kom-

Tabelle 7: Wahlmotive in der Vorarlberger Landtagswahl 2009 nach Parteien

	ÖVP	SPÖ	FPÖ	Grüne
Stammwähler/in	43	54	22	38
Vertritt meine Interessen	53	42	58	58
Setzt auf die wichtigen Themen	51	53	58	64
Führt Vbg. in die richtige Richtung	62	38	35	36
Spitzenkandidat	68	30	30	30
Wahlwerbung	7	12	15	8
Beste Konzepte gegen Arbeitslosigkeit	29	34	16	11
Parteispezifisches Wahlmotiv 1*	54	66	40	79
Parteispezifisches Wahlmotiv 2	70	44	32	58
Parteispezifisches Wahlmotiv 3	85	48	41	37
Parteispezifisches Wahlmotiv 4	12	12	35	18

Angaben in Prozent der Parteiwähler/innen, „stimme sehr zu", Mehrfachnennungen möglich.
Quelle: ISA/SORA-Wahltagsbefragung im Auftrag des ORF; n = 1038; max. Schwankungsbreite +/–3 Prozent; aufgrund der für die jeweilige Partei geringeren Fallzahl handelt es sich vor allem bei kleineren Parteien um Tendenzwerte.

* Die parteispezifischen Wahlmotive waren:
ÖVP 1: Die ÖVP steht für die wichtigen Werte. ÖVP 2: Die ÖVP hat bisher gute Arbeit in der Landesregierung geleistet. ÖVP 3: Herbert Sausgruber soll Landeshauptmann bleiben. ÖVP 4: Wegen der Aussagen der FPÖ und der Reaktion der ÖVP darauf.
SPÖ 1: Die SPÖ setzt sich für die Arbeitnehmer ein. SPÖ 2: Damit die SPÖ in die Landesregierung kommt. SPÖ 3: Damit die ÖVP die absolute Mehrheit verliert. SPÖ 4: Wegen den provokanten Aussagen von Dieter Egger bzw. der FPÖ.
FPÖ 1: Die FPÖ hat bisher gute Arbeit in der Landesregierung geleistet. FPÖ 2: Die FPÖ tritt gegen Ausländer auf. FPÖ 3: Damit die ÖVP die absolute Mehrheit verliert. FPÖ 4: Weil die ÖVP die FPÖ aus der Regierungszusammenarbeit ausgeschlossen hat.
Grüne 1: Die Grünen setzen sich für Umwelt- und Klimaschutz ein. Grüne 2: Damit die Grünen in die Landesregierung kommen. Grüne 3: Damit die ÖVP die absolute Mehrheit verliert. Grüne 4: Wegen den provokanten Aussagen von Dieter Egger bzw. der FPÖ.

men (58 Prozent). Dieses Motiv taucht bei den Grünen bei unterschiedlichen Wahlen immer wieder auf (vgl. etwa Filzmaier/Hofinger et al. 2008, 32) und verdeutlicht, dass für ihre Anhänger/innen die Regierungsoption wichtig ist.

Vergleichsweise unbedeutend waren die Wahlmotive in Bezug auf die Debatte rund um die umstrittenen Aussagen von FPÖ-Spitzenkandidat Dieter Egger. Die Entscheidung der ÖVP, die FPÖ von einer weiteren Regierungszusammenarbeit auszuschließen, war nur für zwölf Prozent ihrer Wähler/innen ein sehr wichtiges Wahlmotiv. Umgekehrt war die Reaktion auch für FPÖ-Anhänger/innen weniger bedeutsam, nur 35 Prozent gaben sie als sehr wichtigen Beweggrund an. Zwar deutet der vergleichsweise starke Wähler/innenstrom von den Grünen zur ÖVP an, dass die Debatte zumindest hier eine mobilisierende Funktion erfüllt haben könnte, insgesamt dürfte die Angelegenheit in ihrer Wirkung jedoch überschätzt worden sein.

Insgesamt war die Zufriedenheit mit der Landeshauptmannpartei ÖVP somit offensichtlich sehr hoch und waren Alternativen schwach besetzt, so benötigte die ÖVP nur eine Wähler/innenmobilisierung ihrer Stammklientel, um die Wahl zu gewinnen. Das wird auch dadurch unterstrichen, dass das Brechen der absoluten Mehrheit der ÖVP bei den Wähler/inne/n der anderen Parteien nur eine untergeordnete Rolle spielte.

Personalisierung als Entscheidungsfaktor? Beurteilung von Kandidaten in Vorarlberg

Die Person des Landeshauptmannes hat zentrale Bedeutung, obwohl er (oder sie) nicht direkt gewählt wird und dies entgegen regelmäßigen Diskussionen in den Medien ohne Änderung der Bundesverfassung auch in keinem Land ermöglicht werden kann. Ursachen für die somit überhöhte Bedeutung des Landeshauptmannes als Spitzenkandidat sind unter anderem seine mitunter stark stilisierte Rolle als Führungsfigur an der Spitze des Bundeslandes (und der damit verbundene Vertretungsanspruch gegenüber dem Bund) und die mediale Präsenz, was zusammen genommen zu einem Amtsinhaberbonus führen kann. Ein Durchschnittswert aus Umfragen zu den Landtagswahlen in Kärnten, Salzburg und Oberösterreich 2009 hat ergeben, dass die Person des Landeshauptmannes etwa in Sachen Sympathie oder Wiederwahl deutlich vor den Herausforderern liegt (vgl. IMAS 2009).

Das war in Vorarlberg 2009 nicht anders. Bereits vor der Wahl war der Vorsprung von Herbert Sausgruber gegenüber seinen Mitbewerbern klar ablesbar. Im APA/OGM-Vertrauensindex, der regelmäßig das Vertrauen in Politiker/innen erhebt, kam der Landeshauptmann im August 2009 auf ein positives Saldo von 63 (vgl. APA/OGM 2009). 75 Prozent der Befragten vertrauten ihm, nur zwölf Prozent misstrauten ihm. Der einzige weitere Spitzenkandidat mit einem positiven Vertrauenswert war Johannes Rauch

(Grüne), er kam auf gerade einmal acht Prozent. Dieter Egger (minus zwei) und Michael Ritsch (minus sieben) lagen noch weiter zurück.

Daran änderte auch die im Vergleich eher geringe Präsenz von Sausgruber im ORF-Fernsehen nichts. Er landete im ersten Halbjahr 2009 mit 546 Sekunden Redezeit in der Sendung „Bundesland heute" nur auf dem hintersten Platz aller Landeshauptleute. Zum Vergleich: Der Erstplatzierte dieses Rankings war Niederösterreichs Landeshauptmann Erwin Pröll mit 1959 Sekunden, also einem drei- bis viermal höheren Wert (vgl. APA/Mediawatch 2009).

Der Amtsinhaberbonus schlug sich in der fiktiven Landeshauptmannfrage nieder. Der ÖVP-Kandidat hätte bei einer Direktwahl eine Mehrheit von 57 Prozent erreichen können, die Vertreter der anderen Parteien blieben im einstelligen Prozentbereich. Als Wahlmotiv war Sausgruber ebenfalls uneinholbar (siehe Tabelle 8). Für 68 Prozent der ÖVP-Wähler/innen war er ein sehr wichtiger Grund für die Stimmabgabe, die Kandidaten der anderen Parteien erreichten unter ihren Anhänger/inne/n jeweils nur 30 Prozent.

Tabelle 8: Wahlmotiv Spitzenkandidat, Vorarlberger Landtagswahl 2009

Herbert Sausgruber	68
Michael Ritsch	30
Dieter Egger	30
Johannes Rauch	30

Angaben in Prozent der jeweiligen Parteiwähler/innen, gestützte Motivabfrage, „stimme sehr zu".
Quelle: ISA/SORA-Wahltagsbefragung im Auftrag des ORF; n = 1038; max. Schwankungsbreite +/–3 Prozent.

Analysen und Perspektiven

Angesichts der Vorarlberger Landtagswahl 2009 – aber auch anderer Ergebnisse bei den Wahlen 2009/10 – stellen sich drei Schlüsselfragen:

- Was passiert mit den sich seit spätestens 2002 auf Wanderschaft befindlichen ehemaligen FPÖ-Wähler/inne/n, die nun nach starken Abwanderungen ins Nichtwähler/innenlager zu ihrer Partei zurückgekehrt sind, und was bedeutet das für die österreichische (partei-)politische Landschaft?

– Welche Perspektiven bestehen für die einzelnen Parteien durch die neuerliche Umverteilung der Stimmverhältnisse?
– Welche Schlüsse lassen sich für die bundespolitische Situation ziehen?

Nach der Regierungsbeteiligung der FPÖ im Jahr 2000 und insbesondere im Gefolge der Nationalratswahl 2002 verlor die FPÖ bei allen Wahlen auf Landes- und Bundesebene (mit Ausnahme von Kärnten 2004) stark an Stimmen. Teilweise wechselten die Wähler/innen zu anderen Parteien, teilweise blieben sie den Wahlen überhaupt fern. Seit 2006 ist ein umgekehrter Trend zu beobachten: Die FPÖ gewinnt – jeweils von einem sehr niedrigen Niveau startend – wieder Stimmen dazu. Bis Ende 2010 stehen noch drei Landtagswahlen auf dem Programm, bei denen ein weiteres Zulegen aufgrund der schwachen Ergebnisse beim jeweils vorangegangenen Wahlgang wahrscheinlich erscheint.

Als Folge dieser Entwicklung stellen sich zwei Perspektivenfragen: Erstens, handelt es sich um ein mittelfristig stabiles *re-alignment* der FPÖ-Wählerschaft bzw. kann die Partei diese Stimmen binden oder bleibt diese WählerInnengruppe wechselbereit? Angesichts ihres Verhaltens nach 2000 liegt die These nahe, dass sie vorerst bei der FPÖ bleiben könnte, womit sich die Partei den dritten bzw. teilweise zweiten Platz in der politischen Landschaft Österreichs gesichert hat und große Zugewinne anderer Parteien auf Kosten der FPÖ unwahrscheinlich erscheinen.

Zweitens ist die FPÖ noch mehr oder weniger davon entfernt, eine Stärke wie Ende der 1990er-Jahre zu erreichen. Eine gewisse Rolle dafür mag zwischenzeitlich im Zusammenhang mit der Nationalratswahl 2008 das Abschneiden des BZÖ gespielt haben. Dennoch ist offen, ob die FPÖ durch die Ereignisse in den 2000er-Jahren längerfristig Stimmenpotential verloren hat oder sich weitere Zugewinne nur verzögern.

Den anderen Parteien stellen sich ebensolche Zukunftsfragen. Bei der ÖVP, die ihre absolute Mehrheit halten konnte, ist unklar, ob weitere Wahlerfolge bei den kommenden Landtagswahlen realistisch und möglich sind. Ihr Spielraum nach oben ist limitiert und die Wahrscheinlichkeit einer Stagnation oder von Verlusten größer als jene von Gewinnen. Sie könnte damit nach der nächsten Wahl in die Situation kommen, einen Koalitionspartner zu brauchen.

Das Abrutschen der SPÖ in Vorarlberg ist nur ein Teilergebnis einer generellen Krise der Partei bei Wahlen 2009. Sie ist im Bundesland nur mehr die viertstärkste Kraft, was die schlechteste Platzierung in ganz Österreich bedeutet. Zwar erfuhr sie in ihrem Stammklientel der Arbeiter/innen noch Zustimmung über dem Gesamtergebnis, doch wurde sie auch hier von der FPÖ deutlich überholt. Da sie die sonst ebenfalls für sie zentralen Pensionist/inn/en nicht mobilisieren konnte, fingen die Arbeiter/innenstimmen ihren Absturz nicht auf. Diese werden zudem als Wähler/innengruppe zunehmend kleiner und verlieren an Bedeutung, was die SPÖ vor das grundsätzliche Dilemma der Erschließung neuer Stimmenquellen stellt. Die Hoffnung der SPÖ ist, dass 2009 in Landtagswahlen nicht nur in Vorarlberg Amtsinhaber gestärkt wurden und man mit Ausnahme Salzburgs Herausforderer war, während sich 2010 eine umgekehrte Situation ergibt.

Die Grünen zeichnen sich durch große Stabilität rund um die Zehn-Prozent-Marke aus. Sie sind mittlerweile in allen Bundesländern halbwegs etabliert, größere Zugewinne sind aktuell offenbar nicht möglich (die Wiener Gemeinderatswahl 2010 wird eine diesbezügliche Bewährungsprobe für die Partei sein). Bei der wichtigen Wähler/innengruppe der über 60-Jährigen bleibt die Partei extrem schwach. Insgesamt steht die Partei vor der Schwierigkeit, ob und wie sie aus der Oppositionsrolle herauskommen kann. Angesichts des offenbar vorhandenen Interesses ihrer Wähler/innen, dass sie Regierungsverantwortung übernehmen soll, muss sie sich um entsprechende Koalitionen bemühen. Sie kann in dieser Stimmenstärke allerdings nur mit einer dominierenden Partei regieren, Dreierkoalitionen erscheinen aufgrund der klaren Absage gegenüber der FPÖ als unwahrscheinlich. Auf Bundesebene sind die Grünen für eine Zweierkoalition ohnehin zu schwach.

Zwar wählte in Vorarlberg, wie eingangs erwähnt, nur ein Bruchteil der österreichischen Wahlberechtigten und daher sind die Resultate nicht auf den Bund umzulegen. Doch gänzlich losgelöst von den darüber liegenden Rahmenbedingungen sind sie nicht zu betrachten. Speziell die SPÖ ist mit einem Problem konfrontiert: Durch die Oppositionsrolle im Bund war es ihr bis 2006 möglich, den Gegner im politischen Wettbewerb relativ klar zu umreißen und sich entsprechend zu positionieren. Im politischen Wettbewerb schnitt sie in dieser Zeit vergleichsweise gut ab. Seit der Übernahme der Kanzlerschaft ist ihr dieses Gegenüber abhandengekommen. Gleichzeitig ist sie in der Situation, große Gewinne verteidigen zu müssen, während die FPÖ erneut an Stimmen zulegt und teils ähnliche Wähler/innengruppen anspricht. Die daraus folgenden Wahlniederlagen verstärken eine Negativspirale in der öffentlichen und in der Selbstwahrnehmung – nicht zuletzt deshalb, weil die Rolle der ÖVP als kleiner Koalitionspartner und direkter Konkurrent vorerst weit weniger negativ auf die von ihr dominierten Bundesländer durchschlägt.

Literatur

Austria Presse Agentur (APA)/Gesellschaft für Marketing (OGM) (2009). Vertrauensindex Vorarlberger PolitikerInnen, Wien.

Austria Presse Agentur (APA)/Mediawatch (2009). „Landeshauptleute heute". Redezeit der Landeshauptleute in „Bundesland heute" 1. Halbjahr 2009, abrufbar unter: www.derstandard.at (18. 10. 2009).

Filzmaier, Peter/Hajek, Peter (2005). Das österreichische Wahljahr 2004, in: SWS-Rundschau (1), 6–36.

Filzmaier, Peter/Hofinger, Christoph/Perlot, Flooh/Ptaszynska, Aleksandra (2009). Die Nationalratswahl 2008: Ergebnisse und Wahlverhalten, in: Filzmaier, Peter/Plaikner, Peter/Duffek, Karl A. (Hg.): Stichwort Wählen, Wien, 13–38.

Filzmaier, Peter/Perlot, Flooh (2008). Im Schatten des Nationalrats? Die Spannung der Landtags- und Gemeinderatswahlen 2008, in: SWS-Rundschau (4), 391–412.

Filzmaier, Peter/Perlot, Flooh (2009). Von A(grargemeinschaft) bis Z(ukunftsangst). Themen und Stimmungslagen im Tiroler Wahljahr 2008, in: Plaikner, Peter/Hämmerle, Kathrin (Hg.): Tiroler Jahrbuch für Politik 2008/2009, Wien, 13–28.

Gesellschaft für Marketing (OGM) (2004). Repräsentativumfrage im Auftrag der APA, Wien.

Institut für Markt- und Sozialanalysen (IMAS) (2009). Die Magie der Nummer 1, Linz, abrufbar unter: www.imas.at (18. 10. 2009).

Institut für Strategieanalysen (ISA)/Institute for Social Research and Analysis (SORA) (2009). Wahltagsbefragung zur Vorarlberger Landtagswahl im Auftrag des ORF, Wien, abrufbar unter: http://www.strategieanalysen.at (18. 10. 2009).

Institute for Social Research and Analysis (SORA) (2009). WählerInnenstromanalysen, als Datensammlung und Forschungsberichte, abrufbar unter: http://www.sora.at (18. 10. 2009).

Plasser, Fritz/Ulram, Peter A./Seeber, Gilg (2003). Erdrutschwahlen: Momentum, Motive und neue Muster im Wahlverhalten, in: Plasser, Fritz/Ulram, Peter A. (Hg.): Wahlverhalten in Bewegung. Analysen zur Nationalratswahl 2002, Wien, 97–158.

Poier, Klaus (2004). Nichtwählerstudie. Demokratiepolitische Aspekte, Ausmaß und Ursachen des Nichtwählens sowie mögliche Gegenstrategien mit besonderem Schwerpunkt auf Österreich und der Steiermark, Universität Graz, Juni 2004.

Kathrin Hämmerle

Vorarlberg 20.09

Die Themen des Landtagswahlkampfes 2009

Die Intensivphase des Wahlkampfes für die Vorarlberger Landtagswahl am 20. September 2009 begann offiziell am 7. August, mitten in den Sommerferien. Denn nach Ende der Anmeldefrist stand fest, dass sich insgesamt acht Listen der Wahlauseinandersetzung stellen wollten: Neben den vier etablierten Landtagsparteien ÖVP, SPÖ, FPÖ und den Grünen kamen das BZÖ, Die Gsiberger, Kiebitz und die Liste wir-gemeinsam.at neu hinzu.

Analog zur Sommerhitze spitzte sich die parteipolitische Auseinandersetzung um die rund 260 000 Wahlberechtigten im Ländle nur träge zu: Spritpreise, Arbeitslosigkeit, Gesamtschule und Grundsicherung waren jene Themen, zu denen alle Parteien plötzlich mit Ideen aufwarteten. Ein Flyer der SP-Jugend mit dem Konterfei Lenins erhitzte erstmals Anfang August die Gemüter.[1] Dennoch blieb die parteipolitische und wahltaktische Konfrontation vorerst eher mau. Bis Mitte August schien keine der Parteien richtig wahlkämpfen zu wollen.

So richtig Schwung und österreichweite Aufmerksamkeit erhielt der Wahlkampf erst mithilfe eines „Exiljuden". Beim Wahlkampfauftakt der FPÖ meinte Spitzenkandidat Dieter Egger über Stellungnahmen des Museumsdirektors Hanno Loewy zur beginnenden Wahlauseinandersetzung: „Den Exil-Juden aus Amerika in seinem hochsubventionierten Museum geht die Innenpolitik ebenso wenig an wie den Festspiel-Intendanten David Pountney."[2]

Die Auseinandersetzung spitzte sich dann in der Endphase zwischen ÖVP und FPÖ zu und polarisierte das ganze Land. Statt politische Ziele und Themen wurde der „Egger-Sager" sowie die darauf erfolgte Reaktion von

Landeshauptmann Herbert Sausgruber diskutiert. Das Wahlergebnis am 20. September schließlich führte zu einer zwar geschwächten, aber immer noch absoluten Mehrheitspartei ÖVP, einer wiedererstarkten FPÖ, einer auf dem historischen Tiefpunkt angelangten SPÖ und zu stagnierten Grünen. Und zum Ende einer jahrzehntelangen Regierungskoalition.

Ausgangslage

Bei der Landtagswahl am 19. September 2004 errang die ÖVP mit 54,9 Prozent die absolute Stimmenmehrheit und mit 21 Sitzen auch die absolute Mandatsmehrheit. Die SPÖ konnte mit 16,9 Prozent den zweiten Platz erobern und stellte sechs Abgeordnete. Wie schon bei den Landtagswahlen in anderen österreichischen Bundesländern im Jahr 2004 verlor die FPÖ aufgrund parteiinterner Querelen – Stichwort Knittelfeld – und der Abspaltung des BZÖ am deutlichsten. Mit 12,9 Prozent (fünf Mandate) fiel sie auf den dritten Platz hinter ÖVP und SPÖ zurück und mit einem Minus von 14,4 Prozent stellte diese Landtagswahl den stärksten Verlust dar, den die FPÖ in Vorarlberg jemals hinnehmen musste. Die Grünen schließlich konnten auf 10,2 Prozent leicht zulegen und bekamen aufgrund dieses Ergebnisses vier Mandate.

Im Anschluss an die Wahl bildete sich trotz der absoluten Stimmenmehrheit der ÖVP eine Regierungskoalition aus FPÖ und ÖVP, die Landesregierung Sausgruber III. Doch bereits vor dem Bruch im Wahlkampf 2009 wurden Spannungen zwischen den Regierungspartnern ÖVP und FPÖ erkennbar. So thematisierte FP-Chef Dieter Egger bereits Mitte Juni in einem Interview die angebliche Willkür der Bürgermeister in Fragen der Raumordnung.[3] Der Schlagabtausch im Landhaus erfolgte somit bereits vor der offiziellen Wahlkampfphase nicht nur erwartungsgemäß zwischen Regierung und Opposition, sondern rund um die Themen Familienzuschuss und Rechenschaftsbericht 2008 auch innerhalb der Koalitionsparteien. Die Oppositionsparteien SPÖ und Grüne kritisierten im Vorfeld der Wahlen vor allem die Auslagerung der Pflegeheime und insbesondere die Pflegegesellschaft Benevit.[4] Beide Gruppen erhofften sich durch die Thematisierung von Sozialfragen jeweils Rückenwind für ihre Partei.

Auch personelle Änderungen wurden vor Beginn der Wahlauseinandersetzung klar. So zogen sich in allen Parteien prominente und altgediente Vertreter aus der Politik zurück: Bei der SPÖ war dies Elke Sader, die Spitzenkandidatin der Wahl 2004 und Landesparteiobfrau sowie Klubvorsitzende bis 2007. Nicht so konfliktfrei wie die ehemalige SP-Chefin schied der Klubobmann der FPÖ, Fritz Amann, aus der Politik. Er fand zum Abschied kritische und besorgte Worte über die Zukunft der eigenen Partei, vor allem distanzierte er sich von den Aussagen Eggers gegenüber Loewy.[5] Siegfried Neyer hingegen, seit 1992 für die FPÖ im Landtag und von 1994 bis 1999 Klubobmann, kündigte sein Ausscheiden aus der Politik bereits 2008 an. Das längstdienende Mitglied verlor die ÖVP mit Gebhard Halder. Halder vertrat die ÖVP bereits seit 1984 im Landtag und war zuletzt Landtagspräsident. Bei den Spitzenkandidaten selbst waren die Neuerungen nicht so ausgeprägt: Herbert Sausgruber bei der ÖVP, Dieter Egger bei der FPÖ und auch Johannes Rauch bei den Grünen stellten sich bereits zum wiederholten Mal als Frontmänner zur Wahl. Nur die SPÖ wagte einen Wechsel mit Michael Ritsch anstelle von Elke Sader.

Umfragen

Eine Umfrage zum Image der Politik brachte zu Sommerbeginn zunächst für die Repräsentanten wenig Erfreuliches zutage. So hielten die Vorarlberger die Politikergehälter generell für zu hoch.[6] Der Landeshauptmann verdiene für 71 Prozent der Befragten zu viel, für 27 Prozent gerade richtig und nur für ein Prozent zu wenig. Ein Landesrat verdiene für 78 Prozent zu viel und für 19 Prozent gerade richtig. Am deutlichsten für überbezahlt wurden allerdings die Landtagsabgeordneten eingeschätzt: Für 80 Prozent verdienen diese zu viel und nur für 19 Prozent gerade richtig.

Auch zu wenig Bürgernähe wurde vor Wahl und Wahlkampf den Politikern attestiert.[7] 61 Prozent der Befragten gaben an, noch nie mit einem Landtagsabgeordneten gesprochen zu haben, nur elf Prozent hatten zumindest einmal Kontakt. Jene Gruppen mit unterdurchschnittlicher Berührung zur Politik waren vor allem Frauen, Unter-29-Jährige, Angehörige der Unterschicht und Sympathisanten der FPÖ. Die Bürgermeister schnitten bei der Bürgernähe generell besser ab: Lediglich 40 Prozent hatten mit ihnen noch nie Kontakt und nur acht Prozent hatten zumindest einmal Kontakt. 29 Prozent der Befragten gaben hingegen an, öfters einen Politiker getroffen zu haben.

Eine andere Befragung im Mai 2009[8] zeigte erstmals die Möglichkeit des erneuten[9] Verlustes der absoluten Mehrheit für die ÖVP. So gaben nur

47 Prozent bei der Sonntagsfrage der ÖVP ihre Stimme. 17 Prozent hätten sich zu diesem Zeitpunkt für die FPÖ entschieden, 14 Prozent für die SPÖ und zwölf Prozent für die Grünen. Das BZÖ hatte mit fünf Prozent durchaus Chancen auf den Einzug in den Landtag und auch sonstige Parteien konnten fünf Prozent für sich verbuchen.

Am 16. Juni 2009 veröffentlichten die „Vorarlberger Nachrichten" (VN), die bedeutendste Tageszeitung im westlichsten Bundesland, eine Umfrage über die zukünftige Bedeutung der Parteien (siehe Tabelle 1).

Tabelle 1: Die zukünftige Bedeutung der Parteien

	An Bedeutung zunehmen, Stimmen gewinnen	An Bedeutung, Stimmen verlieren	Gleich-bleiben	k. A.	Gewinne/ Verluste	Vorjahres-ergebnis
ÖVP	23	12	53	12	11	–5
FPÖ	37	30	17	16	7	–8
Grüne	27	21	37	15	6	+19
SPÖ	19	31	35	15	–12	0
BZÖ	9	53	19	19	–42	–56

Angaben in Prozent.
Quelle: VN, 16. 6. 2009, A4.

Im Saldo erreichten die ÖVP, FPÖ und die Grünen Pluswerte. Allerdings war dieses Ergebnis für die Grünen trotzdem kein Grund zum Jubeln, da sie im Vorjahr noch einen Positivwert von +19 erreichen konnten.

Bei der Einschätzung der künftigen Bedeutung wichtiger Spitzenpolitiker erreichte der immer wieder so bezeichnete „Kronprinz" Markus Wallner (Landeshauptmann-Stellvertreter, ÖVP) mit +36 Prozent den ersten Platz. Erst an zweiter Stelle im Ranking befand sich der Landeshauptmann selbst mit +22 Prozent und in Folge weitere ÖVP-Vertreter wie Landesrat Karl Heinz Rüdisser (+19), Landesrat Erich Schwärzler (+10) und Rainer Gögele (+9). Dann erst folgten Repräsentanten der anderen Parteien: Dieter Egger (FPÖ) mit +7, Michael Ritsch (SPÖ) ebenfalls mit +7. Weiters folgen Siegi Stemer (ÖVP) mit +5 und bereits abgeschlagen Johannes Rauch (Grüne) mit +3. Die einzige Frau der Aufstellung war Landesrätin Greti Schmid (ÖVP) mit einem Negativsaldo von –4.

Der Vertrauensindex Mitte August 2009[10] zeigte ebenfalls ÖVP-Landespolitiker vorne. Dabei wurden 400 Vorarlberger ab 16 Jahren telefonisch gefragt: „Vertrauen Sie xy oder vertrauen Sie xy nicht oder kennen Sie xy nicht?“ Aus den beiden Prozentwerten wurde anschließend der Saldo gebildet, der für das Ranking herangezogen wurde. Mit einem Saldo von 63 Punkten war Landeshauptmann Herbert Sausgruber als vertrauenswürdigster und auch als bekanntester Ländle-Politiker seinen Politikerkollegen um Längen voraus und konnte sich gegenüber 2004 um zwei Punkte verbessern. Auf den Plätzen hinter Sausgruber folgten zwei ÖVP-Kollegen aus der Landesregierung. Umwelt- und Sicherheits-Landesrat Erich Schwärzler sowie Kultur- und Gesundheits-Landesrat Markus Wallner erreichten jeweils 30 Punkte und blieben damit relativ stabil gegenüber 2004. Leicht verloren hat Schul- und Sport-Landesrat Siegi Stemer von der ÖVP (20; –2) auf Platz vier im Ranking. Auf Platz fünf kam das jüngste Regierungsmitglied und der somit erstmals abgefragte Wirtschafts-Landesrat Karlheinz Rüdisser (ÖVP) mit neun Punkten. Grünen-Spitzenkandidat Johannes Rauch erreichte mit acht Punkten den sechsten Platz im Ranking und war damit bester Nicht-ÖVP-Politiker. Auch er konnte sich seit 2004 um fünf Punkte steigern. Einen stärkeren Einbruch musste Sozial-Landesrätin Greti Schmid (ÖVP) hinnehmen, die 15 Punkte verlor und mit vier Punkten nur noch einen leichten Positiv-Überhang hatte. Im Falle von Schmid dürfte sich eine im Land stattgefundene Pflege-Debatte negativ ausgewirkt haben.

Die Spitzenkandidaten von FPÖ und SPÖ, Dieter Egger und Michael Ritsch, fuhren bei der Umfrage Negativ-Werte ein. Egger, der 2004 als damaliger Landesstatthalter noch einen Saldo von plus 21 Punkten aufwies, kam nun auf minus zwei Punkte, Ritsch auf minus sieben Punkte. Die mit Abstand schlechtesten Vertrauenswerte der abgefragten Politiker bekamen „Gsiberger“-Spitzenkandidat Bernhard Amann (–17) und BZÖ-Spitzenkandidat Wolfgang Maurer (–20), der am Ende des Rankings lag.[11]

Eine Woche vor der Wahl machte es eine weitere Umfrage nochmals spannend: „Die VP-Absolute weg“ titelte die VN.[12] Das Meinungsforschungsinstitut Berndt ermittelte zu diesem Zeitpunkt folgende Momentaufnahme:[13] Die ÖVP lag bei 44 Prozent und die FPÖ auf dem zweiten Platz mit 20,5 Prozent. Für die SPÖ votierten 14 Prozent bzw. für die Grünen 12,5 Prozent. Dem BZÖ bzw. den Gsibergern wurden jeweils nur 3,5 Prozent zugetraut und somit keine Chance auf einen Einzug in den Landtag gegeben. 42 Prozent der Befragten sprachen sich zu diesem Zeitpunkt für ein Ende der Koalition aus, 41 Prozent hingegen traten für ein Fortführen derselben ein. Eine Pattsituation, die zeigte, dass zum damaligen Zeitpunkt nicht klar war, ob die provokante Aussage Dieter Eggers seiner Partei bei der Wahl schaden würde oder nicht. So fanden zwar 16 Prozent der Befragten Eggers Aussage antisemitisch und 33 Prozent hielten sie für überzogen. 24 Prozent fanden daran hingegen nichts Bedenkliches, 16 Prozent hielten sie für gerechtfertigt und elf Prozent hatten dazu keine Meinung.

Die Zustimmung zu möglichen Koalitionsformen zeigte ebenfalls kein eindeutiges Bild: So sprachen sich 24 Prozent für eine Regierungszusammenarbeit zwischen ÖVP und den Grünen aus, ein Viertel war für eine Koalition zwischen ÖVP und SPÖ, 37 Prozent wünschten sich aber keine von diesen beiden Möglichkeiten und 14 Prozent beantworteten diese Frage nicht.

Themen im Vorfeld

Die öffentliche Diskussion beherrschten im Vorfeld der Wahlen mehrere Themen, allen voran – und pünktlich vor der Abreise in die Sommerferien – die Höhe des Spritpreises. So zahlten Autofahrer in Vorarlberg zu diesem Zeitpunkt im Schnitt mehr für Benzin oder Diesel als in anderen Bundesländern. Die lokale Berichterstattung und auch die Leserbriefseiten füllte hingegen vor allem der geplante Leinenzwang für Hunde in Dornbirn. Insgesamt gelang es in den meisten Bereichen der ÖVP, mit ihren Vorschlägen am besten Thema und Kompetenz zu besetzen.

Verkehr

Das Meinungsforschungsinstitut Berndt hat im Vorfeld der Wahlen und im Auftrag der VN die Meinung der Vorarlberger zu verschiedenen Themen abgefragt und auch hier bewies der Verkehr seine traditionell beherrschende Stellung. Meinungsumfragen zeigen hier seit Jahren eine überdurchschnittliche Unzufriedenheit der Bevölkerung. So meinten auch im Juni 2009 72 Prozent aller Befragten, dass die zuständigen Politiker in der Verkehrspolitik „zu wenig" oder gar „viel zu wenig" gemacht hätten.[14] Die besten Noten für diesen Bereich erhielt Landeshauptmann Herbert Sausgruber mit 3,06. Dieter Egger (FPÖ) folgte mit 3,27 vor dem grünen Spitzenkandidaten Johannes Rauch (3,39) und SP-Chef Michael Ritsch (3,40). Die meisten Kritiker fanden sich unter den Grün-, Rot- und Blau-Sympathisanten. Aber auch zwei Drittel aller ÖVP-Anhänger sahen verkehrspolitische Versäumnisse. Gefordert wurden vor allem Maßnahmen zur Lärmreduktion von stark befahrenen Ortsdurchfahrten.

Wirtschaft und Arbeitsmarkt

Ebenfalls Anfang Juni 2009 titelte die VN mit „Neuer Arbeitslosenrekord".[15] Das Arbeitsmarktservice Vorarlberg verzeichnete im Mai mit einer Steigerung von über 37 Prozent gegenüber dem Mai 2008 eine Arbeitslosenquote von 7,4 Prozent und damit den höchsten Arbeitslosenstand seit Beginn der Aufzeichnungen. Parallel dazu berichteten Mitte Juni Vorarlberger Unternehmen von teils drastischen Exporteinbußen als Auswirkung der globalen Wirtschaftskrise[16] und im Sommer kamen Schlagzeilen rund um die Kündigungen bei den Traditionsfirmen FM Hämmerle und Doppelmayr hinzu. Dementsprechend stieg das subjektive Empfinden der Vorarlberger in diesem Bereich: Sie sorgten sich um ihren Arbeitsplatz. Nur mehr 52 Prozent hielten ihren Arbeitsplatz bzw. jenen von Angehörigen für sicher. Im Jahr 2008 lag der Wert noch bei 78 Prozent.[17] Weiters fürchteten 51 Prozent um ihre Ersparnisse.

Immer wieder für Aufregung im Ländle sorgten Lifterschließungsprojekte. So sprachen sich in der Umfrage 56 Prozent klar gegen die Schaffung und Erweiterung neuer Schigebiete aus, nur 24 Prozent hingegen dafür.[18] Andererseits zeigte sich eine Mehrheit mit der Tourismuspolitik sehr zufrieden (acht Prozent) bzw. zufrieden (48 Prozent). Die Bewertung fiel demgemäß leicht besser aus als in den Vorjahren.

EU

Die Wahl zum Europäischen Parlament am 7. Juni 2009 bot allen Parteien die Möglichkeit, zu diesem Themenkomplex Stellung zu beziehen. So holte FP-Chef Dieter Egger Anfang Juni zum Rundumschlag gegen die EU aus.[19] Das Versagen in der Finanz- und Wirtschaftskrise oder den Anstieg der Kriminalität lastete er der EU an. Egger nutzte die Gelegenheit, altbekannte Forderungen wie „Abbau der Bürokratie" und „Stopp dem Reglementierungswahn" zu wiederholen. Und er beschwor Europa als „Wertegemeinschaft auf Basis christlicher Grundwerte." Mit seiner Forderung, alle Beitrittsgespräche mit der Türkei zu beenden, traf er jedenfalls die Mehrheitsmeinung der Vorarlberger, von denen laut Umfrage 64 Prozent kategorisch gegen einen Türkei-Beitritt sind.[20] Nach Parteipräferenzen lehnten dies 74 Prozent der deklarierten FPÖ/BZÖ-Anhänger ab, 68 Prozent der SPÖ- und 64 Prozent der ÖVP-Anhänger. Bei den Grünen votierten 47 Prozent gegen einen EU-Beitritt der Türkei.

Auch die Einstellung gegenüber der EU war zum damaligen Zeitpunkt überwiegend kritisch: 35 Prozent der Vorarlberger sahen generell Nachteile durch die Mitgliedschaft und nur 31 Prozent Vorteile. 23 Prozent hingegen meinten, es sei alles gleich geblieben und elf Prozent konnten/wollten die Sache nicht einschätzen.[21] Dennoch inserierte Landeshauptmann Herbert Sausgruber „Richtig für Europa. Besser für Vorarlberg."[22]

Ein Triumph wurde die EU-Wahl aber vor allem für den Vorarlberger Hans-Peter Martin, der mit 17,9 Prozent sein überraschendes Ergebnis von 2004 noch verbessern konnte und bundesweit auf Platz 3 hinter der ÖVP und SPÖ landete. In Vorarlberg errang Martin 19,8 Prozent und somit hinter Salzburg und Tirol das drittbeste Landesergebnis.

Alle Parteigranden vertraten am Wahltag geschlossen die Meinung, dass die EU-Wahl keine Maßstäbe für die Landtagswahl setze, allein weil Hans-Peter Martin nicht zur Wahl für das Landesparlament stehe. Dennoch Kritik an seiner Bundespartei übte der SP-Vorsitzende Michael Ritsch, der ein „klares Profil" forderte und eine „ideologische Debatte"[23] vermisste. Hintergrund dieser parteiinternen Kritik war die Rückreihung des bisherigen MEP[24] Herbert Bösch auf einen unwählbaren Platz.

Gesundheit und Pflege

2008 gab es im sonst so ruhigen Vorarlberg mehrere Skandale im Pflegebereich. Die bekannt gewordenen Missstände schadeten zwar der Reputation von Alten- und Pflegeheimen, doch nach Ablauf eines Jahres kehrte zu diesem Thema Beruhigung ein, wie eine Umfrage zeigte.[25] Dennoch lag die durchschnittliche Zufriedenheit der Bevölkerung mit der Gesundheitspolitik deutlich unter den Werten der Vorjahre.

Wie immer in Wahlkampfzeiten durfte auch 2009 die Distanzierung von und Kritik an der Bundespolitik nicht fehlen. Ungeachtet der Parteikollegen in der Bundesregierung kündigte Landeshauptmann Herbert Sausgruber im Namen des Landes eine Verfassungsklage gegen das Krankenkassen-Sanierungspaket des Bundes wegen Verstoßes gegen das Gleichheitsprinzip, das Sachlichkeitsgebot und gegen das Grundrecht auf Eigentum an. Sein Argument: Besser wirtschaftende Kassen dürften nicht bestraft werden.[26] Diese Vorgangsweise wurde noch im Juni bei einer der letzten Regierungssitzungen abgesegnet.

Landesfinanzen

Rechtzeitig vor Wahlkampfbeginn konnten Landeshauptmann Herbert Sausgruber und Landesrat Siegi Stemer mit einem positiven Rechnungsabschluss für das Jahr 2008 aufwarten. 6,2 Millionen Euro mehr als geplant nahm das Land 2008 ein. Im Gegenzug gab es zusätzlich 6,9 Millionen weniger aus.[27] Die Landespolitik konnte daher der Bevölkerung eine solide Finanzbasis präsentieren.

Integration

Eine Umfrage des Meinungsforschungsinstituts Berndt im Auftrag der VN förderte im Bereich der Zuwanderung Ängste, Wünsche und Widersprüchlichkeiten zutage. So wünschten sich vier Fünftel der Befragten, dass Vorarlberg kein Einwanderungsland wäre, 69 Prozent gestanden allerdings ein, dass es dies bereits längst sei.

69 Prozent nahmen die Lebenswelten von Vorarlbergern und Migranten bereits als getrennt wahr und sprachen somit von einer Parallelgesellschaft. 58 Prozent meinten, es würden bereits genug Maßnahmen zur Integration von Land, Gemeinden und Institutionen gesetzt, 14 Prozent fanden diese sogar übertrieben. 79 Prozent wünschten sich dennoch intensiveren Deutschunterricht für Migrantenkinder, 75 Prozent wollten Sozialleistungen daran koppeln. 60 Prozent lehnten in dieser Umfrage Minarette ab, doch jeder Dritte konnte sich diese durchaus vorstellen, allerdings ohne Muezzin.[28]

Ein offenbar gestörtes Gesprächsklima offenbarte sich im Juli zwischen dem Landesschulrat und der Islamischen Glaubensgemeinschaft.

Familie und Frauen

Anfang Juli, kurz vor Beginn der Wahlkampfphase, verkündete Landeshauptmann Herbert Sausgruber mit der zuständigen Landesrätin Greti Schmid (ebenfalls ÖVP) die Ausweitung des Familienzuschusses und andere strukturelle Maßnahmen im Familienbereich in der Gesamthöhe von drei Millionen Euro. Unter anderem sollten Familien mit einem Kind bis zu 100 Euro mehr Unterstützung im Monat erhalten. FP-Chef Dieter Egger sah diesen Ausbau jedoch nur als einen Tropfen auf den heißen Stein und forderte vielmehr ein „echtes Elterngeld."[29] Die weitere Ausformulierung dieser Forderung sollte der Ausgangspunkt für den entzweienden Konflikt der beiden Regierungspartner werden. Doch auch die SPÖ wollte sich das Familienthema nicht ganz nehmen lassen und startete eine Hilfsaktion, bei der sie aus der Parteikassa 10 000 Euro für Nachhilfestunden zahlte.[30] VP-Schullandesrat Siegi Stemer kündigt daraufhin zwei Förderungen an: eine Intensivierung der Lernförderung an Schulen sowie die Erstattung eines Teils der Nachhilfekosten bei 20 anerkannten Nachhilfeinstituten, gestaffelt nach Familiengröße und -einkommen.[31] Das populistische Rennen um Vorarlberger Familien war damit eröffnet.

Die FPÖ forderte Anfang August eine Meldepflicht für Abtreibungen, um die Ärzte zu kontrollieren. Parteichef Dieter Egger sprach sich ebenfalls gegen ein Angebot an den Landeskrankenhäusern aus.[32]

Jugend

Rund 9200 Erstwähler gaben am 20. September ihre Stimme ab, erstmals waren auch die 16- und 17-Jährigen wahlberechtigt. Daher rückten die Jungwähler verstärkt in das Interesse der Parteien und wurden mit speziellen Angeboten umworben.

Die ÖVP mit Landeshauptmann Herbert Sausgruber versprach jedem Jugendlichen nach drei Monaten einen Job oder eine Ausbildungsmöglichkeit. Die SPÖ setzte mit dem Vorsitzenden der Sozialistischen Jugend auf dem 10. Listenplatz mit eigenem Vorzugsstimmenwahlkampf und einem insgesamt recht jungen Team einen personellen Schwerpunkt. Außerdem waren ein Hauptwahlkampfthema der SPÖ die Jugendwohnungen. Die FPÖ propagierte kein ausdrückliches Wahlkampfversprechen für Jugendliche, punktete aber trotzdem in dieser Gruppe mit dem Thema Ausländer. Die

Grünen hingegen versuchten mit ihrer Forderung nach mehr Geld gegen Jugendarbeitslosigkeit diese Wählergruppe ganz gezielt anzusprechen. Eine Facebook-Ausschreibung für einen Listenplatz (allerdings an unwählbarer Stelle)[33] war eine weitere Maßnahme, die Aufmerksamkeit für grüne Politik erregen sollte. Tatsächlich meldeten sich nach diesem Aufruf zwei geeignete Kandidaten, und so wurden zwei Listenplätze auf diesem Wege vergeben.[34] Das grüne Wahlzuckerl für Jungwähler sollte jedoch ein Gratis-Zeitungsabonnement als „neue Form der politischen Bildung“[35] vor der Landtagswahl werden. Die Resonanz auf den Vorstoß der Grünen war aufseiten der ÖVP äußerst positiv. Schließlich schenkte die VN selbst allen Erstwählern ein Abonnement mit der Dauer von vier Wochen.

Die Kampagnen

ÖVP

Bereits im Vorfeld der Wahl kündigte der amtierende Landeshauptmann Herbert Sausgruber, als Spitzenkandidat der ÖVP, mehrfach in Interviews an, beim Verlust der absoluten Mandatsmehrheit (also beim Verlust von mehr als drei Mandaten) als persönliche Konsequenz nicht mehr für das Amt an der Spitze der Landesregierung zur Verfügung zu stehen. Demzufolge wurde der Wahlkampf der Volkspartei völlig auf Sausgruber ausgerichtet und für eine „Fortsetzung des erfolgreichen Vorarlberger Weges“ geworben. Ein Hauptslogan lautete demgemäß: „Vorarlberg wählt seinen Landeshauptmann“. SPÖ, FPÖ und Grüne sahen darin eine „vorsätzliche Irreführung“ der Bürger, da am 20. September die Wahl zu den Abgeordneten des Landtages stattfinde und nicht die Direktwahl des Landeshauptmannes. Laut Art. 41 der Vorarlberger Landesverfassung[36] wird die gesamte Landesregierung, deren Mitglied der Landeshauptmann ist, vom Landtag gewählt.

Bei den ÖVP-Wahlkampf-Medien dominierten neben dem amtierenden Landeshauptmann die Farbe Gelb sowie die Themen Verlässlichkeit, Sorgfalt und Kompetenz. Mit „In schwierigen Zeiten in guten Händen.“ „Wir lassen die Jungen nicht im Stich! So handelt Vorarlberg!“ oder „Bei uns entscheidet die Familie! So denkt Vorarlberg!“ versuchte die VP Vorarlberg den Wählern Vertrauen zu suggerieren, setzte aber gleichzeitig die ÖVP mit dem gesamten Land gleich.

Als Hauptzielgruppen wurden junge Menschen und Familien, eine der Kernkompetenzen der ÖVP als christlich-konservative Partei, angesprochen. Weitere Themen auf den Plakaten waren die Bereiche Pflege sowie Wohnen und Umwelt. Das erste Thema auf der Homepage war allerdings die Energiewende und somit ein Angriff auf einen politischen Konkurrenten, die Grünen.

Eine weitere zentrale Botschaft des ÖVP-Wahlkampfes lautete: „Klarer Kurs". Hier sollte signalisiert werden, dass ein – aus der Sicht der ÖVP – erfolgreicher Weg fortgesetzt werde und ein klarer Wählerauftrag für Herbert Sausgruber, wie er wiederholt betonte, dafür eine Voraussetzung sei. Der Grundtenor der Wahlkampflinie wurde dabei noch einmal gebündelt: Die fleißige Arbeit der Bevölkerung habe Vorarlberg zu einem wirtschaftlich starken Land mit menschlichem Gesicht gemacht. Eine vernünftige, sachorientierte Politik mit Hausverstand hat dazu ihren Beitrag geleistet – und diesen Weg versprach die ÖVP weiterzugehen.

SPÖ

Die SPÖ startete ihren Wahlkampf hingegen mit ihren Forderungen nach Gesamtschule, kostenloser Kinderbetreuung sowie Nachhilfe und Recht auf Erstausbildung sehr themenlastig, aber auch wesentlich populistischer. Inserate mit Versprechen wie „Nachhilfe endlich in den Schulen! 10 000 Euro als Unterstützung für Vorarlbergs Familien" oder „Jugendwohnung unser Traum ... Das SPÖ Modell" sollten die Wähler von den Vorzügen der SPÖ überzeugen. Spitzenkandidat Michael Ritsch, der der einzige Newcomer im Wahlkampf war, versuchte als „Vorarlbergs soziale Kraft" zu punkten und präsentierte sich als Polterer, Außenseiter bzw. als Robin Hood mit Krawatte. Allerdings warnte er mit negativen Slogans wie „Den Menschen geht das Geld aus!".

In der Schlussphase des Wahlkampfes agierte die SPÖ ganz im Sinne des angestrebten Images „Stark für die Schwachen" und forderte „Geld zurück!". Gemeint waren damit die über Erwartung liegenden Steuereinnahmen von 30 Millionen Euro in Form von Einkaufsgutscheinen bis zu 850 Euro pro Haushalt, wobei jeder dritte Haushalt davon profitieren sollte. Mit dieser Einmal-Aktion sollte nach Ansicht der SPÖ nicht nur vielen Familien in einer schwierigen Situation geholfen werden, sondern auch ein wichtiger Schritt zur Stärkung der Kaufkraft und damit zur Sicherung von Arbeitsplätzen vorgenommen werden. Zum Schluss des Wahlkampfes bündelte die SPÖ ihre Forderungen in fünf Maßnahmen: Geld zurück, Nachhilfe an Schulen, Jugendwohnungen, Gratis-Kinderbetreuung und 100 neue Lehrstellen sollten für alle Zielgruppen einen Anreiz bieten.

FPÖ

Bei den Plakaten der FPÖ fiel zunächst ein Abwesender auf – HC Strache lachte anders als in anderen Bundesländern nicht in Großformat auf die Wähler herab. Ansonsten war die Wahlkampflinie aber durchgängig: Die FPÖ präsentierte sich auch in Vorarlberg als die „Heimatpartei", die mit ihrem Spitzenkandidaten Dieter Egger auf konservative und exkludierende Werte setzte. Als zentrales Ziel galt es, die absolute Mehrheit der ÖVP zu brechen und so eine „echte Zusammenarbeit" zu erzwingen[37] und das Land „aus der schwarzen Umklammerung" zu befreien.[38] Hauptmotto des Wahlkampfs war: „Mehr Heimat, mehr Freiheit, mehr Sicherheit". Inserate und Plakate mit der Forderung nach „Elterngeld. Bis zu 600 Euro im Monat für heimische Familien, Mütter wertschätzen. Mehr Zeit für die Familie" sollten für den größten Aufreger im Wahlkampf sorgen. Die Gestaltung der Plakate „Mehr Mut zur Heimat" oder „Schluss mit falscher Toleranz" verriet die Handschrift des PR-Beraters und Wahlkampfmanagers Alexander Segert, der schon für Christoph Blocher und seine Schweizerische Volkspartei schwarze Schafe affichierte. Die Warnung vor einer türkischen Parallelgesellschaft, die Ablehnung von Minaretten oder Hinweise auf angeblich mangelnden Integrationswillen verdrängten andere FP-Forderungen wie die Stärkung der Bürgerrechte oder die Förderung von Klein- und Mittelunternehmen in Vorarlberg.

Nach dem Bruch der Koalition erhielt der FP-Wahlkampf einen trotzigen Unterton nach dem Motto: „Jetzt erst recht!" Dieter Egger veröffentlichte einen offenen Brief an alle Vorarlberger und plädierte für den „Mut zu unserer Heimat zu stehen!" sowie für eine Politik mit Rückgrat. Darüber hinaus ortete er eine Hetzkampagne gegen ihn.

Grüne

Auffallend verzichteten die Grünen auf Inserate in der größten Tageszeitung des Landes und waren auch in ihrer ersten Plakatwelle äußerst zurückhaltend. So war dort zunächst weder der Name des Spitzenkandidaten noch der Partei zu lesen. Lediglich der Hinweis auf die Internetadresse www.mit-uns-gerecht.at sollte interessierte Bürger zu den Positionen der Grünen führen.

Deklariertes Ziel der Grünen war die Ablöse der FPÖ als Regierungspartner, was Spitzenkandidat Johannes Rauch auch in Interviews betonte.[39] Als weiteres Ziel wurde der Gewinn eines weiteren, fünften, Mandats kommuniziert, mit dem erstmals eine Vorarlbergerin mit türkischen Wurzeln in das Landesparlament einziehen würde.

Inhaltliche Hauptforderungen waren eine vom Bund mitzufinanzierende Grundsicherung,[40] die Energiewende, Integration, Bildung und Arbeit.[41] Das strategische Dilemma der Grünen bestand aber im Widerspruch von angriffiger Oppositionspolitik und der Präsentation als alternativer Regierungspartner.

Kleinparteien

Das BZÖ präsentierte sich als „Aufpasser" und stellte mit Forderungen wie der Einführung von „Boot Camps"[42] für Jugendliche Law and Order-Themen in den Mittelpunkt. Das Hauptproblem des BZÖ in Vorarlberg war allerdings die mangelnde Bekanntheit seiner Parteispitzen. Nachdem mit Hubert Gorbach der einzige namhafte (Ex-)Funktionär eine Kandidatur abgelehnt hatte, gelang es trotz Unterstützung von Bündnisobmann Josef Bucher dem bis dahin unbekannten Spitzenkandidaten Wolfgang Maurer kaum, die öffentliche Wahrnehmungsschwelle zu durchbrechen.

Als linke Alternative präsentierten sich die Gsiberger. Was östlich des Arlbergs wie eine Volksmusikkapelle klingt, ist im Ländle die selbsternannte „Allianz für eine lebendige Demokratie" und besteht aus einem Zusammenschluss mehrerer Listen, angeführt vom Sozialarbeiter und Enfant terrible der Hohenemser Kommunalpolitik Bernhard Amann. Mit seiner Liste VAU HEUTE erhofften sich der Arbeiterkammerrat mit Migrationshintergrund Adnan Dincer (Neue Bewegung für die Zukunft), Margit Ellensohn (Selfempowerment), Dietmar-Ludwig Waldhelm (KPÖ) und die Buntkarierten rund um Jogy Wolfmeyer einen gemeinsamen Einzug in den Landtag. Als Wahlziele wurden formuliert: sofortige Einführung der Vermögenssteuer, eine Landesuniversität, Maßnahmen zur Armutsbekämpfung, Integration statt Ausländerhetze sowie eine „gläserne" Verwaltung.

Bereits von Beginn an als chancenlos eingeschätzt wurde die Kandidatur der Liste Kiebitz. Auf der Homepage versuchten die Spitzenkandidaten Helmut Putz und Nicole Metzler, die Vorarlberger von den Vorteilen des Vogels zu überzeugen, und versprachen Gesundheit, Bildung und Wohlstand für alle.

Unter wir-gemeinsam.at fanden sich schließlich noch vier Vorarlberger zusammen, die versuchten zunächst ohne Programm genügend Unterstützungsunterschriften für eine Kandidatur zu sammeln. Erst danach ging es an die Erstellung der politischen Forderungen, die allerdings in der Folge kaum mehr bekannt wurden.

Der Skandal

Angesichts der Wahlplakate der FPÖ richtete Hanno Loewy, Direktor des Jüdischen Museums in Hohenems, einen – polemischen – offenen Brief an FP-Chef Dieter Egger mit der Frage: Was ist „heimisch"?[43] Er bezog sich dabei auf die Forderung der FPÖ, Elterngeld nur an „heimische" Familien auszubezahlen. Loewy meinte dazu, einheimisch könne man ja sein, aber heimisch könne man sich höchstens fühlen.

Die Reaktion der FPÖ auf dieses Schreiben erfolgte zeitverzögert. Zunächst wies Spitzenkandidat Dieter Egger Loewy in einem ebenfalls offenen Brief auf Informationen zum FPÖ-Modell auf der Homepage hin.[44] In der Folge verschärfte sich allerdings der Konflikt: Loewy beschuldigte die FPÖ mit ihren Plakaten die Themen Elterngeld und Familien dafür zu verwenden, Menschen gegeneinander auszuspielen und somit Ausgrenzung zu betreiben. Am 21. August erhielt Hanno Loewy dabei prominente Unterstützung. Festspielpräsident Günter Rhomberg und Intendant David Pountney distanzierten sich ebenfalls von den Plakaten der FPÖ und ihrer Botschaft. „Schluss mit falscher Toleranz. Deutsch ist Pflicht. Keine türkischen Dolmetscher. Keine Minarette" seien Parolen, für die sie sich schämten[45] und die in der Festspielstadt Bregenz mit internationalem Publikum kein gutes Licht auf die Politik werfen.

Erst Tage später bedachte FP-Parteiobmann und Spitzenkandidat Dieter Egger in seiner Rede beim offiziellen Wahlkampfauftakt in Hohenems den

Museumsdirektor Hanno Loewy mit den bereits eingangs in diesem Beitrag zitierten Worten: „Den Exil-Juden aus Amerika in seinem hochsubventionierten Museum gehe die Innenpolitik ebenso wenig an wie den Festspiel-Intendanten David Pountney."[46]

„Schluss mit falscher Toleranz" – eigentlich ein Slogan der FPÖ – dachte sich bereits einen Tag nach der FP-Veranstaltung Landeshauptmann Herbert Sausgruber und drohte mit der Beendigung der Koalition, falls sich Egger nicht entschuldigte. Wer polarisiere und aufschaukle, tue beiden Seiten nichts Gutes, ließ Sausgruber verlauten und bezog sich damit auch auf die anderen Hauptbotschaften der FPÖ im Wahlkampf. Die Ächtung erfolgte damit konsequent erstmals von der ÖVP in Person des Landeshauptmannes – ein Versuch einen Cordon sanitaire um die FPÖ zu ziehen. Doch auch Sausgruber polarisierte mit dieser Aussage: Laut einer Umfrage der VN hielten 42 Prozent der Vorarlberger seine Entscheidung für richtig, 41 Prozent sprachen sich aber gegen das Ende der Koalition aus.

In einem Interview klassifizierte Herbert Sausgruber die Aussage als eindeutig antisemitisch.[47] Dieter Egger hingegen weigerte sich, seine Aussage zurückzunehmen. Er sei nicht erpressbar, entgegnete er dem Landeshauptmann und erhielt dafür Rückendeckung von Bundesparteiobmann Heinz-Christian Strache, der Eggers Aussage als nicht antisemitisch klassifizierte.

FP-Obmann Egger verließ bei seinem Versuch, das äußerst rechte Lager anzusprechen, die bis dahin gemäßigt-bürgerlich-konservative Linie der Vorarlberger Blauen, die sie in 60 Jahren Regierungsbeteiligung verfolgt hatten. Jedenfalls war ab nun für Spannung im Wahlkampf gesorgt. Wie würden die Vorarlberger Wähler erstens auf das Liebäugeln mit dem rechten Rand reagieren und zweitens auf die Antwort der ÖVP?

Harald Walser unterstellte dem Ländle in dieser Hinsicht eine längere Tradition, indem er meinte: „Der Boden, in dem solche Saat gedeiht, wurde gut gedüngt und jahrelang mit Hingabe gepflegt – nicht nur von der FPÖ."[48] Der grüne Nationalrat führt die Wurzeln der schwarz-blauen Zusammenarbeit im Landtag auf ein politisches Machtkalkül zurück. Repräsentanten der größten Textilunternehmer wurden zwar Mitglieder der ÖVP, zählten aber zu den Sympathisanten einer weit rechteren Ideologie.

Dieter Egger und mit ihm die FPÖ fand mit seiner Aussage jedenfalls Eingang in die nationale Presse und erntete auch zahlreiche Reaktionen von Bundespolitikern. Tiefe Gräben offenbarte aber eine Podiumsdiskussion Anfang September, 17 Tage vor der Wahl. Alle Parteienvertreter kritisierten Egger, der selbst zwar nichts mit Antisemitismus zu tun haben, aber seine

Aussagen auch nicht zurücknehmen wollte. „Alle gegen Egger" schien nun das Motto im Wahlkampf zu lauten. Egger selbst meinte indessen, durchwegs „positive Reaktionen" zu verzeichnen, und freute sich bereits vor der Wahl auf einen Zuwachs der Stimmen.

Das Ergebnis

Nach dem „Exil-Juden"-Sager schaffte es kaum mehr ein Thema in die öffentliche Diskussion, sei es auf Leserbriefseiten oder an Stammtischen. Die SPÖ ging mit ihrem Einkaufscheck genauso unter wie die Grünen mit ihrer Energiewende. Aufgrund der Ankündigung des Endes der Koalition witterten die Grünen und die SPÖ aber eine andere Chance. Anstatt in der Endphase des Wahlkampfes mit Themen aufzufallen, boten sich beide als potenzielle Regierungspartner an. Jedoch nicht „um jeden Preis."[49]

Der Wahlabend selbst beendete jedoch Koalitionsspekulationen wie auch (Mit-)Regierungsgelüste. Die ÖVP konnte mit exakt 50,79 Prozent zwar knapp, aber trotz Verlusten doch die absolute Mehrheit halten. Der FPÖ gelang nahezu eine Verdoppelung der Stimmen auf über 25 Prozent und somit das (Wieder-)Vorrücken auf Platz 2. Die SPÖ ereilte ein ähnliches Schicksal, allerdings mit umgekehrten Vorzeichen. Sie verlor beinahe sieben Prozentpunkte und erreichte mit zehn Prozent der Stimmen ihren historischen Tiefstand. Die Grünen traten indes auf der Stelle und stagnierten bei etwas mehr als zehn Prozent.

Unter Applaus wiederholte Sausgruber noch am Wahlabend vor laufenden Kameras, dass es keine Gespräche zur Regierungsbildung mit der FPÖ geben werde und das Ergebnis zeige, dass die Wähler klar diesen Weg mitgetragen haben. Kommentatoren und Analysten waren hingegen uneins, ob sein „klarer Kurs" die absolute Mehrheit für die ÖVP gerettet hatte. Die Gewinne der FPÖ waren allein aufgrund des niedrigen Ausgangsstandes erwartbar. Ob sie ohne die klare Distanzierung der ÖVP auch in dieser Höhe ausgefallen wären, darüber kann nur spekuliert werden.

So standen am Wahlabend mit ÖVP und FPÖ zwei Gewinner auf der Bühne. Das Kalkül schien bei beiden Parteien aufgegangen zu sein. Die ÖVP konnte mit der Distanzierung von der FPÖ mobilisieren und die höchste Behalterate bei ihren Wählern erzielen. Die FPÖ hingegen erreichte einen Solidarisierungseffekt gegen die von Dieter Egger so bezeichnete Hetzkampagne gegen seine Person. So kann rückblickend interpretiert werden, dass sowohl eine klare Haltung zum Wahlerfolg führen kann als auch gezielte Provokation und Tabubruch.

Die anderen Parteien wurden in diesem Duell kaum mehr wahrgenommen. Die Ernüchterung traf vor allem alle Kleinparteien. So trat der Spitzenkandidat des BZÖ, Wolfgang Maurer, noch am Wahlabend zurück. Der größte Katzenjammer herrschte aber bei der SPÖ. Parteichef Michael Ritsch musste das schlechteste Ergebnis der SPÖ bei Landtagswahlen verantworten. Doch auch die Grünen waren enttäuscht, da sie entgegen ihren Erwartungen nur leicht zulegen konnten.

Das Wahlergebnis führte mit 20 von 36 Mandaten zu einer absoluten Mehrheit für die ÖVP, die sich nach Verhandlungen sowohl mit der SPÖ als auch mit den Grünen entschloss allein weiterzuregieren. Die neun Abgeordneten der FPÖ mussten wie die vier Mandatare von den Grünen und die drei SP-Politiker auf der Oppositionsbank Platz nehmen. Somit wird Vorarlberg – ein Bundesland, das als Einziges in der Zweiten Republik keine Proporzregelung in der Landesregierung vorgesehen hatte – erstmals nicht von einer Koalition regiert.

Anmerkungen

1 Vgl. Vorarlberger Nachrichten (VN), 6. 8. 2009, A1.
2 VN, 24. 8. 2009, A5.
3 Vgl. VN, 23. 6. 2009, A5.
4 Vgl. VN, 10. 7. 2009, A6.
5 Vgl. http://vorarlberg.orf.at/stories/391276/ (29. 6. 2010).
6 Vgl. VN, 13./14. 6. 2009, A5.
7 Vgl. VN, 18. 6. 2009, A5.
8 Vgl. VN, 19. 6. 2009, A6.
9 In den 1990er-Jahren verfehlte die VP Vorarlberg die absolute Mehrheit, zunächst an Stimmen (1994), dann auch an Mandaten (1999).
10 Vgl. VN, 17. 8. 2009, A3.
11 Vgl. http://www.vol.at/news/TP:vol:Vorarlberg/artikel/vertrauensindex-sausgruber-in-vorarlberg-klar-voran/cn/news-20090816-09273823 (29. 6. 2010).
12 VN, 12. 9. 2009, A1.
13 Vgl. VN, 12./13. 9. 2009, A6f.
14 Vgl. Meinungsforschungsinstitut Berndt, zitiert nach: VN, 2. 6. 2009, A8.
15 VN, 3. 6. 2009, A1.
16 Vgl. VN, 10. 6. 2009, D1.
17 Vgl. Meinungsforschungsinstitut Berndt, VN, 15. 6. 2009, A1.
18 Umfrage Meinungsforschungsinstitut Berndt im Auftrag der VN, 15. 6. 2009, A10.
19 Vgl. VN, 4. 6. 2009, A5.

20 Laut Meinungsforschungsinstitut Berndt, ebenfalls in der VN, 4. 6. 2009, A6.
21 Vgl. VN, 4. 6. 2009, A6.
22 Zum Beispiel in der VN, 5. 6. 2009, A9.
23 VN, 9. 6. 2009, A1.
24 MEP = Mitglied des Europäischen Parlaments.
25 Details vgl. VN, 10. 6. 2009, A5.
26 Vgl. VN, 18. 6. 2009, A1.
27 Vgl. VN, 10. 6. 2009, A8.
28 Vgl. VN, 22. 6. 2009, A5.
29 VN, 1. 7. 2009, A4.
30 Vgl. VN, 24. 7. 2009, A7.
31 Vgl. VN, 28. 7. 2009, A3.
32 Vgl. VN, 1./2. 8. 2009, A6.
33 Vgl. VN, 22. 7. 2009, A7.
34 Platz 15 im Wahlbezirk Dornbirn und Platz 20 in Feldkirch.
35 VN, 27. 7. 2009, A3.
36 Verfassungsgesetz über die Verfassung des Landes Vorarlberg (Landesverfassung), LGBl. Nr. 9/1999 idgF.
37 VN, 18./19. 7. 2009, A6.
38 VN, 22./23. 8. 2009, A6.
39 Vgl. „Blau raus, Grün rein!", VN 18./19. 7. 2009, A5.
40 Vgl. VN, 21. 8. 2009, A5.
41 Vgl. VN, 29./30. 8. 2009, A7.
42 Ein Boot Camp ist eigentlich ein Trainingslager für Rekruten, die dort eine Grundausbildung erhalten. Derartige Camps gibt es zum Beispiel in den USA auch zur Erziehung von Straffälligen oder Jugendlichen.
43 VN, 13. 8. 2009, A3.
44 Vgl. VN, 18. 8. 2009, A4.
45 Vgl. VN, 22./23. 8. 2009, D5.
46 VN, 24. 8. 2009, A5.
47 Vgl. Interview, VN, 24. 8. 2009, A6.
48 Walser, Harald: Gepflegte Tradition in Vorarlberg, in: Der Standard, 27. 8. 2009, 31.
49 Vgl. VN, 26. 8. 2009, A3.

Klaus Hämmerle

Im tiefschwarzen Westen

Impressionen der Gemeinderatswahl 2010

Die Kommunalwahlen in Vorarlberg haben eines gezeigt. Wenn die anderen Fehler machen, schlägt die ÖVP zu.

Schwarz, schwärzer, Vorarlberg. Eine Spontan-Analyse der Vorarlberger Gemeindewahlen vom März dieses Jahres könnte zu diesem Schluss führen. In 92 von 96 Kommunen stellt die ÖVP bzw. eine ÖVP-nahe Liste den Bürgermeister, die schwarzen Ortskaiser wurden mit zum Teil fulminanten Mehrheiten in ihr Amt gewählt oder in diesem bestätigt. Alle fünf Städte sind in ÖVP-Hand, auch wenn in den Stadtvertretungen von Bregenz und Hohenems nicht absolut. In Hohenems schaffte Stadtchef Richard Amann bei der Bürgermeister-Direktwahl mit 51,1 Prozent ein deutliches Votum, nicht jedoch seine Partei. Die Hohenemser ÖVP verlor satte 14 Prozent und muss sich im Stadtparlament nun nach Partnern umsehen. Das muss sich auch der Bregenzer Bürgermeister Markus Linhart. Nach der Beinahe-Katastrophe von 2005 schaffte Linhart mir 56,8 Prozent Bürgermeister-Stimmen wohl einen klaren Vertrauensbeweis für seine Person, doch die ÖVP kam nur auf knapp 49 Prozent. Die Konsequenz daraus: Linhart wird in der Landeshauptstadt weiterhin gemeinsam mit den Grünen regieren. Bei politischen Entscheidungsfindungen schwerer tun wird sich der wiederbestätigte Hohenemser Bürgermeister Richard Amann, dessen Partei um 14 Prozent absackte und unter die 50-Prozent-Marke fiel.

Für die ÖVP in Vorarlberg sind das allerdings verschmerzbare Wermutstropfen. Verglichen mit dem, was ihr an Freude widerfuhr. Eine Freude, die den Ländle-Schwarzen insbesondere in Lustenau begegnete. Dort schafften sie etwas von historischer Dimension. Erstmals nach exakt 50 Jahren stellt die ÖVP mit Kurt Fischer in der größten Marktgemeinde Österreichs wieder den Bürgermeister. Und nicht nur das: Sowohl Fischer als Bürgermeisterkandidat (59 Prozent) als auch die ÖVP als Partei (51 Prozent) kamen auf deutlich über die Hälfte der Stimmen und können so in den kommenden fünf Jahren die Geschicke der Kommune alleine bestimmen.

Liebesentzug

Die FPÖ büßte in Mittelberg einen zweiten Bürgermeistersessel ein. Dort muss Werner Strohmaier dem Wahlsieger Andi Haid (ÖVP) weichen. Weiterhin in blauer Hand bleiben die Bürgermeisterämter in Nenzing (Florian Kasseroler) und Fußach. Als Partei die größten Wahlverlierer sind allerdings die Sozialdemokraten. So als mache die Talfahrt der SPÖ nicht einmal vor Gemeindemarkungen Halt, verlor Rot landesweit fast fünf Prozent. Die Grünen konnten ihren Stimmenanteil von vor fünf Jahren halten, während sich das BZÖ mit 0,24 Prozent als ein Mikroorganismus von irrelevanter Größe entpuppte.

Doch ist die Botschaft der Vorarlberger Kommunalwahlen tatsächlich eine rein schwarze? Nicht unbedingt. Denn die Wähler bestrafen auch ihre ÖVP-Bürgermeister. Nicht alle mit Scheidung, aber doch mit Liebesentzug. Und zwar dann, wenn sie ihnen zu herrschaftlich, zu abgehoben vorkommen. Nicht nur in Hohenems wurde Richard Amann für seinen „Ich gegen alle anderen“-Stil abgestraft. Auch Bürgermeister Wolfgang Rümmele etwa wurde für manch eigenwilliges Verhalten in der Einsamkeit eines uneingeschränkt herrschenden Stadtfürsten wieder etwas näher zu den Erdlingen gebracht. Rümmele verlor über acht Prozent, regiert freilich auch weiterhin sowohl als Bürgermeister als auch im Team mit seiner ÖVP absolut. Nachsitzen mussten die schwarzen Amtsinhaber von Hörbranz und Göfis. Dort schafften es Karl Hehle bzw. Helmut Lampert erst in der Stichwahl, Gemeindeoberhäupter zu bleiben. Keine Rettung gab es hingegen für die bisherige Bürgermeisterin von Weiler, Mechtild Bawart. Nach jahrelangen heftigen Querelen in der Gemeindestube verlor sie das Amt an ihren Widersacher Dietmar Summer.

Das Unspektakuläre

Aber da gab es auch Ergebnisse, die an kommunistische Parteitage erinnerten. In Wolfurt etwa kam der neue Bürgermeister Christian Natter, der sich zum ersten Mal an einer Wahl beteiligte, auf sagenhafte 89,5 Prozent in der Bürgermeister-Direktwahl. Bei den Großkommunen wurde Wilfried Berchtold zum ÖVP-Star. 76,2 Prozent aller Feldkircher wollten Berchtold fünf weitere Jahre als ihr Stadtoberhaupt. Warum ausgerechnet der eher unspektakuläre 55-Jährige mit einem derart beeindruckenden Wählervotum beglückt wurde, hat ebenso unspektakuläre Gründe. „Weil er jemand ist, der kein Bürgeranliegen ignoriert. Was nicht heißt, dass Berchtold jeden Wunsch erfüllt. Aber er gibt jedem Feldkircher das Gefühl, dass er sich ernsthaft seines Anliegens annimmt", hört man von nicht wenigen Bürgern aus der Montfortstadt. Berchtold gewann die Städtewertung überlegen vor Wolfgang Rümmele aus Dornbirn, Manfred Katzenmayer aus Bludenz, Markus Linhart aus Bregenz und Richard Amann aus Hohenems.

Linharts Wandlung

Dass ein Bürgermeister in Sachen Bürgernähe sehr wohl zurückrudern kann, beweist Markus Linhart. Als Sunnyboy trat Linhart 1998 die Nachfolge von Siegfried Gasser als Bürgermeister in der Landeshauptstadt an, gewann als ÖVP-Kandidat seine ersten Wahlen mit 52,32 Prozent klar. Doch es gelang ihm in den folgenden Jahren nicht, die Bregenzer wirklich zu überzeugen. Linhart sah sich oft mit dem Vorwurf konfrontiert, er regiere abgehoben und bediene gerne die Interessen seiner Freunde. Gleichzeitig erwuchs dem Bürgermeister in der Person des charismatischen Michael Ritsch ein starker Gegner. Der SPÖ-Mann verstand es glänzend, einerseits sich selber kraftvoll in Szene zu setzen, andererseits die Schwächen seines Kontrahenten Linhart schonungslos aufzudecken. Die Wahlen 2005 brachten ein dementsprechendes Ergebnis. Für Linhart setzte es ein Debakel, er verlor 14 Prozent und musste gegen Ritsch in eine Stichwahl, die er dann für sich entschied.

Linhart hatte daraus gelernt, bediente sich eines bürgernäheren Stils und profitierte seinerseits vom Schwächeanfall des Michael Ritsch. Denn der wurde bei den letztjährigen Landtagswahlen mit seiner SPÖ auf ein historisches Tief zusammengestutzt. Im Bregenzer Kommunalwahlkampf hatte er jene unverbrauchte Frische verloren, mit welcher er noch vor fünf

Jahren triumphierte. In Anbetracht dessen waren seine 26 Prozent bei der Bürgermeister-Direktwahl nicht einmal als Debakel einzustufen, sehr wohl jedoch als klare Niederlage gegen seinen Konkurrenten Linhart.

Lustenau und die Wende

Den Paukenschlag der Gemeindewahl 2010 setzte es dennoch nicht in der Landeshauptstadt, sondern wenige Kilometer südwestlich davon – in Lustenau. Dort kam es, wie eingangs erwähnt, nach einem halben Jahrhundert zu einem politischen Wechsel. Die ÖVP löste in der größten Marktgemeinde Österreichs die FPÖ als bestimmende Kraft ab, ÖVP-Kandidat Kurt Fischer gelang ein geradezu fulminanter Sieg über seinen blauen Gegenkandidaten Ernst Hagen. Es war ein Wechsel, der sich zwar abzeichnete, in dieser Deutlichkeit allerdings überraschte. Fast 60 Prozent der Lustenauer votierten für den Kleinunternehmer Dr. Kurt Fischer als neuen Bürgermeister. Was noch mehr überraschte: Auch die Lustenauer ÖVP schaffte mit 51 Prozent die Absolute – ein totaler Zusammenbruch der blauen Hochburg Lustenau.

Der Hauptgrund dafür: Der bisherige Amtsinhaber Hans-Dieter Grabher ließ seine eigene Partei im Regen stehen. Erst drei Monate vor dem Urnengang gab der 62-Jährige bekannt, nicht mehr antreten zu wollen, und warf damit Ernst Hagen ins kalte Wasser. Der war schließlich gegen Fischer absolut chancenlos. Allerdings: Es war nicht nur die Schwäche des Gegners, die Fischer zum Wahltriumph verhalf. Es war auch die Stärke des Kurt Fischer. Bei der Wahl 2005 noch um 180 Stimmen Grabher unterlegen, kaute Fischer fünf Jahre lang nicht nur hartes Oppositionsbrot, sondern brachte sich konstruktiv und sachbezogen in die Gemeindepolitik ein. Sein Credo des „Miteinander" stieß bei den Lustenauern auf offene Ohren. Fischer bot der FPÖ kaum bis gar keine Angriffsflächen und positionierte sich glaubwürdig als Mann der Zukunft.

Das Fazit

Dass durch den Sturz der blauen Hochburg Lustenau Vorarlberg auf kommunaler Ebene so schwarz ist wie noch nie, ist Fakt. Doch dieses Faktum allein auf die Strahlkraft der ÖVP zurückzuführen, greift zu kurz. Viel hat mit inhaltlichen und organisatorischen Schwächen der politischen Mitstreiter gerade in den Kommunen zu tun. Während sich die SPÖ auch in Vorarlberg generell in einer schweren Identitätskrise befindet, haben die Grünen zum Teil Probleme, genug Funktionäre für ihre Ortsorganisationen zu finden. Und die FPÖ beging in jenen zwei Gemeinden (Mittelberg, Lustenau) grobe politische und strategische Fehler, die zum Verlust der Mehrheiten führten.

Nachschlag I*

Ulrich Gabriel

Wahlkampfalphabet 2009

A	Aufpasser
B	Bürgerrechte
C	Christ
D	Dieter
E	Exil
F	Familie
G	Gerecht
H	Heimat
I	Islam
J	Jude
K	Kurs
L	Land

* **Nach|schlag,** der; -[e]s, **1** [Musik] **a** Abschluss eines Trillers **b** (meist) mehrere Noten, die als Verzierung einer Note folgen **2** [Soldatensprache] zusätzliche Portion Essen **3** [Sport] verbotener Hieb nach Unterbrechung eines Boxkampfes durch den Ringrichter; **nach|schla|gen** (siehe auch oben) **1** ein Wort, einen Begriff im Wörterbuch, Lexikon suchen **2** sich wie jemand entwickeln.

Quellen: Duden, Bertelsmann Wörterbuch, Wikipedia.

M	Mütter
N	Nachhaltig
O	Oropax
P	Politik
Q	Quote
R	Recht
S	Stark
T	Türkisch
U	Uns
V	Vorarlberg
W	Wir
X	Xiberger
Z	Zaster

Die nach dem Zweiten Weltkrieg von der NATO eingeführte Buchstabiertafel entspricht zwar der internationalen Sprechfunk-Buchstabiertafel, genügt aber nicht im Vorarlberger Wahlkampf 2009. Die Neufassung wurde von einem Blechexpertenkreis erarbeitet und dient dem Baron v. Z. zur büchsentelefonischen Intervention vom Zanzenberg ins Wahlkampftal, wo jener Tage viel Blech geredet wurde. Roger.

Abschnitt II

Parteien

Guntram Lins

Erstmals ÖVP-Alleinregierung

Seit 1945 hat die Volkspartei ganz klar die Politik in Vorarlberg dominiert. Sie stellte in den vergangenen 54 Jahren alle vier Landeshauptleute. Dem Bauern Ulrich Ilg (1945–1964) folgte der Beamte und Bürgermeister von Rankweil Herbert Kessler (1964–1987), dann wurde der Wirtschaftsmanager (Suchard Generaldirektor) und Landtagspräsident Martin Purtscher Landeshauptmann (1987–1997). Seither übt der frühere Beamte Herbert Sausgruber dieses Amt aus.

Die Vorarlberger Volkspartei hätte nach den Wahlergebnissen seit 1945 mit einer Ausnahme im Jahr 1999 stets allein die Regierung bilden können. Das hat sie aber nicht getan.

Nach der Vorarlberger Landesverfassung kann der Landtag mit einfacher Mehrheit alle sieben Regierungsmitglieder bestellen, während in Kärnten, der Steiermark, im Burgenland, in Nieder- und Oberösterreich die Landesregierungen gemäß dem Wahlergebnis proporzmäßig bestellt werden. Im Wahljahr 1999 erreichte die Vorarlberger Volkspartei nur 46 Prozent der Stimmen und daraus resultierend lediglich die Hälfte der 36 Landtagsmandate. Sie war also damals auf einen Partner zur Wahl des Landeshauptmanns und der übrigen Landesregierungsmitglieder angewiesen. Bis dahin hatte die Freiheitliche Partei „freiwillig" ein Mitglied in die Landesregierung entsenden können. Im Jahre 1999 verlangte die FPÖ für ihre Regierungsbeteiligung eine stärkere Berücksichtigung. So wurde Hubert Gorbach damals Landesstatthalter, also Stellvertreter des Landeshauptmanns. Gegen die Volkspartei ging in den nächsten vier Jahren zwar nichts, aber für alle Beschlüsse wurde die Mitwirkung der Freiheitlichen Partei benötigt.

In früheren Regierungen seit 1945 war bis zum Jahr 1974 auch die SPÖ mit einem Regierungsmitglied in der siebenköpfigen Landesregierung vertreten. Infolge eines grundlegenden Vertrauensschwundes zwischen Landeshauptmann Herbert Kessler und dem damaligen SPÖ-Regierungsmitglied Ernst Winder kam es jedoch 1974 zur Eliminierung der SPÖ aus der bisherigen freiwilligen Koalition auf Regierungsebene. Für die SPÖ resultierte daraus in den folgenden 25 Jahren ein anhaltender Abstieg bis auf letztlich nur noch 10,1 Prozent der Stimmen im Wahljahr 2009.

Die ÖVP erreichte am 20. September 2009 trotz Stimmenverlusten von vier Prozent mit 51 Prozent wieder die absolute Mehrheit an Stimmen und somit auch an Mandaten.

Die ÖVP bestimmte in den vergangenen Jahrzehnten die Politik nicht nur in der Landesregierung und im Landtag, sondern durch klare Mehrheiten in vielen Institutionen des Landes und insbesondere in der überwältigenden Mehrheit der Gemeinden. Nur vorübergehend konnte die SPÖ in Bregenz und in Bludenz, also in zwei von fünf Städten Vorarlbergs, neben einigen wenigen Gemeinden Bürgermeister stellen. Ebenso hat die FPÖ nur in einer Handvoll Gemeinden Mehrheiten und Bürgermeister.

Trotz der Übermacht der Vorarlberger Volkspartei in fast allen Bereichen des gesellschaftlichen Lebens hatte sich die Partei seit 1945 dafür entschieden, andere Parteien, nämlich die SPÖ bis 1974 und die FPÖ bis 2009, in der Regierung mitwirken zu lassen.

Ernste Differenzen hatte es – wie schon erwähnt – 1974 mit der SPÖ gegeben, was zum endgültigen Ausscheiden aus der freiwilligen Koalition in der Landesregierung führte. Mit der FPÖ führte man die Zusammenarbeit fort, wobei es kaum zu ernsteren Differenzen zwischen den beiden im Grunde bürgerlich orientierten Parteien gekommen ist.

Die Wahlwerbung im Vorfeld der Landtagswahl 2009 – von einem Wahlkampf konnte man kaum sprechen – dümpelte bis Ende August vor sich hin. Die Freiheitlichen setzten in den Wahlplakaten auf Konfrontation zwischen „Einheimischen“ und „Zugewanderten“. In einer Wahlveranstaltung vom 21. August 2009 kulminierte dies in einer Äußerung des freiheitlichen Landesrates und Parteiobmannes Dieter Egger, in der er den Leiter des Jüdischen Museums von Hohenems als „Exiljuden aus Amerika in einem hochsubventionierten Museum“ apostrophierte.

Die Reaktion des amtierenden Landeshauptmannes Herbert Sausgruber von der ÖVP war für viele eher überraschend hart und kompromisslos. Er verlangte von Dieter Egger die Rücknahme seiner Äußerung und kündigte an, dass er andernfalls mit ihm nicht mehr gemeinsam auf der Regierungsbank Platz nehmen werde. Diese Aussagen dominierten den weiteren Wahlkampf.

Am 20. September 2009 verdoppelte die FPÖ zwar ihren Stimmenanteil auf 25 Prozent. Da jedoch die ÖVP die Mandatsmehrheit gewann, verlor die FPÖ gemäß den Ankündigungen des Landeshauptmannes ihren Regierungssitz. Bei den Verhandlungen mit den anderen im Landtag vertretenen Parteien, also den Sozialdemokraten und den Grünen, kam es zu keiner Übereinstimmung, sodass sich die Volkspartei erstmals seit 1945 zur Alleinregierung entschloss und alle sieben Regierungsmitglieder aus den eigenen Reihen bestimmte.

So gibt es in Vorarlberg seit mehr als 50 Jahren eine Partei, die mit absoluter Mehrheit an Stimmen und Mandaten regiert. Auf der anderen Seite stehen jetzt drei Parteien, die sich in Opposition befinden und entsprechend agieren. Konnte sich die Volkspartei bis dahin stets darauf verlassen, dass der freiwillig in die Regierung aufgenommene Koalitionspartner FPÖ insgesamt die Regierungspolitik unterstützt und Angriffen der Opposition von Rot und Grün entgegentritt, gibt es nun seit Oktober 2009 eine neue Allianz von Blau, Grün und Rot, die jede Woche mit neuen Angriffen die schwarze „Allmacht" kritisiert und vehement bekämpft.

Bis dahin war es ein ungeschriebenes Gesetz: „In Vorarlberg gibt es eine überwältigende bürgerliche Mehrheit, dominiert von der Volkspartei und unterstützt von den Freiheitlichen; mag die Situation auf Bundesebene sein, wie sie will."

Nun ist alles anders. Mit vereinten Kräften bekämpfen Blau, Grün und Rot die schwarze Mehrheit. Man braucht kein Prophet zu sein, um zu sehen, dass diese Konstellation die nächsten fünf Jahre die Landespolitik maßgeblich beherrschen wird. Landeshauptmann und Landesräte werden permanenten Angriffen ausgesetzt sein. Dies hat sich schon in den ersten Monaten nach der Landtagswahl überdeutlich gezeigt.

Für Landeshauptmann Herbert Sausgruber ist die Situation vorgezeichnet. Er wird noch einige Jahre als Landeshauptmann agieren und schließlich rechtzeitig vor der nächsten Landtagswahl sein Amt einem bereits designierten Nachfolger übergeben. Dieser wird vor der Aufgabe stehen, das politische Klima zu beruhigen und einen Partner zu suchen, der ihn im Jahr 2014 wieder zum Landeshauptmann wählt. Bei den nächsten Landtagswahlen wird es nämlich sehr schwer sein, wieder die absolute Mehrheit an Stimmen oder zumindest an Mandaten für die Vorarlberger Volkspartei zu erreichen.

So schwebt über der Vorarlberger Volkspartei das drohende Szenario, dass bei Verlust der „Absoluten" sich die drei Oppositionsparteien zusammentun könnten, um diese dann schon fast 60-jährige Dominanz der ÖVP zu beenden und einen Landeshauptmann zu wählen, der nicht der ÖVP angehört. Verhindert werden könnte dies am ehesten durch die bisher erwiesene Unverträglichkeit zwischen Blauen einerseits sowie Rot und Grün andererseits.

Arnulf Häfele

2009 – Ein Schicksalsjahr für die SPÖ Vorarlberg

Als Königin Elisabeth II. von England innerhalb eines Jahres die Scheidung zweier Kinder erleben musste, in der Öffentlichkeit „Oben-ohne"-Fotos einer Schwiegertochter auftauchten und schließlich noch Teile von Schloss Windsor abbrannten, erklärte sie, es sei kein Jahr, auf das sie mit ungeteilter Freude zurückblicke. Es habe sich vielmehr als ein *annus horribilis* herausgestellt. Das Jahr 2009 war auch so eines, das den Sozialdemokraten in Vorarlberg keine ungeteilte Freude bereitet hat. Ein wirkliches Schreckensjahr wäre es nur, wenn die SPÖ-Funktionäre nicht bereit wären, die notwendigen Schlüsse aus der Antwort der Wähler/innen auf das Angebot der SPÖ Vorarlberg zu ziehen.

Ein Rucksack für weitere Wahlgänge

Der Reigen der Wahlgänge im Jahre 2009 wurde mit der Arbeiterkammerwahl eröffnet. Sie fand in Vorarlberg in der Zeit vom 26. Jänner bis zum 5. Februar statt. Und den Sozialdemokraten wurde bei dieser Gelegenheit gleich ein kleiner Rucksack für die weiteren Wahlgänge des Jahres umgehängt. Die Arbeiterkammerwahl findet in Vorarlberg immer im gleichen Jahr wie die Landtagswahl statt. Das Ergebnis gilt deshalb doch irgendwie als Stimmungsbarometer für den jeweils kommenden Wahlgang. So gesehen hat das politische Jahr 2009 für die Sozialdemokratie nicht sehr berauschend angefangen. Es hatte im Vertrauen auf die Geschichte der Arbeiterbewegung die Hoffnung bestanden, dass in einer veritablen Wirtschaftskrise die Arbeiter/innen und Angestellten jener Partei vertrauen, die sich in erster Linie für die arbeitende Bevölkerung einsetzt. Dieses Vertrauen wurde aus sozialdemokratischer Sicht enttäuscht. Es gab deutliche Stimmen- und Mandatsverluste für die Fraktion Sozialdemokratischer Gewerkschafter. Der ÖAAB und die Fraktion Christlicher Gewerkschafter konnten hingegen die absolute Mehrheit, die sie im Jahre 2004 verloren hatten, wieder zurückgewinnen. Die Fraktion Sozialdemokratischer Gewerkschafter (FSG) und ihre unbestrittene Spitzenkandidatin Manuela Auer konnten dieses Mal nur noch 13 793 Stimmen und damit 21 von 70 Mandaten erreichen. Das entspricht einem Verlust von vier Mandaten. Bei der Arbeiterkammerwahl im Jahre 2004 hatten der Fraktion Sozialdemokratischer Gewerkschafter noch 16 112 Wähler/innen oder 35,17 Prozent das Vertrauen geschenkt. Damit konnte die FSG damals immerhin noch 25 Kammerräte stellen.

AK-Vizepräsidentin Manuela Auer hatte schon im Vorfeld schwere Mängel im Briefwahlsystem der Arbeiterkammerwahl kritisiert. Der ÖAAB habe sich im Alleingang für ein System entschieden, das Manipulation und Missbrauch zulasse. Einem Teil der Wahlberechtigten, exakt 17 773 Personen, würden die Wahlunterlagen nicht an die Privatadresse zugeschickt, sondern an die Betriebsadresse, also an die jeweilige Firmenleitung. Diese sei für die Weitergabe der Unterlagen verantwortlich. Das Wahlrecht sei ein hohes und schützenswertes Gut. Da dürfe es nicht passieren, dass ein System eingeführt werde, das Manipulationen ermögliche. Und dass dies passieren könne, zeige ein von der FSG in Auftrag gegebenes Rechtsgutachten. In diesem kommt der Innsbrucker Verfassungsrechtler Universitätsprofessor Dr. Karl Weber zu dem Schluss: „Eine Zustellung an die Firmenadresse ist nur dann rechtlich einwandfrei möglich, wenn zweifelsfrei gesichert ist, dass die Wahlkarten verlässlich zum einzelnen Wahlberechtigten kommen. [...] Wird die Wahlkarte an die Firmenadresse zugestellt, eröffnen sich Manipulations- und Missbrauchsmöglichkeiten, die zu Lasten des geheimen Wahlrechts gehen." Schließlich sei die Möglichkeit, dass Unternehmensleitung oder auch Arbeitskolleg/inn/en Einfluss auf das Wahlverhalten nehmen können, in Betrieben niemals gänzlich ausgeschlossen. Auch wenn man nicht von vornherein Manipulationen unterstellen wolle, war für Manuela Auer klar: „Der ÖAAB will sich hier einen Vorteil verschaffen." Nach der durchgeführten Wahl wurden aber keine konkreten Vorwürfe über Manipulationen mehr erhoben. Die Stimmung unter den Sozialdemokraten im Land blieb in Hinblick auf die kommenden Wahlgänge im Wahljahr 2009 aber doch ein wenig gedämpft.

Europa verzichtet auf die SPÖ Vorarlberg

Die Europawahl am 7. Juni 2009 beendete die politische Karriere des Vorarlberger SPÖ-Kandidaten Mag. Herbert Bösch. Er hatte sich wieder um einen Sitz im Europaparlament beworben, wurde aber von der Bundespartei auf den unwählbaren siebten Platz zurückgesetzt. Daraufhin rief die Vorarlberger Landespartei eine Vorzugsstimmenaktion für Herbert Bösch ins Leben. Als Betrugsberichterstatter habe sich Bösch in Brüssel einen guten Ruf erarbeitet. So begründete Landesparteiobmann Ritsch die Unterstützung für ihn. Im Jahre 1999 habe sein Bericht über die mangelhafte Verwaltung der EU-Mittel zum Rücktritt der damaligen EU-Kommission unter Jacques Santer geführt. Anschließend sei auf Initiative von Bösch die Antibetrugsbehörde OLAF eingerichtet worden. Die Statistik der parlamentarischen Arbeit belege darüber hinaus das große Engagement des Vorarlberger Kandidaten. Herbert Bösch sei in mehr als 95 Prozent der Plenarsitzungen anwesend gewesen. 100 parlamentarische Anfragen, 42 Reden im Plenum, 52 Änderungsanträge und fünf Berichte sprächen für Bösch, meinte die Landes-SPÖ.

Der frühere SPÖ-Nationalrat Günter Dietrich aus Rankweil sekundierte im Internet auf der Website der *World of Leading Ladies*: Herbert Bösch sei der erste und einzige Österreicher, der zum Vorsitzenden eines Ausschusses im EU-Parlament bestellt worden sei. Bösch war damals aufgrund einer Parteienabsprache eine halbe Legislaturperiode lang Vorsitzender des einflussreichen Haushaltskontrollausschusses. Den Unwillen der SPÖ-Spitze im Bund habe sich Bösch offensichtlich durch seine kritischen Äußerungen wegen des anbiedernden Leserbriefes von Alfred Gusenbauer und Werner Faymann an die „Kronen Zeitung" eingehandelt.

Das Wahlergebnis bei der Europawahl 2009 fiel in unserem Bundesland nicht sehr motivierend aus. Die SPÖ erreichte in Vorarlberg 13 838 Stimmen oder 13,26 Prozent. Im Jahre 2004 waren es immerhin noch 16 296 Stimmen oder 18,62 Prozent. Die Vorzugsstimmenaktion für Herbert Bösch wurde zum Flop. In Vorarlberg erreichte Bösch bei 13 838 Stimmen gerade einmal 2969 Vorzugsstimmen. Er wurde auch in Vorarlberg vom ÖVP-Kandidaten Othmar Karas mit 3595 Vorzugsstimmen überflügelt. In Wien erreichte Herbert Bösch 1983 Vorzugsstimmen. Dort übertraf ihn sein Vorarlberger Konkurrent Hans-Peter Martin mit 4904 Vorzugsstimmen ebenfalls. Der Vorarlberger Mag. Ewald Stadler folgte Bösch in Wien mit 1465 Vorzugsstimmen. Die von der Landes-SPÖ erwartete große Zustimmung für den „unersetzbaren Kandidaten" blieb aus. Mag. Herbert Bösch musste aus dem Europaparlament ausscheiden und seinen Arbeitsplatz als städtischer Angestellter in Bregenz wieder antreten. Bösch arbeitet nunmehr in der überparteilichen Plattform „Bürgerforum Europa 2020" des ÖVP-Europa-Abgeordneten Othmar Karas mit. Ziel der Plattform sei es, die österreichische Innenpolitik europäischer zu machen. Neben Herbert Bösch ist der ebenfalls abgewählte grüne Ex-Europa-Abgeordnete Johannes Voggenhuber in dieser Plattform vertreten.

Schwerwiegende Einbrüche im Landtag

Ein politisches Erdbeben war für die Sozialdemokratie in Vorarlberg das Ergebnis der Landtagswahl vom 20. September 2009. Die SPÖ verlor bei dieser Wahl in Vorarlberg drei von sechs Landtagsabgeordneten und den Bundesrat. Sie hat mit drei verbliebenen Landtagssitzen gerade noch Klubstatus.

Dieses Ergebnis ist nicht einfach als Folge von Wahlkampfthemen, die vielleicht der Bevölkerung nicht entsprochen haben, oder der Personen, die zur Auswahl standen, zu sehen. Das Wahlergebnis hat mehrere Gründe. Die kleine SPÖ-Kolonie am westlichen Rand der Republik hatte unter den strukturellen Veränderungen der Wirtschaft und Gesellschaft arg zu leiden. Vor drei Jahrzehnten wurde in den Städten Bludenz und Bregenz und in einigen Gemeinden sozialdemokratische Vorzeigepolitik auf kommunaler Ebene gemacht. Die Bürgermeister hatten viele wichtige Positionen zu vergeben. Kommunale Krankenhäuser und andere Einrichtungen wurden geschaffen. Sozialdemokratische Gesinnungsfreunde sind voller Stolz bei ihren Bürgermeistern der SPÖ beigetreten. 2005 haben die Wähler/innen noch in zwei Gemeinden des Landes einen sozialdemokratischen Bürgermeister ermöglicht. Ganze Berufszweige wie die Eisenbahner sind durch die Veränderungen in der Arbeitswelt nur noch in einem eingeschränkten Ausmaß vorhanden. Gerade die Eisenbahner waren die unerschütterlichen Stützen der Sozialdemokratie in einem ansonsten schwarzen Land.

Die Bundespolitik konnte nicht immer auf die Wünsche der Vorarlberger Sozialdemokraten Rücksicht nehmen. Selbst Bruno Kreisky hat einmal erklärt, man könne die Bundespolitik nicht nach dem letzten Winkel der Republik ausrichten. Und die SPÖ musste nach dem Hinauswurf aus der Landesregierung den schweren Gang in die Opposition antreten. Sie hatte noch einmal an Einfluss im Land verloren. Vor diesem Hintergrund ist die lang anhaltende negative Entwicklung der sozialdemokratischen Wählerstimmen bei den Landtagswahlen wenigstens zum Teil verständlich. In den letzten 20 Jahren hat die SPÖ Vorarlberg bei allen Landtagswahlen ohne Ausnahme Stimmen verloren (siehe Tabelle 1).

Tabelle 1: Die SPÖ-Wählerstimmen bei Landtagswahlen von 1989 bis 2009

Landtagswahl	SPÖ-Stimmen	SPÖ-Mandate	Prozente der SPÖ
1989	37 919	8	21,3
1994	30 123	6	16,2
1999	24 844	5	13,0
2004	24 609	6	16,9
2009	17 779	3	10,0

Quelle: Amt der Vorarlberger Landesregierung (http://www.vorarlberg.at/wahlen/lt.asp).

Bei der Landtagswahl im Jahre 2004 hatte die Ärztin Dr. Elke Sader den Wahlkampf angeführt. Die Tochter des legendären Bregenzer Bürgermeisters Dipl.-Ing. Fritz Mayer konnte das Ergebnis des vorherigen SPÖ-Spitzenkandidaten Elmar Mayer, der nur 13 Prozent erreicht hatte, um 3,9 Prozent übertreffen. Aber selbst diese angebliche Trendumkehr war nur eine Laune der Wahlarithmetik. In absoluten Zahlen hatte sie noch einmal 235 Stimmen gegenüber dem schlechten Ergebnis ihres Vorgängers verloren. Der Stimmenschwund der SPÖ bei Landtagswahlen blieb ohne Ausnahme.

Elke Sader hatte sich einen Ruf in die Landesregierung erwartet. Sie glaubte auch, Signale in diese Richtung erhalten zu haben. Für Kenner der Szene war es aber klar: Ein wertkonservativer Landeshauptmann Dr. Sausgruber wird bei den unterschiedlichen Auffassungen über den sogenannten „Schutz des Lebens“ niemals eine sozialdemokratische Gynäkologin in seine Landesregierung holen. Und so blieb denn der Ruf an Elke Sader auch aus. Sie übergab noch während der Legislaturperiode den Fraktionsvorsitz im Landtag und stand für eine weitere Landtagskandidatur nicht mehr zur Verfügung.

Für die Landtagswahl im September 2009 wurde innerhalb der SPÖ Vorarlberg in einem breit angelegten Prozess unter Einbindung aller Kandidaten und Funktionäre ein Wahlprogramm zusammengetragen. Die Tatsache, dass gemeinsam ein Wahlprogramm erarbeitet wurde, führte dazu, dass nach dem desaströsen Ergebnis die Schuldzuweisungen an den Spitzenkandidaten innerhalb der Partei sehr schaumgebremst waren. Er konnte auf die gemeinsamen Beschlüsse verweisen. Im Wahlkampf selbst stellte sich die SPÖ als Vorarlbergs soziale Kraft vor. Mit einer Aktion „Geld zurück!" wurde den Wähler/inne/n versprochen, dass jeder dritte Haushalt in Vorarlberg bis zu 850 Euro zurückerhalte, wenn die SPÖ Vorarlberg mitentscheiden könne. Das Land Vorarlberg habe nämlich im vergangenen Jahr über 30 Millionen Euro mehr an Steuern eingenommen. Die sollten nun verteilt werden. Die Wähler/innen wollten dieser Aktion des Geldverschenkens in einer Zeit der Wirtschaftskrise nicht ganz glauben.

Insgesamt aber gingen im Wahlkampf die politischen Aussagen der SPÖ durch die gewollte Provokation der Freiheitlichen Partei unter. Der FPÖ-Spitzenkandidat Landesrat Dieter Egger hatte den Direktor des Jüdischen Museums in Hohenems als „Exil-Juden aus Amerika" bezeichnet. Landeshauptmann Dr. Herbert Sausgruber hatte daraufhin von seinem Regierungsmitglied Dieter Egger eine Entschuldigung verlangt, die dieser aber nicht liefern wollte. Dadurch spielte sich wochenlang der Wahlkampf ausschließlich zwischen der ÖVP und der FPÖ ab. Die Sozialdemokraten wurden zwischen diesen beiden Blöcken zerrieben. Nicht wenige Sozialdemokraten wählten den Landeshauptmann, um ihm eine absolute Mehrheit zu sichern. Damit war gewährleistet, dass Dieter Egger seinen bisherigen Sitz in der Landesregierung verlieren würde. Die antisemitischen Äußerungen Eggers und der ausländerfeindliche Wahlkampf wurden von den Sozialdemokraten besonders klar abgelehnt. Die differenzierten Aussagen über Integration nahm man in diesem aufgeheizten politischen Klima nicht mehr wahr.

Das Ergebnis stellt die Sozialdemokraten vor existenzielle Probleme. Im politischen Bezirk der Eisenbahnerhochburg Bludenz und in der ehemaligen Textilhochburg Dornbirn gibt es keine sozialdemokratischen Grundmandate mehr für den Landtag. Der Landesvorsitzende der Fraktion Sozialdemokratischer Gewerkschafter Werner Posch, der im Bezirk Dornbirn als Spitzenkandidat antrat, verlor dadurch sein Mandat. An seiner Stelle kam aufgrund des Rückganges der SPÖ-Stimmen die zweitgereihte Kandidatin aus Dornbirn, die Ärztin und Stadträtin Gabi Sprickler-Falschlunger, zu einem Reststimmenmandat für den Landtag, da sie im Gegensatz zum Bezirksvorsitzenden Posch auf der Landesliste abgesichert war. Im Bezirk Feldkirch erreichte die Landtagsabgeordnete Mirjam Jäger das Grundmandat knapp.

Angesichts des katastrophalen Wahlergebnisses und der Entwicklung der SPÖ von einer Mittel- zur Kleinstpartei bot Landesparteivorsitzender und Klubobmann Michael Ritsch im Landesparteivorstand seinen Rücktritt an. Dieser Rücktritt wurde mit einer Gegenstimme (Landtagskandidatin Barbara Draxler aus Lauterach) abgelehnt. Michael Ritsch wurde ersucht, die politische Arbeit im Landtag und in der Landespartei fortzusetzen.

Misstrauen gegen Misstrauensanträge

Die oppositionellen Landtagsparteien schossen sich nach der Bildung der ÖVP-Alleinregierung mit einem politischen Sperrfeuer auf die Landesrätin Dr. Grete Schmid ein. Sie führt wieder das Sozialressort. Pflegemängel in Vorarlbergs Heimen führten dazu, dass die Oppositionsparteien im November einen Misstrauensantrag gegen die Landesrätin für Soziales einbrachten. Auch in früheren Jahren schon hatte die SPÖ-Fraktion im Landtag Misstrauensanträge gegen Mitglieder der Landesregierung gestellt.

Im Nachhinein musste die SPÖ erkennen, dass es sich meistens um einen Schuss ins eigene Knie handelte. Die Bevölkerung will dieses starke parlamentarische Instrument offensichtlich nur in extremsten Fällen angewandt wissen. Im Falle des Misstrauensantrages gegen Grete Schmid bekam diese überraschende Schützenhilfe von Bruno Wüstner, dem Landessekretär des SPÖ-nahen Pensionistenverbandes. Während die Landes-SPÖ mit 1200 Mitgliedern dahinschwächelt, erreichte der Pensionistenverband die Rekord-Mitgliederzahl von 11300 Mitgliedern. Die Obfrau des Pensionistenverbandes Friedl Mayer, Ehegattin des früheren Bregenzer Bürgermeisters Dipl.-Ing. Fritz Mayer, und ihr Landessekretär Bruno Wüstner erzielten in jahrelanger Aufbauarbeit diese grandiose Stärke der Pensionistenorganisation. Friedl Mayer hat in der Zwischenzeit die Führung des Verbandes übergeben. Bruno Wüstner erklärte sich im November in einem Leserbrief mit Grete Schmid solidarisch. Er selbst vertraue darauf, gemeinsam mit Schmid und deren Mitarbeiter/inne/n in der ohnehin vorbildhaften Sozialpolitik etwas weiterzubringen. Wörtlich schreibt Wüstner: „Dies stünde so manchem, der jetzt groß aufgeigt, auch besser zu Gesicht." Die ständige Wadlbeißerei zermürbe das Wahlvolk. „Verschiedene Politiker dürfen sich nicht wundern, wenn ihre Sympathie- und Kompetenzwerte in den Keller rasseln, beziehungsweise aus diesem nie herauskommen." Der Landesparteivorsitzende ignorierte die Solidaritätsadresse Bruno Wüstners für Grete Schmid. Wüstners Dienstgeber aber drohte mit arbeitsrechtlichen Schritten.

Aktuelle Vorhaben der SPÖ-Fraktion

Die drei Landtagsabgeordneten der SPÖ brachten zum Landesbudget 2010 Anträge zu vorwiegend sozialen und bildungspolitischen Anliegen im Gesamtausmaß von 27 Millionen Euro ein. Darunter sind auch Beiträge zur Entlastung der Gemeinden, die sich auf etwa 15 Millionen Euro belaufen. Die kostenfreie Kinderbetreuung, die von der SPÖ für Kinder bis sechs Jahre gefordert wurde, hätte mit sieben Millionen Euro zu Buche geschlagen. Nach diesem Antrag hätten die Gemeinden auf die Elternbeiträge verzichten müssen. Bei der Bildung befürwortet die Sozialdemokratische Landtagsfraktion das Prinzip der Ganztagsschulen in verschränkter Form. Das bedeutet, dass sich die festgelegten Unterrichtseinheiten mit Erholungsphasen sowie Freizeitmöglichkeiten abwechseln sollen. Bis zur Umsetzung dieser Ganztagsschulen sollen die jetzigen Einrichtungen der Schülerbetreuung dahingehend gefördert werden, dass Gemeinden keine Elternbeiträge einheben müssen. Für die Mehrausgaben bei der Schülerbetreuung und für das Schulstartgeld wurden von der SPÖ vier Millionen Euro veranschlagt. Weitere kleinere Positionen wie die Maßnahmen für Frauen oder die Jugendwohnungen und Ausgaben für Lehrlinge und die Jugendwohlfahrt ergeben aus der Sicht der SPÖ-Landtagsfraktion eine weitere Million Euro.

Bei Annahme dieser Anträge durch die Mehrheitspartei hätten die drei SPÖ-Abgeordneten dem Landesbudget 2010 zugestimmt. Finanzieren wollte die SPÖ ihre Vorschläge durch die Einführung einer Vermögenssteuer für erhebliche Vermögen über 500 000 Euro. Auf keinen Fall dürfe es den durchschnittlichen „Häuslebauer" oder Wohnungsbesitzer treffen. Das hätte ihrer Meinung nach in Vorarlberg sogar noch einen Überschuss gegeben. Mit dieser Form der Vermögenssteuer seien 50 Millionen Euro zu erzielen. Diese Gegenfinanzierung der sozialdemokratischen Budgetanträge war aber reichlich illusorisch. Die Vermögenssteuer könnte nur vom Bund eingeführt werden und ist in der Koalition auf Bundesebene nicht im Entferntesten zu erreichen.

Offensichtlich erkannte der neue kleine Gerade-noch-Klub der SPÖ dieses Problem. Die drei Abgeordneten machten noch während der Budgetdebatte eine interessante Kehrtwendung. 35 Jahre lang hat der SPÖ-Landtagsklub keinem Vorarlberger Landesbudget mehr zugestimmt. Seit dem Hinauswurf aus der Landesregierung im Jahre 1974 bestand keine Bereitschaft mehr dazu, zumal die vielen Anträge der roten Oppositionspartei von der schwarzen Mehrheitspartei immer grundsätzlich abgelehnt worden waren. Im Zuge der weltweiten Finanz- und Wirtschaftskrise hatte aber die Bevölkerung den soliden Wirtschaftskurs der Vorarlberger Landesregierung und die vernachlässigbare Verschuldung immer mehr zu schätzen gelernt. Der SPÖ-Klubobmann wollte deshalb noch während der Budgetdebatte im Landtag ein unerwartetes Zeichen der Erneuerung setzen. Klubobmann Michael Ritsch forderte die Schaffung von 100 Lehrplätzen, aufgeteilt auf das Land, die landeseigenen Betriebe und die Gemeinden. Ein Lehrplatz koste 7000 Euro. Die Landeshypothekenbank habe etwa 750 Beschäftigte und nur neun Lehrlinge. Das stehe in einem krassen Missverhältnis zu anderen Betrieben dieser Größe. Die Vorarlberger Erdgas GmbH, die Vorarlberger Kraftwerke und die Vorarlberger Illwerke sowie die Dornbirner Messe GmbH sollten ebenfalls mehr Lehrlinge einstellen. Die Gemeinden beschäftigten mit Ausnahme von Bregenz fast keine Lehrlinge. Die ÖVP lehnte den SPÖ-Antrag mit den 100 Lehrlingsplätzen zwar ab, will aber aufgrund des SPÖ-Antrags 33 zusätzliche Lehrlingsplätze schaffen, allerdings nur in der Landesverwaltung.

Das war der SPÖ zu wenig Entgegenkommen. Auch im 36. Jahr verweigerte die SPÖ-Fraktion deshalb dem Landesbudget die Zustimmung. Mit der Budgetdebatte im Landtag war die politische Tätigkeit für das Jahr 2009 abgeschlossen. Aber die Wahlgänge des Jahres 2010 warfen bereits ihre Schatten voraus.

Die „Friedenswahl" der Wirtschaftskammer

Die traditionelle Domäne der Sozialdemokratie ist die Welt der Arbeiter/innen. Eine interessante Facette des politischen Lebens bietet aber auch jene Organisation, die in der traditionellen Arbeiterdomäne für die Unternehmungen, hauptsächlich Klein- und Mittelbetriebe, zuständig ist. Ursprünglich firmierte die Unternehmerorganisation der SPÖ in Vorarlberg etwa 40 Jahre lang unter dem Namen „Freier Wirtschaftsverband". Er war ein Sammelbecken für alle Mitglieder unter den Unternehmern, die nicht dem „ÖVP-Wirtschaftsbund" oder dem „Ring Freiheitlicher Wirtschaftstreibender" angehören wollten. Dieser „Freie Wirtschaftsverband" nahm bei den früheren Handelskammer- und nunmehrigen Wirtschaftskammerwahlen in Vorarlberg jeweils an der sogenannten „Friedenswahl" teil.

Diese „Friedenswahl" war ein Übereinkommen unter den größeren Unternehmerorganisationen der politischen Parteien, die Mandate in der Wirtschaftskammer ohne Urnengang nach einem Erfahrungswert untereinander aufzuteilen. Der „Wirtschaftsbund" der ÖVP, der „Ring Freiheitlicher Wirtschaftstreibender" und der SPÖ-nahe „Freie Wirtschaftsverband" bildeten jeweils als Einheitsliste eine „Wahlgemeinschaft Vorarlberger Wirtschaft". Diese Liste wurde bei der „Friedenswahl" den einzelnen Fachgruppen-Vollversammlungen vorgelegt und „gewählt". Etliche Mandatare selbst der großen Unternehmerorganisationen waren nur unter diesen Umständen für eine Funktion in der Wirtschaftskammer zu haben. Da Unternehmen Kunden aus allen politischen Lagern haben, wollen sich nicht alle Unternehmer einem politischen Auswahlverfahren stellen. Der „Freie Wirtschaftsverband" schnitt mit einem 10-Prozent-Anteil an den Funktionen der Wirtschaftskammer relativ gut ab. Immerhin handelt es sich ja um eine Domäne, die nicht in erster Linie auf Anhieb der Sozialdemokratie zuzurechnen ist.

Der „Freie Wirtschaftsverband" Vorarlbergs gab sich vor acht Jahren den Namen „Vorarlberger Wirtschaftsverband". Der frühere Staatssekretär im Finanzministerium Dr. Christoph Matznetter wollte diesen „Vorarlberger Wirtschaftsverband" stärker in den Einflussbereich der Partei zurückholen. Er meldete im September 2004 ohne Kontaktaufnahme mit dem „Vorarlberger Wirtschaftsverband" im Vereinsregister einen „Sozialdemokratischen Wirtschaftsverband Vorarlberg" mit ihm selbst als Präsident an. Der „Vorarlberger Wirtschaftsverband" unter dem Hotelier und Präsidenten Kommerzialrat Roland Saur sah darin einen Angriff auf die eigenständige Struktur der Vorarlberger Unternehmerorganisation. Der Vorarlberger Wirtschaftsverband wollte keinesfalls unter dem neuen Namen „Sozialdemokratischer Wirtschaftsverband Vorarlberg" kandidieren. Das hätte seiner Ansicht nach viele Mitglieder verschreckt und die Chancen seines Wachstums gemindert.

Der „Vorarlberger Wirtschaftsverband" trat aus dem bundesweiten „Sozialdemokratischen Wirtschaftsverband" aus und kandidierte bei der Wirtschaftskammerwahl als „Vorarlberger Wirtschaftsverband". Er bezeichnet sich als parteipolitisch unabhängig. Daneben kandidierte erstmals eine Vorarlberger Zweigniederlassung von Matznetters „Sozialdemokratischem Wirtschaftsverband", die sich neu formiert hat. Ihr steht als Präsident der ehemalige SPÖ-Bundesrat und Geschäftsmann Ing. Reinhold Einwallner vor. Diese Gruppierung ist im Aufbau begriffen. Es ist das erklärte Ziel des „Sozialdemokratischen Wirtschaftsverbandes Vorarlberg", die „Friedenswahl" zu überwinden und in möglichst vielen Fachgruppen eine richtige Wahl mit Alternativmöglichkeiten zu erzwingen. Alle Gruppierungen hatten bis zum 15. Jänner 2010 bei der Hauptwahlkommission ihre Kandidatur bekanntzugeben.

In jenen Fachgruppen, in denen der „Sozialdemokratische Wirtschaftsverband Vorarlberg" und die „Grüne Wirtschaft" bis zu diesem Stichtag keine Kandidaten aufbieten konnten, gab es wieder die sogenannte „Friedenswahl" ohne Urnengang. Es ist weiterhin die Einheitsliste der Wahlgemeinschaft des „Wirtschaftsbundes", des „Ringes Freiheitlicher Wirtschaftstreibender" und des „Vorarlberger Wirtschaftsverbandes". Im Gegensatz zu früher wurde bei der Wirtschaftskammerwahl in Vorarlberg am 1. und 2. März 2010 diese Einheitsliste der „Wahlgemeinschaft Vorarlberger Wirtschaft" nicht mehr den Fachgruppen-Vollversammlungen zur Abstimmung vorgelegt. In allen Fachgruppen, in denen außer der Einheitsliste keine weitere Gruppierung kandidierte, waren die Kandidaten der Einheitsliste mit Stichtag automatisch gewählt. Der „Sozialdemokratische Wirtschaftsverband Vorarlberg" landete schließlich mit 4,1 Prozent und 32 Mandaten hinter der „Grünen Wirtschaft", die 7,5 Prozent und 59 Sitze erreichte. Die „Wahlgemeinschaft Vorarlberger Wirtschaft" erreichte 88,2 Prozent und 690 Mandate. Ing. Reinhold Einwallner, der dem „Sozialdemokratischen Wirtschaftsverband Vorarlberg" vorsteht, übernahm im Frühjahr 2010 die Position des Landesgeschäftsführers der SPÖ-Landesorganisation Vorarlberg.

Die größte rote Herausforderung

Die größte Herausforderung für die Sozialdemokraten in Vorarlberg war mit Sicherheit die Gemeindewahl am 14. März 2010. Die Sozialdemokraten stellten bis dahin noch zwei Bürgermeister im gesamten Bundesland: Arno Salzmann in St. Gallenkirch und Helmut Zimmermann in Bürs. Hohe Wetten für die Weiterbeschäftigung der SPÖ-Kandidaten als Bürgermeister wurden nur für Bürs abgegeben. In St. Gallenkirch, das einst Fritz Rudigier für die SPÖ erobert hatte, setzte sich schließlich auch der ÖVP-Kandidat Ewald Tschanhenz durch.

Das größte Interesse der politischen Beobachter galt jedoch der Landeshauptstadt Bregenz und hier wiederum der Frage, wie dort der SPÖ-Kandidat für die Bürgermeisterwahl heißen werde. Michael Ritsch, der bei der letzten Gemeindewahl in Bregenz in die Stichwahl mit Bürgermeister Markus Linhart gekommen war, hat nach der Landtagswahl ja offen gelassen, ob es für ihn noch sinnvoll sei, in Bregenz anzutreten. Diese Frage wurde im Vorfeld der Gemeindewahl mit einer nicht mehr zu überbietenden Deutlichkeit geklärt.

Die SPÖ Bregenz gab bei Günther Ogris und seinem Forschungsinstitut SORA (Institute for Social Research and Analysis) eine entsprechende Meinungsumfrage in Auftrag. Diese Umfrage wurde mit einem Sample von 700 Befragungen allein in Bregenz in der Zeit von Mitte bis Ende November 2009 durchgeführt. Normalerweise werden für eine landesweite Meinungsumfrage nur 400 Befragungen durchgeführt. 700 Befragungen ausschließlich in Bregenz bringen eine fast 100-prozentige Trefferquote. 700 Bregenzer/innen wurden gefragt: „Wer soll Bürgermeisterkandidat werden?" Als Kandidat/inn/en wurden zur Auswahl gestellt: Michael Ritsch, die SPÖ-Stadträt/inn/e/n Alexandra König, Dr. Anette Fritsch und Klaus Kübler, weiters Ing. Willi Muzyczyn, der bekannte Strafverteidiger Nikolaus Stieger und der Star-Handballer Roland Schlinger. Den Handballer wollten ein Prozent, den Rechtsanwalt zwei Prozent, Willi Muzyczyn wollten vier Prozent und Stadtrat Klaus Kübler wollten zwei Prozent zum Bürgermeisterkandidaten machen. Die Stadträtin Anette Fritsch hätten vier Prozent und Alexandra König zehn Prozent gerne als Bürgermeisterkandidatin gesehen. Den Spitzenkandidaten bei der Landtagswahl Michael Ritsch, der sich selbst schon fast aus dem Rennen genommen hatte, wollten aber 70 Prozent der 700 befragten Bregenzer/innen als Bürgermeisterkandidaten der SPÖ.

Ein interessantes Ergebnis erbrachte auch die Analyse der Wählerschichten. Erfahrungsgemäß hat die SPÖ bei den älteren Menschen ein größeres Potential. In Bregenz sei es der SPÖ in den vergangenen Jahren gelungen, das Wählerpotential auf den Kopf zu stellen, erklärte Günther Ogris. Hier hätten die Sozialdemokraten bei den jungen Menschen, vor allem bei den Frauen, größere Chancen. Das lasse für die Zukunft hoffen. Dass die Themenführerschaft bei der Schaffung von leistbarem Wohnraum in Bregenz bei der SPÖ lag, war angesichts der langjährigen Tätigkeit von Michael Ritsch als Wohnungsstadtrat keine Überraschung. Die Bregenzer Sozialdemokraten hofften, dass die positiven Aspekte der Umfrage zu einem annehmbaren Wahlergebnis führen würden. Sie bangten aber auch, dass sich das Wahldebakel der Landtagswahl in Bregenz wiederholen könnte.

Die SPÖ und ihr Bürgermeisterkandidat verloren deutlich gegenüber 2005. Die Sozialdemokraten erreichten nur noch 26,3 Prozent. Fünf Jahre vorher waren es noch 35,5 Prozent. Michael Ritsch verpasste mit 26,1 Prozent klar die Stichwahl, die er bei der letzten Gemeindewahl mit 37,3 Prozent noch leicht erreicht hatte. Bürgermeister Markus Linhart erhielt mit 56,8 Prozent ein deutliches Votum. 2005 waren es nur 40,6 Prozent. Seine ÖVP verfehlte aber mit 48,8 Prozent (2005: 38,2) die absolute Mehrheit. Als Mehrheitsbringer für die Volkspartei fungierten wieder die Grünen mit Vizebürgermeister Dr. Gernot Kiermayr. Für den SPÖ-Landesparteivorsitzenden war es kein Trost, dass sich der grüne Vizebürgermeister der Landeshauptstadt vor der Übersiedlung nach Bregenz in Hohenems als hochgeschätzter SPÖ-Stadtvertreter seine politischen Sporen verdient hatte.

Hubert Gorbach

Das westlichste Bundesland Österreichs

Wohlstand, Internationalität und die Entwicklung des Dritten Lagers

Am Beginn meiner Ausführungen möchte ich ein paar Zeilen zu meiner Person bzw. dazu, wie ich in die Politik gekommen bin, sagen. Schon sehr früh habe ich mich für die Entwicklungen einer Region, insbesondere meiner Heimatregion, zu interessieren begonnen und habe mich deshalb bereits schon in jungen Jahren politisch engagiert. Meine politische Karriere hat sozusagen „step by step" stattgefunden. Zwischendurch war ich einige Jahre in führenden Positionen in der Wirtschaft – und zwar in verschiedenen Branchen – tätig.

Ein besonders schöner „Fleck"

Aber zurück zum Politischen: Gemeindevertreter, Gemeindeausschussobmann, Gemeinderat, Bezirksobmann der Partei, Obmann der Jugendorganisation in der Gemeinde, Obmann der Jugendorganisation im Lande, Obmann der Jugendorganisation auf Bundesebene, Mitglied verschiedener Partei-Bundesgremien, Landtagsabgeordneter, Landesrat, Landesstatthalter, Bundesminister, Vizekanzler. Diese verschiedenen Positionen und dieser Werdegang sowie die häufige Reisetätigkeit in meinen wirtschaftlichen Funktionen in Europa und auch in andere Kontinente – all das lässt Vorarlberg als einen besonderen Fleck in dieser Welt erscheinen, der wohl zu den schönsten überhaupt gehört. Geprägt vom kontinuierlichen Aufbau seit Beginn der Zweiten Republik und sehr viel Fleiß, aber ebenso geprägt von der

Wettbewerbssituation aufgrund der wirtschaftlich fortschrittlichen Nachbarn Liechtenstein, Ostschweiz und Süddeutschland hat das westlichste Bundesland Österreichs eine solide politische Entwicklung mitgemacht. Die FPÖ und ihr „Vorläufer" (VDU) in Vorarlberg war immer eine konstruktive bürgerliche Partei als Alternative zur christlich-konservativen ÖVP, die auch stets bereit war, Regierungsverantwortung mitzuübernehmen. Seit 1974 mit der ÖVP, seit 2009 – also den letzten Landtagswahlen – leider nicht mehr.

Altbewährtes fortsetzen

Ich behaupte, dass man stets versuchen sollte, Altbewährtes fortzusetzen, ohne sich dem Neuen zu verstellen, und so gesehen hätte ich schon aufgrund des Ergebnisses der Landtagswahlen 2009 eine Fortsetzung der bürgerlichen Zusammenarbeit und somit eine Zusammenarbeit auf sehr breiter politischer Basis mit großer Zustimmung in der Bevölkerung gegenüber einer Alleinregierung der ÖVP bevorzugt. Aber es ist so, wie es ist, und es gilt, die neue Situation abzuwarten und sodann nach einiger Zeit zu beurteilen. Jedenfalls hat sich die frühere Zusammenarbeit bewährt und die solide politische Situation und Entwicklung im Land ist Grundstein für die positive Entwicklung Vorarlbergs in vielen anderen Bereichen, insbesondere im wirtschaftlichen Bereich, aber auch im sozialen und kulturellen Bereich, im Bildungsbereich, im sportlichen Bereich u. a. m.

Ich möchte versuchen, im Vorarlberger Jahrbuch für Politik besonders die letzten 20 Jahre – 1989 bis 2009 – zu beleuchten, zumal in diesen 20 Jahren einige markante politische Ereignisse stattgefunden haben. Zuvor möchte ich aber noch festhalten, dass mein politischer Werdegang sehr stark von Vorarlberger Wirtschaftsgrößen, engagierten und umweltbewussten Weltverbesserern (im positiven Sinne gemeint), von heimischen „politischen Größen", aber auch von bundespolitischen Vorbildern unterstützt, geprägt und dadurch begleitet wurde. Da könnte ich jetzt Namen wie DDr. Hubert Kinz, Arthur Tiefenthaler, Robert Bösch, Hans-Dieter Grabher, Bruno Hummer, Burkhart Wachter, aber natürlich auch die Bundespolitiker Dr. Jörg Haider, Dr. Susanne Riess-Passer oder zuvor DDr. Alexander Götz erwähnen. All diese Leute haben mich mehr oder weniger unterstützt und animiert, politisch tätig zu sein und mich für die Gemeinschaft einzusetzen.

Einfluss durch Jörg Haider

Jörg Haider habe ich zum Beispiel schon 1973 als Vorsitzender des „Ringes Freiheitlicher Jugend" kennengelernt. Schon damals war er ein Ausnahmepolitiker und hatte eine konziliante Sitzungsführung, war äußerst eloquent und rhetorisch begabt, war visionär und immer gut für neue unkonventionelle Ideen und er konnte aufgrund seines Charismas begeistern. Irgendwie war er ein starker „Versucher", der Neues probieren wollte, aber auch ein „Verführer" in positivem Sinn! 1980 bis 1985 war ich Vorsitzender der „Freiheitlichen Jugend Österreichs" und habe in dieser Funktion auch meine Gegenüber der „Jungen ÖVP" und der „Sozialistischen Jugend", Pepi Höchtl und Othmar Karas einerseits bzw. Josef Cap und Alfred Gusenbauer andererseits, kennengelernt.

Sehr früh also war ich in die „politische Maschinerie" geraten, hatte auch Spaß an diesen Aufgaben. Aber auch in der privaten Wirtschaft fühlte ich mich durchaus wohl und hatte auch entsprechende Ergebnisse und Erfolg, sodass ich eigentlich nie ein hauptberuflich politisches Amt anstrebte. 1989 wurde ich allerdings als Feldkircher FPÖ-Bezirksobmann in den Vorarlberger Landtag gewählt und erhielt als Obmann einen sehr wichtigen Ausschuss zur Führung, nämlich den „Volkswirtschaftlichen Ausschuss", in welchem Wirtschafts- und Verkehrsfragen diskutiert, debattiert und für Landtagssitzungen vorbereitet wurden. Durch den Wechsel von Hans-Dieter Grabher auf den Lustenauer Bürgermeistersessel im Jahre 1993 wurde ich in die Vorarlberger Landesregierung gewählt, nachdem ich 1992 den Parteivorsitz über die Landes-FPÖ übernommen hatte und diesen bis zum Jahre 2004 ausübte. In der Vorarlberger Landesregierung war ich dann Mitglied bis zum Jahr 2003, als ich mit der Angelobung als Infrastrukturminister am 28. Februar 2003 in die Österreichische Bundesregierung wechselte. Also beinahe zehn Jahre.

Ich erwähne dies deshalb, weil das auch begründet, weshalb ich die letzten 20 Jahre – also 1989 bis 2009 – besonders beleuchte und aus meiner Sicht politisch beurteile. Der guten Ordnung halber sei noch erwähnt, dass ich von 2003 bis 2007 Mitglied der Österreichischen Bundesregierung war, davon rund dreieinhalb Jahre als Vizekanzler. Also war ich „ein halbes Leben" politisch aktiv, davon 14 Jahre hauptberuflich, und nicht zuletzt deshalb war für mich immer klar, dass ich nach einer Periode in der Bundesregierung bzw. nach Erreichen des 50. Lebensjahres den Wunsch habe, wieder ein sogenanntes „normales" Leben zu führen. Denn dass Familie, Freunde, soziale Kontakte, Vereinswesen, eigene Bedürfnisse und Wünsche unter den vielfachen Lasten einer politischen Spitzenfunktion gelitten haben, versteht sich wohl von selbst.

Erfolgreiche Landtagswahlen für die FPÖ

Nun aber zurück zu 1989, um dann auch zur besonderen Situation rund um die Entstehung und Gründung des BZÖ zu kommen. 1989 war ich Spitzenkandidat für die Landtagswahl und aufgrund besonderer Umstände traten der damalige FPÖ-Landesparteiobmann und FPÖ-Landesrat Hans-Dieter Grabher und ich im Duo als Spitzenkandidaten für die Landtagswahl 1989 an. Wir konnten um drei Mandate zulegen und sind wieder eine freiwillige Koalition mit der ÖVP im Lande eingegangen. 1994 und 1999 war ich als damaliges Regierungsmitglied und Landesparteiobmann jeweils in allen vier Landesbezirken Spitzenkandidat und konnte auch bei diesen Wahlen deutlich zulegen. Resümierend ist es schön, sagen zu können, dass man bei Landeswahlen dreimal als Spitzenkandidat angetreten ist und dreimal deutliche Zuwächse erzielen konnte (1989: 16,1 Prozent, ein Plus von 5,6 Prozentpunkten; 1994: 18,4 Prozent, ein Plus von 2,3 Prozentpunkten; 1999: 27,4 Prozent, ein Plus von neun Prozentpunkten).

Die markanteste Wahl war wohl jene im Jahr 1999, als erstmals in der Geschichte Vorarlbergs in der Zweiten Republik die ÖVP über keine absolute Mehrheit verfügte. Im Landtag gab es eine Pattstellung, 18 Mandate für die ÖVP und 18 Mandate für die anderen Parteien. Nach dieser Wahl am 19. September 1999 fanden dann ja bald darauf die Nationalratswahlen (3. Oktober 1999) statt und mir war klar, dass – je nach Ausgang dieser Wahlen – mehr oder weniger stark Einfluss auf die Regierungszusammenarbeit bzw. Verhandlungen auch im westlichen Bundesland genommen werden würde. Also war ich als Parteiobmann mit meinen engsten Beratern und Freunden bemüht, möglichst rasch Regierungsverhandlungen abzuschließen, und zwar im Sinne der Partei, aber auch im Sinne des Landes Vorarlberg und einer weiteren guten soliden Entwicklung. Ich wusste auch um das Bestreben insbesondere der Grünen im Lande, die FPÖ auf der Oppositionsbank zu sehen. Das nutzte die ÖVP natürlich und gab zu verstehen, dass man zum einen gegen sie keine Mehrheiten im Landtag für Beschlüsse hat und zum anderen sich Partner finden, die Unterstützung geben. Ich möchte hier nicht ins Detail gehen, aber die Situation war bei genauerem Hinschauen für die FPÖ schwieriger, als es nach außen den Anschein hatte.

Nach diesem triumphalen Wahlerfolg war es auch mein Bemühen, die Funktionäre in ihrer verständlichen Euphorie zu animieren, „mit beiden Füßen auf dem Boden zu bleiben" und in gewohnter und ja erfolgreicher Manier weiterhin solide und eigenständige freiheitliche Politik zu machen, bei der man auch bereit ist, Verantwortung zu übernehmen.

Erstmals also gab es einen Landesstatthalter in der Regierung, der nicht dem christlich-konservativen Lager angehörte, sondern eben ein Freiheitlich-Freisinniger und Bürgerlicher war. An dieser Stelle möchte ich auch erwähnen, dass ich vielleicht für manche zu wenig parteipolitisch agierte und sehr oft in meiner politischen Tätigkeit die Sachpolitik oder die Interessen einer Gemeinschaft, eines Landes oder einer Körperschaft über die Interessen der Partei stellte. Das kommt parteiintern nicht nur gut an.

Bundespolitische Wende

Aber zurück zu 1999: Jörg Haider wollte den Erfolg in Vorarlberg als Rückenwind für die Nationalratswahl 1999 nutzen und tat dies auch. Das historisch bisher beste Ergebnis der FPÖ auf Bundesebene wurde in diesem Jahr auch bei den Nationalratswahlen erzielt, nämlich 26,91 Prozent und damit der zweite Platz – noch vor der ÖVP, die 419 Stimmen weniger verbuchen konnte als die FPÖ. Aufgrund des Vorarlberger Ergebnisses und der langjährigen Zusammenarbeit bat mich Jörg Haider im Verhandlungsteam für allfällige Koalitionen auf Bundesebene dabei zu sein und auch in Vorarlberg stand man diesem Anliegen sehr positiv gegenüber. Das galt sowohl für die Funktionäre in den eigenen Reihen wie auch den Regierungspartner. Und es kam, was niemand erwartete: Es gab eine sogenannte politische Wende, bei der eine bürgerliche Koalition zwischen FPÖ und ÖVP gebildet wurde, die die „Ära Bundeskanzler Schüssel" einleitete.

Ich selbst war natürlich stets sehr stark der Verfechter einer solchen Koalition und auch einer Regierungsbeteiligung der FPÖ, um zu beweisen, dass man auch auf Bundesebene Regierungsverantwortung tragen kann, wie man dies ja in vielen Bundesländern schon bewiesen hat. Als einer der drei Stellvertreter der damaligen Vizekanzlerin Susanne Riess-Passer war ich natürlich in Folge auch in sämtliche wichtige Entscheidungen miteingebunden und somit noch stärker als vorher in die bundespolitische Entwicklung integriert. Im Lande war die Stimmung für die FPÖ ohnehin sehr gut, zumal man nach diesem Wahlerfolg ohne Übermut solide Arbeit für Land und Leute fortsetzte. Meine Mitstreiter waren engagiert, begeistert und absolut teamfähig. Allerdings, die bundespolitischen Einflüsse auch auf Landesgruppen und Landesergebnisse bzw. Stimmungen in einem Bundesland waren und sind auch heute noch unübersehbar.

Auf Bundesebene machte sich eine Gruppe immer stärker, die nicht mehr bereit war, Verantwortung, und zwar notwendige, aber „unangenehme Dinge", mitzutragen, und deshalb den Bruch der bürgerlichen Koalition betrieb. Hatte die bürgerliche Koalition erst Anfang 2000 begonnen, so war sie bereits Ende 2002 durch die Ereignisse einer Veranstaltung in Knittelfeld vorerst am Ende. Jörg Haider ließ die sogenannten „Rebellen" zu lange gewähren und der „rollende Zug" war nicht mehr zu stoppen. Nach Knittelfeld und zuvor mehreren nächtelangen Sitzungen und Debatten sahen sich Susanne Riess-Passer und ihr Team nicht mehr länger imstande, konstruktive und verlässliche Regierungsarbeit zu gewährleisten. Die Koalition brach, es gab Neuwahlen und die ÖVP triumphierte, die FPÖ verlor beinahe zwei Drittel ihrer zuletzt erhaltenen Stimmen. Mich ärgerte das ganz besonders, weil man die Chance des Beweises der Regierungsfähigkeit und des positiven Umschwunges nicht voll ausnutzte. Dies war für mich auch Anlass, wieder treibende Kraft für eine neuerliche Regierungsbeteiligung zu sein. Inzwischen hatte Herbert Haupt in der Krisensituation die FPÖ als Obmann übernommen und war auch Spitzenkandidat und Chef-Verhandler.

Fortsetzung der bürgerlichen Koalition unter Mitwirkung Vorarlbergs

Nachdem die ÖVP eine Fortsetzung der bürgerlichen Koalition auf Bundesebene wollte, bat mich Herbert Haupt, auch als starker Ländervertreter und erfahrenes Regierungsmitglied aus einer Landesregierung einen Ministerposten in Wien anzunehmen. Für mich war klar, das konnte nur „Infrastruktur" sein, und so übernahm ich das riesige Ressort Verkehr, Innovation und Technologie, in dem es zuvor sehr häufig personelle Wechsel gegeben hatte. In dieser Situation war ich froh, dass ich rund um die erfolgreichen Landtagswahlen 1999 erkannt hatte, dass ich schleunigst einen geeigneten Nachfolger aufbauen sollte. Ich habe deshalb in vielen Gesprächen den späteren Landesrat und Landesparteiobmann Dieter Egger als neuen Klubobmann forciert und durchgesetzt, „ohne viel Porzellan zu zerschlagen". So war es auch logisch, dass er 2003 als Regierungsmitglied nachfolgte und

2004 auch die Parteiobmannschaft von mir übernahm. Allerdings, bei den Wahlen 2004 war die bundespolitische Situation sicherlich alles andere als „Rückenwind" für die Landes-FPÖ und so büßte man sehr viel vom tollen Ergebnis 1999 ein und verlor den Statthalter wieder. Trotzdem blieb die FPÖ in der Regierung – in Form einer freiwilligen Zusammenarbeit zwischen ÖVP und FPÖ – und führte einmal mehr die solide politische Situation in Vorarlberg fort.

Mehr Verantwortung als Vizekanzler

Ich selbst wurde zwischenzeitlich durch den Rückzug des damaligen Vizekanzlers Mag. Herbert Haupt in „sein" Sozialministerium im Oktober 2003 Vizekanzler und hatte nunmehr neben einem riesigen Ressort auch zusätzliche übergeordnete Aufgaben innerhalb der Bundesregierung und zudem die Österreichische Präsidentschaft in der EU im ersten Halbjahr 2006 mitzubewältigen. Auch wenn ich aufgrund dieser Aufgaben nicht mehr allzu viel im Lande weilen und mitwirken konnte, verfolgte ich die solide Zusammenarbeit zwischen FPÖ und ÖVP, die Eigenständigkeit der FPÖ innerhalb der Landesregierung, aber auch innerhalb der Bundes-FPÖ mit Interesse und Freude.

Entstehung des BZÖ

Weniger Freude machte mir die Entwicklung auf Bundesebene, zumal sich neuerlich eine Gruppe stark machte und wiederum die Mitregierungsarbeit in Frage stellte. Es wurden schon wieder Unterschriften für einen Sonderparteitag gesammelt und auch, wenn dieser mehrheitlich „pro Regierungsbeteiligung" ausgegangen wäre, das gegenseitige „Zerreiben" wäre unausweichlich gewesen. An dieser Stelle ist es mir sehr wichtig, die Entstehung des und Begründung für das BZÖ einfach und nüchtern zu erklären. Die Gefahr war nämlich groß bis sehr wahrscheinlich, dass es erneut zu einem vorzeitigen Regierungsbruch kommen und so die FPÖ zum zweiten Mal schuld an einem vorzeitigen Abbruch einer Zusammenarbeit und damit Schuld an vorzeitigen Neuwahlen sein würde. Manche würden dazu Regierungsunfähigkeit sagen. Andererseits haben alle Umfragen gezeigt, dass zu diesem Zeitpunkt (2005) Rot-Grün eine Mehrheit in Österreich gehabt hätte und wohl ohne Zweifel bei vorgelegten Wahlen diese Mehrheit auch zu einer Regierungsbildung genützt hätte.

Rot-Grün verhindern

Zu diesem Zeitpunkt hatten wir aber auch gerade die Ergebnisse der siebenjährigen rot-grünen Regierungsarbeit im Nachbarland Deutschland auf dem Tisch liegen und diese waren Grund genug, eine solche Regierung in Österreich zu verhindern, ja den Österreicher/inne/n zu ersparen. Einerseits also Regierungsfähigkeit beweisen und andererseits das Verhindern einer rot-grünen Regierung „à la Deutschland" – das waren Motive für neue Überlegungen. Ein kleiner Kreis entwickelte die Idee einer Abspaltung mit Gründung des BZÖ, um zukunftsorientierte, verantwortungsvolle Arbeit für Land und Leute zu leisten und die Energie nicht mehr in internen „Grabenkämpfen" zu verschwenden. Freilich, das ist etwas verkürzt und vereinfacht dargestellt, aber im Wesentlichen ging es genau darum.

Ich selbst war einer der Letzten, der dieser Entwicklung zustimmte, aber auch nach einigen schlaflosen Nächten und vielen Gesprächen mit Freunden (die ich hier bewusst nicht namentlich nennen möchte) war mir klar, dass es keinen anderen Ausweg gab. Nach gründlichen Vorbereitungen und Gesprächen mit dem Regierungspartner und den eigenen Abgeordneten im Parlament wurde am 4. April 2005 die Gründung des BZÖ bekannt gegeben und vorangetrieben. Meine formalen Wege wie die Erklärungen in den Klubs, vor allem aber auch die Erklärung gegenüber dem Herrn Bundespräsidenten und das Einholen der Akzeptanz der neuen Mehrheit im Parlament durch den Herrn Bundespräsidenten waren keine leichten Wege.

Der Zeitpunkt war für die Vorarlberger FPÖ äußerst ungünstig, zumal gerade Gemeindevertretungswahlen anstanden. Die Lage war aber so „zugespitzt", dass es auf Bundesebene „gecrasht" hätte und die Situation dann kaum besser gewesen wäre. Das wurde mir im Lande vor Bekanntwerden der BZÖ-Gründung FPÖ-intern auch so bestätigt. Für die Gemeindevertretungswahlen war die Situation also so oder so äußerst prekär und ungünstig und für mich alles andere als toll. Umso mehr hat es mir weh getan, als dann einige frühere Weggefährten nur ihre „Sicht der Dinge" bzw. die veröffentlichte Meinung gelten ließen und nicht die gesamten Zusammenhänge auf die Waagschale der Beurteilung legten. Kurzum, die Irritationen und Turbulenzen innerhalb der FPÖ waren ja unüberseh- und unüberhörbar, auch weil der neue Parteiobmann Strache zweifelsohne nicht „landeskompatibel“ war. Andererseits hatte Jörg Haider schon begonnen, einen sehr vernünftigen und verantwortungsbewussten Weg einzuschlagen und die Zusammenarbeit mit ihm als Landeshauptmann von Kärnten war für mich als Mitglied der Bundesregierung und Vizekanzler eine sehr gute und wertvolle.

Nach turbulenten Zeiten Erholung der FPÖ

Dass sich die Landes-FPÖ bis zu den Landtagswahlen 2009 so gut erholen konnte, verlangt Respekt und Anerkennung für die Verantwortungsträger. Die geistige Flexibilität und Mobilität der Vorarlberger/innen auch bei Wahlen zeigte sich am 20. September 2009 sehr deutlich. Im Wahlkampffinale hatte ein „Sager“ von Landesparteiobmann Egger die ÖVP bzw. deren Führung veranlasst, eine Zusammenarbeit mit der FPÖ nach diesen Wahlen auszuschließen, sollte keine Entschuldigung und Zurücknahme dieses „Sagers“ erfolgen. Viele haben das nicht verstanden und gerade deshalb FPÖ gewählt, sodass diese annähernd an den Erfolg von 1999 herankam und deutlich zweitstärkste Partei wurde. Dass gleichzeitig die SPÖ in Vorarlberg in ein historisches Tief von ohnehin schon bescheidenen Werten sank, hängt sicher auch damit zusammen. Es entwickelte sich ein Wettbewerb zwischen ÖVP und FPÖ, in welchem die anderen Parteien zerrieben wurden, insbesondere auch das BZÖ, welches nicht reüssieren konnte.

Vielleicht sind auch interne Entscheidungen, gerade auch im personellen Bereich, nicht so glücklich ausgefallen und für das schlechte Abschneiden verantwortlich. In Erinnerung rufen muss man sich ja, dass das BZÖ erst bei den Nationalratswahlen 2008, bei denen Jörg Haider österreichweit sensationell erfolgreich war, auch in Vorarlberg 12,8 Prozent erzielen konnte. Eine gewisse gute Ausgangslage mit berechtigtem Optimismus war also vorhanden. Der schreckliche Unfalltod von Jörg Haider am 11. Oktober 2008 hat die Entwicklung der österreichischen Innenpolitik ohne Zweifel mitgeprägt, so wie dies Jörg Haider zu seinen Lebzeiten ja auch immer getan hat. Wer weiß, ob es nicht eine andere Regierungskoalition gegeben hätte, wäre er noch am Leben.

Wahlsieg der FPÖ als Phyrrussieg

In Vorarlberg stellt sich zwischenzeitlich die Frage, ob der letzte Wahlsieg der FPÖ-Vorarlberg nicht ein Phyrrussieg war, zumal man damit die jahrelange bewährte Regierungsbeteiligung verlor und es festzustellen gilt, dass gerade in unserem Ländle Mitentscheiden, Mitverantworten, Mitleisten in allen wichtigen Lebensfragen geschätzt wird.

Der sogenannte „Egger-Sager" hat sicherlich polarisiert, aber gleichzeitig auch mobilisiert. Das ist gut, denn das Schlimmste in einer Demokratie ist, wenn sie von den Berechtigten, also den Wähler/inne/n nicht angenommen wird, indem sie nicht zur Wahl gehen. Dieter Egger durch diesen „Sager" in ein „rechtsradikales Eck" zu stellen, ist weit übertrieben und entbehrt jeder Grundlage. Der „Sager" als solches hat vielleicht seine Wirkung gezeigt, was Stimmenmaximierung betrifft, wäre aber – zumindest im Nachhinein – zu interpretieren gewesen. Es fällt einem „kein Stein aus der Krone", wenn man aufgrund einer bewusst oder unbewusst missverstandenen Äußerung ergänzt, korrigiert, eben interpretiert – was wollte ich sagen, was habe ich gemeint? Dass man in einer Wahlbewegung mitunter „überspitzt" formuliert, ist ja bekannt. Da sollte man auch nicht jeden „Sager" auf die Goldwaage legen und dann „von Entwicklungen, die man nicht haben möchte", sprechen.

Dass Egger andererseits ein vorhandenes Problem bzw. eine kritische Entwicklung aufgezeigt hat, ist unbestritten. Die Wähler/innen haben es ihm und seiner Partei auch honoriert. Allerdings, dass aufgrund der gesamtpolitischen Entwicklung und Situation nach dem schlechten Wahlergebnis 2004 ein Zuwachs von rund acht bis zehn Prozent herauskommt, war jedem politischen Insider schon vor den Wahlen klar, so sind es halt 12,18 Prozent geworden – und die Oppositionsbank anstelle der Regierungsbeteiligung!

Neue Positionierung der Landesparteien

Und diese ist hart, das sieht man ja auch an der Entwicklung der SPÖ seit 1974, dem damaligen Ausscheiden aus der Landesregierung. Auch die anderen Oppositionsparteien kamen nie richtig „vom Fleck weg". Nun, schon bei den Gemeindevertretungswahlen im Jahre 2010 wird man mehr wissen. Auch wenn Gemeindevertretungswahlen und in der Folge damit die Wahl des Bürgermeisters bzw. die Direktwahl des Bürgermeisters sehr stark von dort aktiven Persönlichkeiten abhängen (was mir persönlich sehr gut gefällt, der Persönlichkeitsgrad sollte bei allen Wahlen viel stärker eine Rolle spielen als die Parteizugehörigkeit), gilt es zu beweisen, dass man auch organisatorisch und strukturell den Wahlergebnissen von früher entsprechen kann. Die FPÖ wird sich in ihre neue Rolle hineinleben und dort wohlfühlen müssen, das BZÖ beweisen, ob es außerparlamentarisch imstande ist, sich im Lande zu organisieren und zu strukturieren, die SPÖ mit ihrem historischen Tiefststand wird genau mit diesem umgehen und sich etwas einfallen lassen müssen, die Grünen haben ihren Platz in der Landespolitik und verändern sich nur marginal, die ÖVP wird sich bemühen müssen, die anzuerkennende Wahlleistung der vergangenen Wahl nicht in Übermacht und Übermut gleiten zu lassen.

Mehr Mobilität

Zusammenfassend erinnere ich mich, dass die FPÖ bzw. das freiheitlich-freisinnige Lager in der Landespolitik immer eine wichtige Rolle eingenommen hat und Regierungsmitglieder auch anerkannt gute Arbeit leisteten. Seien dies jene, an die ich mich als damaliger Jungfunktionär und späterer Verantwortlicher noch gut erinnere, wie Hans Sperger, Karl Werner Rüsch, Hans-Dieter Grabher oder Bürgermeister wie Röbi Bösch, Bruno Hummer, Burkhard Wachter, Karl Mündle, Ernst Blum, Werner Strohmaier, oder andere Exponenten des Freiheitlichen Lagers. Ich selbst, und das sei am Schluss auch erwähnt, stamme nicht aus einem „freiheitlichen Haus", sondern habe nach reiflicher Überlegung und Studium der damaligen Parteiprogramme, aber auch aufgrund zufälligen politischen Umfeldes jene bürgerliche Gruppierung als meine politische Heimat gewählt, die mir fortschrittlicher, weniger „eingefahren" und weniger „verkrustet" und eben mobiler vorkam.

Im Übrigen glaube ich auch nicht, dass es Sinn macht, mehr oder weniger zufällig oder durch das Elternhaus bestimmt einer politischen Gruppierung beizutreten, anzugehören oder zugeordnet zu werden, um dies ein Leben lang zu pflegen und zu leben, egal was rundherum, innerhalb oder außerhalb dieser politischen Gruppierung passiert. So wie man es vom Wähler/von der Wählerin gerne verlangt, sollten auch politische Funktionäre das eine oder andere Mal Vorschläge und Ideen anderer Parteien akzeptieren, wenn sie gut sind. Das reflexartige Ablehnen von Vorschlägen, nur weil sie „aus dem falschen Eck kommen", lehne ich strikt ab.

So gesehen wünsche ich allen politisch Tätigen in den verschiedenen Parteien viele gute Ideen für Land und Leute. Vorarlberg mit seinem ausgeprägten Föderalismusdenken, seinem vorbildhaften Fleiß und seiner Wirtschaftskraft, seinen Natur- und Landschaftsschönheiten und vielen weiteren Vorzügen hat es verdient.

Brigitte Flinspach

Die Grünen Vorarlbergs

Im sehr persönlichen Rück- und Vorblick

Ich möchte meinen „Memoiren" ein Zitat aus der Broschüre zu 20 Jahre Grünes Vorarlberg „Widerständig und Ideenreich" voransetzen, das bis heute Gültigkeit hat:

Grüne Ideen und Konzepte setzen sich nicht von selbst durch. Im Gegenteil, zuerst werden sie belächelt, abgetan und bekämpft. Später übernimmt sie der politische Gegner und verkauft sie schließlich öffentlichkeitswirksam als seine Leistung. (Anmerkung: Ich möchte hier nur ein paar Beispiele anführen wie Förderung von Solaranlagen, Stadtbusse, Kinderbetreuung in Spielgruppen und Kindergarten ab drei Jahren, Schutzeinrichtung für Frauen – wenn auch nicht autonom – und manches andere). Deren Geschichte zeigt beispielhaft, wie groß die Kraft einer guten Idee ist, wie mühsam aber auch deren Umsetzung sein kann – und dass Dankbarkeit keine politische Kategorie ist.[1]

Am 14. Oktober 2009 wurde in Vorarlberg der neue Landtag konstituiert und die Landesregierung gewählt. Landeshauptmann Dr. Sausgruber nur mit den Stimmen der eigenen Partei (ÖVP), was von den Medien als „klare Fronten für die zukünftige Landespolitik" kommentiert wurde. Nach dem Bruch mit der in den letzten Jahren in Koalition miteingebundenen FPÖ aufgrund der antisemitischen Aussagen von Ex-Landesrat Dieter Egger und zwei kurzen und von vornherein nicht aussichtsreichen Gesprächen mit Grünen und SPÖ will die ÖVP nun fünf Jahre allein alle Macht. Und zwar mit knapp über 50 Prozent der abgegebenen Stimmen von ca. 68 Prozent Wahlbeteiligung.

Bei der Neuaufteilung der Themenzuordnung an die einzelnen Regierungsmitglieder droht das Thema Integration noch immer ein Randthema zu bleiben. Auch ein deutliches Signal für eine aktive Umweltpolitik in Richtung rasche Umsetzung alternativer Lösungen bei Verkehr, Energie usw. wurde – hoffentlich nicht über die ganze Regierungsperiode hinweg – nicht gesetzt. Es wurden und werden zwar Konzepte erarbeitet, aber die schon vor Jahren auch aus Wirtschaftskreisen als durchaus machbar und sinnvoll beurteilte Ring-Straßenbahn im Unteren Rheintal liegt immer noch auf der Wartebank. Dafür gibt es eine zweite Pfändertunnelröhre und eine intensive Suche nach einem Ersatz für die S18-Verbindung zwischen hochrangigen Straßennetzen, um noch mehr individuellen Straßenverkehr anzuziehen und ihn noch schneller zu verteilen.

Dass die Grünen das fünfte Mandat verpasst haben und sie weiterhin in der Opposition tätig sein werden, sorgt trotz einem – allerdings geringen – Stimmenzuwachs gegenüber den letzten Landtagswahlen für keine sehr positive Aufbruchsstimmung in die neue Landtagsperiode. Mit der ersten türkisch-stämmigen Abgeordneten Vahide Aydin im bewährten Team mit Johannes Rauch, Katharina Wiesflecker und Bernd Bösch setzen sie aber ein deutliches Signal gegen die vor der Wahl aufgeheizte Stimmung rund um das Thema Integration.

Stichwort „Stärkung der Zivilgesellschaft“: Wir alle, die wir uns damals zusammengefunden haben und mehr oder weniger politisch aktiv wurden, waren vorher in Projekten der Zivilgesellschaft tätig. Manche davon autonom (ein Reizwort in der Landespolitik bis zum heutigen Tag!), manche in Nicht-Regierungs-Organisationen (NGOs). Konkrete Kulturprojekte wie FLINT oder Randspiele, Bewegungen auch ohne Vereinsstruktur oder einfach Gruppen zu Themen wie Friedensbewegung und Zivildienstberatung, Anti-Atom, Frauenthemen, um nur einige in Vorarlberg zu nennen, brachten ziemliche Unruhe ins festgefügte schwarze Weltbild. Wir, denn ich bin heute noch stolz auf unser damaliges und nicht immer auf Harmonie abzielendes Handeln, haben unter anderem in Gorleben gegen die Atomlagerstätte, in Baden-Württemberg gegen die Pershing2-Stationierung, in Wien gegen Zwentendorf und im Ländle gegen Misswahlbälle und gegen ein geplantes Atomkraftwerk im nachbarlichen schweizerischen Rüthi protestiert. In Lüchow-Dannenberg/BRD in der Nähe der damals geplanten und inzwischen seit Jahren in Betrieb gegangenen und nunmehr wieder in scharfe Kritik geratenen Atommüll-Endlagerstätte Gorleben habe nicht nur ich zum ersten Mal mit Wasserwerfern der Polizei Bekanntschaft gemacht. In Wien sorgten unsere Transparente mit Aufschriften wie „Mir weand koa

Zwentendorf und o koa Rüthi, Atomkraftwerk, dia machand d'Lütt hi" für einige Verwirrung.

Meine grün-politische Karriere begann 1987 mit einer erfolgreichen Bewerbung als Mitarbeiterin für die neue Grüne Alternative. In einem kleinen einräumigen Büro in Dornbirn, mit einem Telefon, einer Schreibmaschine und einer Vervielfältigungsmaschine. Dieses Büro wurde auch von anderen Gruppierungen, zum Beispiel Kurdinnen und Kurden, aber auch Kulturschaffenden mitbenützt, was nicht immer ohne Probleme (Verbreitung von politischen Texten in uns fremden Sprachen und ohne Übersetzung!) ablief. Aber wir waren ein ziemlich bunter Haufen, bei dem auch die Meinungen heftig aufeinanderprallten, bei dem wir aber auch kreatives und querdenkendes Potential miteinbinden konnten. Als junge Partei, ohne Rücksichtnahme auf gewachsene Strukturen und darin eingebettete Personen und gestärkt durch die Erfolge der Grünen in der BRD, machten wir uns voll Power auf den Weg.

Im Landtag waren seit Oktober 1984 vier Vertreter der Alternativen Liste Österreich (ALÖ) und der Vereinten Grünen Österreichs (VGÖ), der Star war natürlich Kaspanaze Simma, der auch bis zum Ende der Periode durchhielt und mit seinen legendären, weil so unüblichen Auftritten und Wortmeldungen für einige Irritationen sorgte. Er war aber auch die Person, die „grüne Themen" wie zum Beispiel Umweltschutz oder Stärkung und Förderung der heimischen bäuerlichen Produzenten vehement einforderte und an die Öffentlichkeit bringen konnte.

Ein großer Erfolg war 1985 bei den Gemeindewahlen zu verzeichnen, als grüne und alternative Gruppen in zwölf Gemeinden mit einer eigenen Liste antraten (in Dornbirn „Offene Bürgerliste", in Feldkirch „Feldkirch blüht", in Hohenems „Grün-alternative Liste Hohenems" usw.) und insgesamt 26 Mandate erhielten. Bei der Bundespräsidentschaftswahl 1986 mit Freda Meissner-Blau als grüner Kandidatin war das Ländle mit zehn Prozent der Stimmen das „grünste" Bundesland. Im November 1986 zog die Grüne Alternative – Liste Freda Meissner-Blau (GRÜNE) zum ersten Mal mit acht Mandaten und 4,82 Prozent der Wähler/innenstimmen in den Nationalrat.

Zwischen 1987 und 1989 festigte sich die Grüne Alternative (GAV) durch eine sehr intensive, aber auch konstruktive politische Arbeit gegenüber der vor und bei der Wahl für den Landtag getrennt angetretenen VGÖ-nahen Liste Die Grünen Vorarlberg. Selbstverständlich gab es damals durchaus kontroversielle Ansichten und Forderungen, bunt gestreute Interessen und auch manches kuriose Anliegen. Wir waren schließlich ein noch nicht sehr homogener Haufen von Individualistinnen und Individualisten, die leidenschaftlich gerne diskutierten und argumentierten und ihre Identität als „Die Grünen" erst einmal finden mussten, um sie in ein Leitbild oder ein Programm gießen zu können. „Solidarisch, basisdemokratisch, gewaltfrei und ökologisch" mussten mit konkreten Inhalten versehen und vertreten werden und sorgen bis heute immer wieder für heiße Diskussionen (Abwahl von Johannes Voggenhuber bei der EU-Wahl 2009!).

Der Erfolg dieser intensiven Phase zeigte sich bei der Landtagswahl im Oktober 1989. Trotz der Gegenkandidatur der seit 1984 mit wechselnd, aber immer männlich besetzten vier Mandaten im Landtag agierenden AL-VGÖ, inzwischen „Die Grünen Vorarlberg", errang die Grüne Alternative Vorarlberg mit 5,18 Prozent zwei Mandate. (Auf die damaligen Wahlplakate, gezeichnet von Norbert Pfleger, zu Themen wie „Aufbrechen geschlossener Männergesellschaft" und ohne die üblichen Köpfe, sollten die Grünen bis heute noch stolz sein.)

Jutta Kräutler-Berger und ich als gewählte Spitzenkandidatinnen zogen in den Vorarlberger Landtag ein. „Ohne Klubstärke keine Klubräume" wurde uns sofort mitgeteilt. Obwohl es für die AL-VGÖ solche gegeben hatte. Die Männer der SPÖ boten uns Frauen immerhin an, „ihr könnt Euer Schminkköfferchen bei uns im Klub abstellen". Also arbeiteten wir – unpraktisch, aber intensiv – nicht vor Ort, also im Landhaus Bregenz, dessen Landtagstrakt sowohl im Sitzungssaal wie auch bei der Raumeinteilung für die tägliche Arbeit seinerzeit lediglich für drei Parteien konzipiert und gebaut worden war. Dass es eine vierte und fünfte Partei in die festgemauerte Parteienlandschaft Vorarlbergs schaffen könnte, war bis 1984 undenkbar gewesen.

Diese konkrete Behinderung unserer Arbeit als gewählte Mandatarinnen stieß nicht nur bei unseren Wähler/inne/n auf Unverständnis, sondern sorgte auch im Landhaus für mehr oder weniger deutlich ausgesprochenes Unbehagen. Und führte schließlich nach einer symbolischen Besetzung des Büros des damaligen Landtagspräsidenten Bertram Jäger zu einer Zwischenlösung im Haus.

In den darauffolgenden Jahren arbeiteten wir zwei Frauen uns zuerst ein und zu den verschiedensten Themen, immer unterstützt von Parteivorstand und Gemeindevertreter/inne/n. Schwerpunkte unserer Arbeit waren natürlich soziale Anliegen, Umwelt und Gesundheit, Landschaftsschutz, Förderung alternativer Kulturveranstaltungen, Frauenthemen, Integration behinderter Kinder. Aber auch Wirtschaft und Verkehr und sonstige aktuelle Probleme und Lösungsvorschläge mussten in die entsprechende Form gegossen und in den Ausschüssen und Sitzungen kommentiert und vertreten werden. Ganz wichtig war damals wie heute Kontaktaufnahme und -pflege mit der Zivilgesellschaft, mit Anfragen, aber auch Kritikpunkten aus der Bevölkerung, die direkt oder über den Vorstand bei uns landeten. Bei einer persönlichen Begegnung und dem Augenschein vor Ort lernten wir aber auch, „die Spreu vom Weizen zu trennen", das heißt, uns nicht vor jeden Karren spannen zu lassen.

Im Landtag selbst wurden wir je länger je mehr ernst genommen und öfters auch als unbequeme Personen behandelt und verbal angegriffen. Vor allem Jutta Kräutler-Berger, eine Journalistin mit scharfem Verstand und entsprechenden Formulierungen, sorgte öfters für Unruhe. Nach einer Verurteilung nach einem dienstlich bedingten Auftritt bei der aus ökologischer Sicht bis heute als skurril einzustufenden Autoweihe durch den damaligen Bischof vor dem Hospiz St. Christoph hoch oben auf dem Arlberg musste sie ihr Mandat an Christian Hörl abtreten.

Bei den Gemeindewahlen 1990 zeigte sich ein weiterer Erfolg vor allem grüner Gemeindepolitikerinnen und -politiker: Die Grünen bildeten weitere Wahllisten in den Gemeinden und legten wieder zu.

Sehr wichtige Anlässe zu einer deutlichen Distanzierung von der Ausländerhetze der FPÖ (Anti-Ausländer-Volksbegehren) fanden in Wien und in Dornbirn am gleichen Abend im Form von Lichtermeeren statt. Wer damals dabei war, kann sich sicher noch an die hervorragenden Redebeiträge (unter anderen von Michael Köhlmeier) und die sehr bewegende Stimmung angesichts der vielen Lichter erinnern, die angezündet worden waren. Dass es auch oder gerade heute schon längst Zeit für das nächste Lichtermeer ist, zeigt die leider zwischenzeitlich eingetretene Desensibilisierung für die Brisanz und Gefahr der aktuellen Wahlergebnisse zugunsten der FPÖ.

1994 reichten die Stimmen (7,76 Prozent) für die Grünen für das dritte Mandat und somit für die Klubstärke. Brigitte Flinspach, Christian Hörl und Kaspanaze Simma, der ursprünglich aus dem bürgerlich-konservativen Lager kommt, konnten jetzt endlich mit einer guten Infrastruktur und mit gutem Personal im Landhaus arbeiten. Öffentlichkeitsarbeit, gründliche Recherchen, die Ausarbeitung von Anträgen und Anfragen sowie Stellungnahmen wurden zusehens professioneller, wir wurden mehr und mehr zu einer „normalen" Partei, eher weg vom Aktionismus und spontaner Teilnahme an Aktivitäten von zum Beispiel Jugendlichen oder Migrant/inn/en. Was mir ehrlich manchmal fast leid getan hat.

1999 kam mit einem Stimmenverlust (auf 6,0 Prozent) eine gewisse Ernüchterung und brachte auf Druck vor allem der Parteileitung neben Sabine Mandak Johannes Rauch Anfang 2000 in den Landtag, nachdem Christian Hörl ausgeschieden war. Sabine Mandak wurde 2002 in den Bundestag gewählt und Katharina Wiesflecker war 2003 ihre Nachfolgerin. Mit Karin Fritz und Bernd Bösch sind beide dann auch in der Periode 2004 bis 2009 mit dabei und eifrig bemüht, die politische Landschaft Vorarlbergs mehr und mehr grün zu färben. Koalitionsgespräche nach der Wahl 2004 verlaufen im Sand, Schwarz/Blau kommt ans Ruder, die Folgen sind bekannt.

So viel zu meinem kurzen Rückblick. Für die Zukunft wünsche ich uns allen eine starke und selbstbewusste Zivilgesellschaft, die mit den Grünen auf Augenhöhe zusammenarbeitet, ihre Visionen mitteilt und teilt und sie auch in ihrer oppositionellen Arbeit unterstützt und trägt. Ich wünsche mir eine Verjüngung im ganzen Parteigefüge, spannende Begegnungen zwischen den Generationen und immer wieder ein Ausbrechen aus der Alltagsroutine, die es auch in der politischen Arbeit gibt.

Schließen möchte ich mit dem Grundsatzprogramm, entnommen der Broschüre „Widerständig und Ideenreich – 20 Jahre Grünes Vorarlberg“:

Wir sind Optimisten – auf Basis der Realitäten. Eine solidarische Gesellschaft in einer intakten Umwelt ist unsere Vision – wo wir sie gefährdet sehen, leisten wir Widerstand und ergreifen Partei. Menschenrechte und Gewaltfreiheit, Demokratie und soziale Gerechtigkeit sind unsere Werte. Die Geschwindigkeit von Leben und Wirtschaften hat sich dem Menschen und der Natur anzupassen – niemals umgekehrt. Was uns zusammenhält, ist die Gewissheit, auf dem richtigen Weg zu sein, und der Wille, etwas zu bewegen. Das ist die Kraft der Grünen.

Anmerkung

1 Grüne Bildungswerkstatt Vorarlberg (2004). Widerständig und Ideenreich. Ein Abriss über 20 Jahre grüne Widerständigkeit in Vorarlberg – und ein Überblick über Erfolge und das, was bislang erreicht werden konnte.

Adnan Dincer

Politische Partizipation der Migrant/inn/en

Allgemein und am Beispiel der NBZ

Vorbemerkungen eines Migranten

Parallelgesellschaften lassen sich verhindern

Über die Wichtigkeit der Integration sind wir vermutlich derselben Meinung. Sie ist eine Querschnittsmaterie durch alle Lebensbelange. Umso mehr sind alle gefordert, um vom Nebeneinander wegzukommen, um im Miteinander ein harmonisches Leben zu führen. Doch es darf nicht zu einer Assimilation der Minderheitsgesellschaft kommen. Denn das ist eine der größten Ängste der Migrant/inn/en. Mehrheits- und Minderheitsgesellschaft sind gleichermaßen gefordert, die jeweilige Kultur, Identität, Religion der anderen ihrer eigenen Gesellschaft näherzubringen. Die Migrant/inn/en müssen in die einzelnen Arbeiten miteingebunden werden. Wir müssen fordern und fördern – nicht nur Deutschkurse: *„Ja, die Ausländer sollten Deutsch lernen."*

Viele Migrant/inn/en haben sich für Vorarlberg bzw. Österreich entschieden, akzeptieren es als ihre Heimat, Ausnahmen bestätigen die Realität. Fast alle der Aufenthaltsverfestigten bekennen sich zu diesem Land – sonst würden sie nicht sämtliche Investitionen der letzten Jahrzehnte in der früheren Heimat auflösen, das Geld nach Österreich transferieren, um hier Grund und Boden zu erwerben. Das ist ein Zeichen neuer Sesshaftigkeit. Doch dabei gilt es, die Ausweitung von sogenannten Parallelgesellschaften zu verhindern. Eine Basis dafür sind einheitliche Standards bezüglich der staatlich gestellten Anforderungen für eine Einbürgerung, aber auch bloß für einen dauerhaften Aufenthalt in Österreich. Doch die jüngst diskutierten

Einbürgerungstests sind kontraproduktiv, weil sie reines Wissen abfragen, aber weder Identifikation noch Integrationswillen erzeugen.

Österreich ist ein Einwanderungsland

In der aktuellen Diskussion um die Integration von Migrant/inn/en wird vom Innenministerium ein gesamtgesellschaftlicher Integrationsprozess eingeleitet. Es bekennt sich spät zu dieser Notwendigkeit. Immerhin stammt jeder sechste Österreicher aus einer Zuwandererfamilie. Ihre zentralen Probleme sind Bildung, Wohnen, Arbeitsmarkt und Kultur/Religion.

Mit der wahlwerbenden Liste „Die Gsiberger" zur Landtagswahl 2009 wurde in Vorarlberg die politische Mitbestimmung und -verantwortung angestrebt. Die aus Einheimischen und Zuwanderern zusammengesetzte Liste wollte im Rahmen eines demokratischen Prozesses einen Beitrag zur Integration und politischen, wirtschaftlichen und kulturellen Fort- und Weiterentwicklung leisten. Gewisse politische Kräfte wollten dies nicht akzeptieren. Das bedeutet letztlich, dass sie an einem demokratischen und pluralistischen Vorarlberg nicht interessiert sind, eine Minderheit ausgrenzen wollen und Integrationsbemühungen ablehnen. Aktuelle gesellschaftliche Entwicklungen werden also nicht zur Kenntnis genommen.

Die Frage von Minarettbauten ist dabei völlig zweitrangig und wird nach den gesetzlichen Bestimmungen und dem Ortsbild zu entscheiden sein. Wünschenswert wäre hier die Einbeziehung der Vertreter/innen der Migrantengruppen, ob überhaupt Bedarf vorhanden ist. Laut einer Umfrage unter islamischen Vereinen wird zurzeit kein Minarett angestrebt, außerdem wird darauf hingewiesen, dass für die Ausübung der Religion ein Minarett nicht unbedingt nötig ist. Deshalb war die Anlassgesetzgebung in Vorarlberg eher hinderlich für die Weiterentwicklung integrativer Prozesse im Land.

Parallel zur Förderung von Migrant/inn/en muss aber vor allem Bewusstseinsarbeit bei den Schüler/inne/n und Student/inn/en geleistet werden. Interkulturelle Themen sollten verstärkt in Lehr- bzw. Studienpläne eingebunden werden.

Ein oft geäußerter Wunsch war und ist die medizinische Behandlung bzw. Betreuung von Migrant/inn/en in ihrer Muttersprache. Dies würde zu einem großen Vertrauensgewinn gegenüber den Ärzt/inn/en, Krankenhäusern etc. führen. Als dieser Wunsch öffentlich erwähnt wurde, polarisierte unter anderem die FPÖ mit Wahlplakaten wie „Schluss mit falscher Toleranz", „Deutsch ist Pflicht", „Keine türkischen Dolmetscher", „Elterngeld für heimische Familien". Auch wenn Dolmetscherdienste ein gutes Angebot für schlecht Deutsch sprechende Migrant/inn/en sind, kann dieser indirekte Kontakt mit Arzt/Ärztin bzw. Betreuer/in etc. nicht gleichgesetzt werden mit der direkten Ansprache.

Mehr als ein Sicherheitsproblem

Österreich ist seit vielen Jahrzehnten mit Zuwanderung konfrontiert. Nur sie sichert einerseits weiteres Bevölkerungswachstum und hilft andererseits, der Überalterung unserer Gesellschaft entgegenzusteuern. Um einen positiven Umgang mit dieser Realität zu fördern, ist vorerst eine Anerkennung der Tatsache notwendig, dass Österreich ein Zuwanderungsland ist. Doch Integration und Migration als Querschnittsaufgabe sind im Innenressort nur unzureichend repräsentiert und die Zuständigkeit unterstellt, dass Integration und Migration vor allem ein Sicherheitsproblem sind. Integrationsaufgaben sollten einem/r Beauftragten für Integration und Migration der Bundesregierung außerhalb des Innenministeriums unterstellt werden.

Integration ist auch an anderen als nur populistischen Benchmarks zu messen:

- Steigerung des Anteils von Schüler/inne/n mit Migrationshintergrund im sogenannten „höheren" Schulwesen (Schulen, die über die Pflichtschule hinausgehen)
- Steigerung des Anteils von Personen mit Migrationshintergrund in Pädagogischen Berufen, in der Verwaltung und in der Betreuung
- Steigerung des Anteils von Schüler/inne/n mit Migrationshintergrund im muttersprachlichen Unterricht
- Verringerung des Anteils der Drop-outs innerhalb der Schüler/innen mit Migrationshintergrund
- Steigerung des Anteils von Studierenden mit Migrationshintergrund

Partizipation als Schlüssel zur Integration

Nur wer wählt, wirkt wirklich mit

Der eigentliche Fehler der sogenannten Ausländerpolitik in Österreich liegt daran, dass sie ohne Beteiligung, Mitwirkung und Mitgestaltung der Betroffenen gemacht wird. Weder zum Staatsangehörigkeitsgesetz noch zum Zuwanderungsgesetz wurden die Betroffenen oder deren Vertreter/innen befragt oder gar an seinem Zustandekommen beteiligt. Alle bisherigen Bundesregierungen haben bis heute die Verbände der Migrantenorganisationen oder deren Vertreter/innen bei den Gesetzesvorhaben und Entscheidungen, die unmittelbar die Einwandererbevölkerung Österreichs betreffen, kaum in den Meinungsbildungs- und Gestaltungsprozess einbezogen. Dies ist inakzeptabel und undemokratisch.

Auch die zahlreichen Diskussionen in den Medien über Migrationsfragen und vor allem über die Türk/inn/en verliefen zumeist ohne Beteiligung der Betroffenen. Diese Diskriminierung der Einwandererbevölkerung verhindert eine sachgerechte Diskussion und einen Austausch, führt zu Resignation im eigenen Kulturkreis und letztlich zum Rückzug selbst derjenigen, die sich seit Jahrzehnten für eine gleichberechtigte Integration konsequent einsetzen.

Auch die Chancengleichheit in der politischen Teilhabe muss gefördert werden. Die Parteien stehen zwar jedem offen, auch Mitbürger/inne/n nichtösterreichischer Herkunft, doch bei Wahlen werden Kandidat/inn/en auf aussichtslose Listenplätze gesetzt.

In Österreich hat der Verfassungsgerichtshof mit der Begründung, dass das Wahlrecht an die Staatsbürgerschaft gebunden sei, das Wahlrecht für Migrant/inn/en auf kommunaler Ebene für verfassungswidrig erklärt. Hier sollte vielmehr berücksichtigt werden, vor allem in der Kommune, dass Entscheidungen alle in dem jeweiligen Bezirk wohnenden Bürger/innen betreffen, unabhängig von der Herkunft, Rasse und der Staatsbürgerschaft.

Wechselspiel von Mehrheit und Minderheit

Die politische Partizipation ist ein Eckpfeiler der Integrationsarbeit. Es ist die Art und Weise zu überlegen, wie die Mehrheits- und die Minderheitsgesellschaft die Forderung nach politischer Partizipation von Migrantinnen und Migranten unterstützen und fördern können. Ziel dabei ist nicht die Gründung einer eigenen Partei, sondern nur das Auslösen einer Diskussion, wie wir gemeinsam Integrationsarbeit durchführen können – mit dem Ziel politischer Partizipation. Sie ist Voraussetzung dafür, dass Anliegen im politischen Prozess auch entsprechend repräsentiert werden. Politische Partizipation aller gesellschaftlicher Gruppen ist letztlich notwendig, um die Integration dieser Gruppen und somit ein stabiles gesellschaftliches und staatliches System zu erreichen. Ohne politische Partizipation kann es keine „richtige" Integration geben, und ohne „richtige" Integration wird der Staat unweigerlich ins Schleudern geraten. Denn fehlende politische Partizipation wird langfristig zu gesellschaftlichen Spannungen, der Ausbildung von Partikulärinteressen, die immer vehementer verteidigt werden, und zur Desintegration des Staatsgefüges führen.

Kampf ums kommunale Wahlrecht

Start als Arbeitnehmergruppe

Ein demokratischer Staat ist für sein weiteres Bestehen von der Partizipation all seiner Mitglieder abhängig. Es ist für ihn auf die Dauer nicht tragbar, dass eine große Bevölkerungsgruppe ausgeschlossen wird. Ohne aktives und passives Wahlrecht können Migrant/inn/en in politischen Institutionen keinen Einfluss nehmen.

Die Türkische Plattform in Vorarlberg mit 42 Vereinen und Moscheen und einer Mitgliederanzahl von knapp 17 000 Personen, davon 60 Prozent im Besitz der österreichischen Staatsbürgerschaft, und die Arbeiterkammerfraktion NBZ (Neue Bewegung für die Zukunft) fordern das Kommunalwahlrecht für alle Migrant/inn/en. Auf der Basis der Interessenvertretung in der Arbeiterkammer und auf der Ebene der Betriebsratswahlen wurde bereits durch eine Klage beim Verwaltungsgerichtshof erreicht, dass Migrant/inn/en (deren Staaten mit der EU ein Assoziationsabkommen haben) auf der Ebene der Interessenvertretung das aktive und passive Wahlrecht erhalten.

Die Liste „Gemeinsam" stellte bewusst eine Liste mit fünf türkischstämmigen Kandidat/inn/en für die AK-Wahl 1999 auf. Obwohl zu diesem Zeitpunkt im Gesetz verankert war, dass das passive Wahlrecht nur österreichische Staatsbürger/innen erlaubte. Im Februar 1999 haben dann die Vertreter/innen von ÖAAB, FSG und FA in der AK-Hauptwahlkommission türkische Kandidat/inn/en gestrichen. Die Liste reichte eine Wahlanfechtung ein.

Pro und Kontra 1999 in der AK

Die FCG und der ÖAAB als ÖVP-nahe Teilorganisationen pflegten den Kontakt zu den ausländischen Arbeitnehmer/inne/n sehr. Sie erklärten ihre Streichungen im Sinne der einheimischen Bevölkerung. Dabei vernachlässigten sie die Rechte von 14 Prozent der Arbeitnehmer/innen ausländischer Herkunft. Die FSG als SPÖ-nahe Teilorganisation stimmte aus demselben Grund für die Streichung wie der ÖAAB, obwohl sie vom ÖGB informiert wurde, dass bei einer Wahlanfechtung die Liste Gemeinsam Recht bekommen würde. Die FPÖ-nahe Teilorganisation FA polarisierte mit dem Ausländerthema, um eine größere Schicht der Wähler/innen zu erreichen, keinen Kniefall vor den Türken zu tätigen.

Die grünnahe Teilorganisation „Gemeinsam" hat sich seit ihrer Gründung immer mit Sonderthemen auseinandergesetzt, insbesondere mit den Minderheiten, und wollte aufzeigen, dass es zwar ein aktives, jedoch kein passives Wahlrecht für ausländische Arbeitnehmer/innen gibt. Die GLB hat zu all dem geschwiegen. Die NBZ – Neue Bewegung für die Zukunft –, eine Liste, konnte ohne zu polarisieren Migrant/inn/en mobilisieren, weil sie mehrheitlich durch eingebürgerte Arbeitnehmer/innen aufgestellt war.

In der Hauptwahlkommission zu den AK-Wahlen 1999 zogen ÖAAB, FSG und FA am selben Strang und strichen die fünf türkischstämmigen Arbeitnehmer/innen. Nur Feldkirchs Bezirkshauptmann, der einzige Nicht-Politiker in der Hauptkommission, wies darauf hin, dass dies nicht rechtskonform sein kann. Trotzdem wurde die Streichung mit 10:1 vollzogen.

Nach einer vergeblichen Beschwerde der Liste „Gemeinsam" beim zuständigen Sozialministerium wurde der Verfassungsgerichtshof angerufen, der wiederum den EuGH einschaltete. Schließlich wurde nach langwierigen Verhandlungen im Sinne der Liste Gemeinsam entschieden, ohne dass die Wahl wiederholt werden musste. Jedoch wurden nach der Urteilsverkündung in fast allen Interessenvertretungen die Gesetze entsprechend abgeändert, sodass das Wahlrecht nicht mehr von der Staatsbürgerschaft abhängt. Seitdem können insbesondere bei den Wahlen zu den Vollversammlungen zu den Arbeiterkammern auch ausländische Arbeitnehmer/innen kandidieren.

Tabelle 1: Einbürgerungen 2005 in Vorarlberg nach Geschlecht und Geburtsland (einschließlich mittelbare Einbürgerungen)

Geburtsland	**Männlich**	**Weiblich**	**Gesamt**
Österreich	459	439	898
Deutschland	10	15	25
Schweiz	2	3	5
Bosnien, Herzegowina	102	135	23
Kroatien	10	12	22
Mazedonien	5	4	9
BR Jugoslawien	64	67	131
Slowenien	1	–	1
Rumänien	5	5	10
Türkei	330	186	516
Äthiopien	3	4	7
Brasilien	1	5	6
Philippinen	2	8	10
Indien	2	2	4
Volksrepublik China	3	5	8
Andere	15	39	54
Gesamt	1014	929	1943

Quelle: Land Vorarlberg (www.vorarlberg.at), http://www.vorarlberg.gv.at/vorarlberg/geschichte_statistik/statistik/landesstatistik/weitereinformationen/staatsbuergerschaftsverle/staatsbuergerschaftsverle.htm.

Die Vorteile für die Kommunen

Der Schritt zu einem kommunalen Wahlrecht für alle Migrant/inn/en ist nur logisch. Er wird im Ergebnis ein harmonisches Zusammenleben miteinander in dieser Gesellschaft fördern, denn

- kommunale Probleme betreffen alle in der jeweiligen Kommune lebenden Menschen unabhängig von ihrer Staatsangehörigkeit, Herkunft, Rasse und Religion;

Tabelle 2: Einbürgerungen 2005 in Vorarlberg nach Alter und früherer Staatsbürgerschaft

Frühere Staatsbürgerschaft	Vollendete Altersjahre						
	unter 15	15–20	21–30	31–40	41–50	über 50	Gesamt
Deutschland	–	–	–	–	2	5	7
Schweiz	–	–	–	–	–	1	1
Bosnien, Herzegowina	104	30	69	78	44	18	343
Kroatien	20	7	18	18	7	7	77
BR Jugoslawien	97	32	63	69	26	27	314
Slowenien	–	–	–	1	–	–	1
Türkei	389	168	198	196	79	38	1068
Rumänien	2	1	–	3	2	–	8
Philippinen	3	–	–	8	1	1	13
Indien	1	–	–	2	1	–	4
Volksrepublik China	8	1	3	4	–	–	16
Andere	25	8	15	23	14	6	91
Gesamt	649	247	366	402	176	103	1943

Quelle: Land Vorarlberg (www.vorarlberg.at), http://www.vorarlberg.gv.at/vorarlberg/geschichte_statistik/statistik/landesstatistik/weitereinformationen/staatsbuergerschaftsverle/staatsbuergerschaftsverle.htm.

- die Übernahme von Verantwortung für die Kommune stärkt das Interesse an Lösungen von Problemen in der Kommune und fördert damit das Gemeinschaftsleben aller im Gemeindebezirk lebenden Personen;
- Parallelgesellschaften werden sich immer mehr in Unbedeutungslosigkeit auflösen, da das Verständnis für ein Zusammenleben in ein und derselben Gesellschaft gestärkt wird; eine sensibilisierte Gesellschaft wird gefördert und trägt zur Harmonie bei;
- statt permanent Unterschiede aufzubauen und zu vertiefen, kann nunmehr eine konstruktive und gemeinsame Lösung struktureller Probleme erörtert werden;
- hierdurch wird auch der Forderung von Parteien und Nichtregierungsorganisationen zur interkulturellen Öffnung der Verwaltung Rechnung getragen.

Tabelle 3: Quartalsentwicklung der Ausländerzahlen 2005 in Vorarlberg nach Staatsangehörigkeit

Staatsangehörigkeit	**31. März**	**30. Juni**	**30. Sept.**	**31. Dez.**
Europa:				
Deutschland	12226	11842	12241	13135
Schweiz	1672	1673	1689	1705
Liechtenstein	320	321	323	320
Italien	1115	1153	1128	1129
Frankreich	324	326	331	343
Großbritannien	253	243	253	268
Benelux-Staaten	593	566	571	589
Skandinavische Staaten	253	214	231	253
Spanien	176	170	170	175
Griechenland	141	138	120	131
Türkei	15486	15196	15145	14897
Ungarn	464	399	416	431
Tschechien, Slowakei	384	371	373	412
Ehem. Jugoslawien	14355	13835	13646	13725
Rumänien	326	312	324	328
Polen	329	350	339	354
Ehem. Sowjetunion	896	928	945	964
Übrige europ. Staaten	308	343	359	349
Gesamt	49621	48380	48604	49508

Quelle: Land Vorarlberg (www.vorarlberg.at), http://www.vorarlberg.gv.at/vorarlberg/geschichte_statistik/statistik/landesstatistik/weitereinformationen/staatsbuergerschaftsverle/staatsbuergerschaftsverle.htm.

Internationale Vorreiter und Vergleiche

In vielen Ländern genießen EU-Bürger/innen bereits ein kommunales Wahlrecht und in Staaten wie Schweden, Dänemark, den Niederlanden, Irland, Frankreich und der Schweiz wurde es auch Nicht-EU-Bürger/inne/n mit positiven Ergebnissen auf kommunaler Ebene eingeräumt.

Die zwei Ebenen der Partizipation

Politische Partizipation wird ermöglicht durch die Einbindung der Migrant/inn/en in das politische Geschehen in der jeweiligen Partei, das heißt, sie werden in die Entscheidungsprozesse eingebunden und erhalten bei Wahlen die Chance auf wählbaren Plätzen zu kandidieren. Das aktive und passive Wahlrecht wird den Migrant/inn/en gewährt. Bei Nichteinbindung der Migrant/inn/en in das bestehende System werden die Migrant/inn/en eigene Listen erstellen und selbständig versuchen, sich zu formieren, um zu artikulieren.

Durch eine solche Nichteinbindung in die Arbeitnehmer-Interessenvertretung ist die NBZ Neue Bewegung für die Zukunft als eigenständige politische Liste entstanden. Diesem Beispiel sind mehrere Migrant/inn/en und Migrant/inn/enorganisationen gefolgt und haben in anderen Bundesländern auch ihre Kandidatur bekannt gegeben, wie am Beispiel Bündnis Mosaik als Partnerorganisation der NBZ ersichtlich ist.[1]

Die traditionelle politische Vertretung

Wenn man sich die politische Situation der Migrant/inn/en in Österreich vor Augen hält, sieht man eine breite Streuung und das Desinteresse dieser Zielgruppe. Nach den letzten Wahlen wurde die gesamte Integrationsarbeit um Jahre, wenn nicht um Jahrzehnte zurückgeworfen und Versagen in der Migrationspolitik den Migranten/inn/en angekreidet. Anstatt über die vorhandenen Probleme zu diskutieren, wurde und wird immer noch viel polarisiert.

Viele Personen, die sich in Österreich in der politischen Arena für die Anliegen der Migrant/inn/en „einsetzen", schmeicheln würdelos bei den verschiedenen politischen Parteien und arbeiten oft nur zu ihrem eigenen persönlichen Nutzen statt jenem der Gesellschaft.

In der aktuellen Diskussion um eine mögliche Kandidatur einer Liste von Einheimischen und Migrant/inn/en für den Vorarlberger Landtag wurde die Chance, in Landtagswahlen politische Mitbestimmung und Mitverantwortung durch die im Landtag vertretenen Parteien wahrzunehmen, nicht genutzt. Dies aber hätte in der österreichischen Parteienlandschaft und bei Landtagswahlen positive Signalwirkung gehabt.

NBZ – Neue Bewegung für die Zukunft

Die Gründungsgeschichte

Vor den Kammerwahlen 1999 wurden fast alle migrantischen Organisationen von den damaligen Fraktionen aufgesucht, um für diese zu werben. Aber auf keiner der Listen waren Migrant/inn/en auf wählbaren Plätzen bzw. sehr wenige, die jedoch nicht direkt als Vertreter/innen der Migrant/inn/en von diesen akzeptiert wurden. Dies führte dazu, dass vor allem die drei größten Organisationen den Entschluss fassten, eigene Vertreter/innen zu wählen. Der erste Schritt war, alle Fraktionen ausnahmslos aufzusuchen – mit der Bitte, einen Migranten/eine Migrantin ihrer Wahl an einem wählbaren Platz aufzustellen. Erst nach dem Scheitern dieser Gespräche entschloss sich die Gemeinschaft der Migrant/inn/en zur eigenen Kandidatur, Ziel dieser Aktion war ein Vertreter bzw. eine Vertreterin in der Vollversammlung.

Die AK-Fraktion NBZ wurde 1998 von drei türkischen Gruppierungen gegründet, um nach über 35 Jahren Gastarbeitertum endlich auch auf einer politischen Plattform zu zeigen, dass die 50 000 Migrant/inn/en der neueren Zuwanderung in Vorarlberg ebenso zu diesem Land gehören wie die davor zugewanderten Trentiner/innen, Südtiroler/innen und Innerösterreicher/innen.

Bereits im Dezember 1998, wenige Tage nach der Bekanntgabe der Kandidatur, wurde klar, dass es nicht leicht sein würde, wenn die Migrant/inn/en zwar nicht als Wählbare, so aber doch als Wähler/innen zugelassen würden. Durch Gründung der NBZ schienen für die etablierten Listen die Stimmen der mehr als 20 000 in Vorarlberg arbeitenden Migrant/inn/en gefährdet. Vor allem die führenden Köpfe der FSG 1999 suchten deshalb die Zusammenarbeit mit der NBZ und hofften, mit dieser die absolute Mehrheit des ÖAAB zu kippen.

Als im April 1999 nach nur drei Monaten Wahlkampf mit geringen Mitteln und meist unerfahrenen Ehrenamtlichen die Wahl in Österreich für Aufsehen sorgte, indem die kleine Liste der kleinen Leute auf Anhieb fünf Sitze bzw. 3258 Stimmen bzw. 7,16 Prozent erreichte, erhielt sie den Respekt der meisten Fraktionen. Die FSG aber ging, selbst auf elf Sitze abgesackt, nun bei vielen Gelegenheiten unsachlich auf die NBZ los. Diese Situation spitzte sich zu, als die NBZ bei zwei Betriebsratswahlen mehr als 30 Prozent der Stimmen bekam.

Tabelle 4: Das Ergebnis der AK-Wahl 1999 nach Stimmen und Mandaten

	Vorarlberger Arbeiter- und Angestelltenbund (ÖAAB) – AK-Präsident Josef Fink	FSG – Walter Gelbmann – mit euch ins nächste Jahrtausend/Liste 2	Freiheitliche und parteifreie Arbeitnehmer Vorarlberg – FPÖ	Gemeinsam Zajedno/Birlikte Alternative und Grüne GewerkschafterInnen/UG (Gemeinsam)	Gewerkschaftlicher Linksblock (GLB)	NBZ – Neue Bewegung für die Zukunft
Stimmen	27 272	7323	5788	1535	268	3258
Mandate	43	11	9	2	0	5

Quelle: www.ak-vorarlberg.at.

Tabelle 5: Die AK-Wahlen 1999 und 2004 nach Stimmen und Prozentanteilen

	2004		**1999**	
ÖAAB	21 102	46,54%	27 272	60,01%
FSG-SPÖ	15 958	35,20%	7323	16,11%
FA-FPÖ	2836	6,25%	5788	12,74%
Alternative/Grüne	2417	5,33%	1535	3,38%
GLB	n.a.	n.a.	268	0,59%
NBZ	3027	6,68%	3258	7,17%

Quelle: www.nbz-online.at.

Programm und Struktur

Die NBZ ist hauptsächlich die Stimme der kleinen Leute. Ihr geht es nicht um eine große Veränderung der bestehenden politischen Verteilung, sie will die Stimme der Vergessenen sein: der Migrant/inn/en, Arbeitslosen, sozial Schwachen und Jugendlichen.

Die NBZ bevorzugt oder benachteiligt weder Geschlecht noch Herkunft noch Rasse noch Religionszugehörigkeit. Es geht ihr um Vorarlberg und um die Vorarlberger/innen. Sie betrachtet jeden Menschen als gleichwertig und ebenbürtig. Bildungsniveau, Finanzmittel, berufliche Stellung und diverse Zugehörigkeiten sind keine Merkmale von Menschen, sondern sind bestimmt durch deren Schicksale bzw. bestimmen diese Merkmale deren Zukunft. Die Gleichstellung der Chancen in Bildung und Beruf wird hier deshalb angestrebt.

Die NBZ versteht sich nicht alleine als Stimme der Türk/inn/en oder der Migrant/inn/en – das wird nur kolportiert, um die NBZ in eine Ecke zu drängen bzw. mit den Inländer/inne/n zu entsolidarisieren.

Die NBZ kämpft für die Gleichstellung der Frauen – gleicher Lohn für die gleiche Arbeit. Sie setzt sich für die Sicherung des 13. und 14. Gehalts ein und will keine weiteren steuerlichen Bestrafungen von Überstunden zu Lasten des „kleinen Mannes". Sie fordert ein volles Wahl- und Mitentscheidungsrecht für in Österreich lebende Ausländer/innen, setzt sich für umfangreichere Förderung der Familien und ausreichende Kinderbetreuungsplätze ein. Die NBZ ist für die Erweiterung der Lehrlingsförderungen und Schaffung von weiteren Ausbildungsplätzen.

Die Achtung der Rechtstaatlichkeit, der Menschenwürde, die Wahrung der Menschenrechte einschließlich der Rechte der Minderheiten sind einer Gesellschaft gemeinsam, die sich durch Pluralismus, Toleranz, Gerechtigkeit, Solidarität und durch die Gleichheit von Frauen und Männern auszeichnet. Die NBZ ist für die Wahrung und den Ausbau der Grundrechte.

Der NBZ-Obmann ist gleichzeitig Fraktionsobmann der NBZ-AK-Fraktion. Die Leitung von Bewegung und Fraktion erfolgt in Personalunion, bei der Arbeit gibt es eine klare Aufteilung. Die NBZ betreut ihre Mitglieder und jene der Vereine, Organisationen, Moscheen. Verwaltung, Administration und Führung leisten der NBZ-AK-Fraktion organisatorische Hilfe. Diese wiederum kümmert sich um die Vorbereitung der Anträge und Resolutionen für die Vollversammlung, die Entsendung der Mitglieder für die einzelnen Ausschüsse in der Arbeiterkammer und anderen Institutionen und die Vorbereitung der Ausschusssitzung.

Beziehungen und Partnerschaften

Bis zur Wahl war die Beziehung zu bzw. die Zusammenarbeit mit den in der Arbeiterkammer vertretenen Fraktionen eher dürftig, seit der letzten Wahl im Jahre 2004 ist die Zusammenarbeit insbesondere mit der ÖAAB-FCG Fraktion aufgrund der Kooperation zur Wahl des Präsidenten sehr gut. Die Anträge der jeweiligen Fraktionen werden vorab besprochen, um eine gemeinsame Linie für die Einreichung in die Vollversammlung zu finden. Auch mit den anderen Fraktionen wie mit der FA bzw. Gemeinsam gibt es sehr oft Einigkeiten. Lediglich zur FSG finden erst in letzter Zeit diverse Annäherungen statt.

Durch die enge Kooperation mit der ÖAAB-FCG Fraktion kann im Einflussgebiet der Arbeiterkammer sehr auf die Bedürfnisse der Migrant/inn/en eingegangen werden, auf kommunaler und Landesebene wird die NBZ sehr oft von den jeweiligen Entscheidungsträger/inne/n kontaktiert und gefragt. Somit ist auch hier in einem gewissen Ausmaß eine Einflussmöglichkeit gegeben. Durch die Arbeit der NBZ und der einzelnen Migrantenvertreter/innen, die in enger Kommunikation mit der NBZ stehen, kann in diversen Kommunen direkter Einfluss genommen werden.

Die NBZ wurde in Vorarlberg gegründet und richtet ihren Schwerpunkt auf Vorarlberg und seit 2004 auch auf Tirol mit der NBZ Tirol. In den anderen Bundesländern wie Salzburg, Niederösterreich, Oberösterreich, Steiermark und insbesondere Wien wird mit der Partnerorganisation Bündnis Mosaik sehr eng kooperiert. Zum Teil gibt es gemeinsame Vorbereitungen der Anträge für die jeweiligen Vollversammlungen.

Die Reaktion der Migrant/inn/en ist sehr positiv. Sie sehen die Arbeit der NBZ bzw. ihrer einzelnen Vertreter/innen in diversen politischen Ebenen und profitieren direkt von den Resultaten dieses Engagements. Sie wünschen sich aber eine noch stärkere Einbindung in die einzelnen politischen Prozesse. Bildung ist ein Hauptanliegen der Migrant/inn/en. Sie wollen den eigenen Kindern eine bessere Ausbildung ermöglichen, als sie selbst hatten – um die Zukunftschancen der nächsten Generationen zu erhöhen.

Anmerkung

1 Vgl. www.buendnismosaik.at.

Literatur

Kaase, Max (1992). Politische Beteiligung/Politische Partizipation, in: Anderson, Uwe/ Woyke, Wichard (Hg.): Handwörterbuch des politischen Systems der Bundesrepublik Deutschland, Bundeszentrale für politische Bildung.

Phillips, Anne (1995). Geschlecht und Demokratie, Hamburg.

Sauer, Birgit (1994). Was heißt und zu welchem Zweck partizipieren wir? Kritische Anmerkungen zur Partizipationsforschung, in: Biester, Elke et al. (Hg.): Demokratie oder Androkratie? Theorie und Praxis demokratischer Herrschaft in der feministischen Debatte, Frankfurt am M./New York, 99–130.

Internetquellen

www.adnandincer.com
www.nbz-online.at

Nachschlag II

Werner Hagen

Monokulti

Multikulti ischt passé,
aut und vorbei, will kuona meh.
Frömde Kultura? Blibond üs fern!
Frömdsprochiga Singsang hört ma nid gern.
Urloub im Usland? Jo, weogod dor Sunno.
Ma muoß sä doch ou amol eoppas gunno.
Und döt, do kennt uon nid a jeda.
Und ou döt söttond alle tütsch mit uom reda.
Mit deona Frömdsprocha bioscht jo plogat.
Monokulti ischt hütztag gfrogat.
Jetzt wird bloß no haimische Musig gschpilat
und bloß no nach haimischa Moatla gschiilat.
Alle Lüt müond Schwainefleisch eosso
und frömde Maniora glai vargeosso.
Bloß no haimischos Hääß am Liib und am Kopf
und bloß haimische Bluoma im Bluomotopf,
bloß no uone Surto Gräs uf om Raso
und für alle do gliicho Ring i dor Naso.
Im Monokulti fiondo mor s Hail.
Stumpfsionn ischt gail.

Abschnitt III

Medien

Peter Plaikner

In Russland nichts Neues

Eine Medienlandschaft zwischen Monopol und Innovation

Österreich hat die höchste Pressekonzentration Europas.[1] Vorarlberg hat die höchste Pressekonzentration Österreichs.[2] Um diesen nationalen Missstand darzustellen, ist die „Kronen Zeitung" das beste Mittel. Um seine regionale Spielart zu erläutern, dienen die „Vorarlberger Nachrichten" als Vorzeigeprodukt. Der Kanton Übrig ist das einzige Ländle, für das es keine spezielle „Krone" (mehr) gibt. Denn aus medialer Perspektive heißt Vorarlberg Russland. Das sagen sie aber in der österreichischen Zeitungsbranche nur sehr vorsichtig hinter vorgehaltener Hand. So wie Kritik am Medienhaus in dessen engeren Heimat bloß respektvoll verstohlen geäußert wird. Denn die Perspektive ist so wechselhaft wie in Peter Handkes „Die Innenwelt der Außenwelt der Innenwelt". Auf den Standpunkt kommt es an. Im geistigen wie im örtlichen Sinne. Eugen A. Russ, Chef des Vorarlberger Medienhauses, gilt gleichzeitig als garstiger provinzieller Monopolist und genialer kosmopolitischer Verleger. Kritiker und Anhänger finden dabei sogar einen gemeinsamen Nenner: Das Feindbild zahlreicher Zeitungsjournalisten und der Guru der marktgerechten Multimediamache sei auf jeden Fall ein blendender Kaufmann. Dementsprechend präsentiert sich die Vorarlberger Medienlandschaft. Ihr A und O heißt Eugen Russ. Also ist der folgende Beitrag der Versuch einer Gratwanderung zwischen datengestützter Marktanalyse und persönlicher Annäherung.

Prolog

Im Oktober 2006 meldet das Vorarlberger Medienhaus (VMH) seine mehrheitliche Beteiligung an der Echo Verlags GmbH der Bundeswettbewerbsbehörde (BWB). Diese prüft das Joint Venture eines kleinen Tiroler Magazinverlags mit dem medialen Platzhirschen vom Bodensee, weil durch dessen „Herausgabe weiterer Produkte eine Verstärkung der marktbeherrschenden Stellung am Vorarlberger Medienmarkt entstehen"[3] könne. Grundbedingung der letztlich doch von der BWB erteilten Erlaubnis ist die Entkoppelung der „Echo"-Führung vom VMH: „Dies auch deshalb, weil nunmehr ein bisher am Markt nicht tätig gewesenes neues Unternehmen am Vorarlberger Medienmarkt aktiv sein kann." Eineinhalb Jahre später wird die Nachrichtenillustrierte eingestellt: „Das ist weder ein Ausgleich noch ein Konkurs. Wir werden einfach das Unternehmen hinter ‚Echo Vorarlberg' auflösen",[4] erklärt dazu Birgit Steinlechner, die Tiroler Herausgeberin und Geschäftsführerin, auf Anfrage der Wirtschaftspresseagentur. Es kann nur einen geben …

Eugen A. Russ

Der böse Bub Eugen

1983 entsteht in der Schweiz das Punkensemble „Der böse Bub Eugen". Eine Band vor allem für studentische Fans. Heute gibt es „Eugen" nicht mehr, ihr Chef ist Sportredakteur der „Neuen Zürcher Zeitung" (NZZ). Aber die Gruppe hat noch viele Fans. Sie sind so um die fünfzig.

1983 wird Eugen Ruß Geschäftsführer und Chefredakteur der „Vorarlberger Nachrichten" (VN) und des dahinter stehenden Medienhauses. Es bietet VN-Beziehern ein günstiges NZZ-Abo und macht über 100 Millionen Euro Jahresumsatz. Sein Chef wird zu Dreikönig 2011 fünfzig.

Der junge Mann, der schon seit 1981 als Co in der Führung von Zeitung und Verlag werkt, platziert zwischen seinem amtlichen Vor- und Nachnamen ein selbstbestimmtes A. wie Alphatier. Ein zutiefst alemannischer Twen als Kulturschock für Österreichs etablierte Verlegerszene. Mit 22, dem besten Punk- oder zumindest Aufbegehrensalter, liegt er eineinhalb Lebensjahrzehnte hinter dem bis dato Benjamin dieses exklusiven Meinungsmacherzirkels: Maximilian Dasch hat schon 1977 als 31-Jähriger die SN übernommen. Doch erst seit dem Einstieg von Eugen A. Ruß ins Mediengeschäft driften „Salzburger" und „Vorarlberger Nachrichten" immer noch weiter auseinander – als jene beiden Pole, zwischen denen sich österreichische Regionalzeitungen positionieren.

Manche nennen die Antipoden auch Qualität und Quantität. Doch diese holzschnittartige Einschätzung unterschlägt bei beiden Blättern die Ausprägungen in die jeweils andere Richtung. Schon zu Ruß' Start schreibt der damalige „trend"-Chefredakteur Peter Muzik durchaus süffisant, aber auch zwiespältig: „Der bärtige Brillenträger, der in Innsbruck nebenbei Jus studiert, hält 51 Prozent der Firmenanteile und haftet deshalb für jeden Unfug, der ihm künftig einfallen könnte, persönlich. Er möchte den Betrieb, an dem seine Tante Sophia Kempf (zu 28 Prozent) und Onkel Eugen (21 Prozent) beteiligt sind, mit jugendlichem Elan ausbauen und denkt über alles nach, was sich am Mediensektor machen ließe. Obwohl er vorerst noch ziemlich scheu wirkt, hat Ruß junior bereits den ersten Härtetest absolviert."[5] Zumindest diese Vorab-Einschätzung erweist sich im Nachhinein als falsch. Denn statt wie angekündigt ab 1985 ohne die Austria Presse Agentur (APA) auszukommen, lassen die VN ihren auserwählten Abtrünnigkeitspartner kurzfristigst allein im Regen stehen: Nur die „Tiroler Tageszeitung" (TT) agiert mehr als ein halbes Jahrzehnt ohne APA. Die ursprünglich als Joint Venture mit den VN geplante Medienagentur West wird eine leere Hülse für die Honorarabrechnung der freien Mitarbeiter.

EAR, der globale Lauscher

Ungeachtet dieses Rückziehers ausgerechnet nach Wien geht Ruß den eigenständigsten Weg aller österreichischen Medienhäuser. 1984 kauft er die Wochenzeitung „Wann & Wo", die jüngeres Publikum als die VN anspricht.[6] Ab 1989 lässt er sie sonntags gratis zustellen. Im gleichen Jahr erscheint das Flaggschiff in neuem Glanz: „Eugen A. Russ, der Verleger der ‚Vorarlberger Nachrichten', schuf mit dem Relaunch [...] unter der Leitung des deutschen Zeitungsdesigners Rolf Rehe eine Art österreichische ‚USA Today'. Sie spielte lange Zeit in Europa eine Vorreiterrolle bei Farb- und Infografikeinsatz."[7] 1990 erwirbt der vorwiegend schwarz Gewandete die letzte wirkliche Konkurrenz im Heimatmarkt: Die „Neue Vorarlberger Tageszeitung" gelangt vorerst zu 74 Prozent, später vollständig in den Schoß des VMH, das ab 1994 die VN als erstes österreichisches Tagblatt durchgehend im Vierfarbendruck erscheinen lässt.[8] „Das Leben ist bunt. Warum also sollten Zeitungen es schwarzweiß zeigen?“[9], meint EAR, wie der globale Lauscher der österreichischen Medienszene sich als Namensgeber seiner Privatstiftung auf die Initialen reduziert. Die Werbebranche liebt ihn für diese 4C-Inseratenoption ohne Einschränkung, die Publizistik sieht es geringschätziger: „Heute sind die ‚Vorarlberger Nachrichten‘ vor allem wegen ihres finanziellen Erfolges trotz der allgemeinen Branchenkrise im Gespräch.“[10] Aber stets unter Wahrung eines Leitsatzes aus ihrer ersten Ausgabe vom 16. November 1945: „Unser ganz besonderes Interesse gilt natürlich dem Aufbau unserer engeren Heimat ...“[11]

Von Ruß zu Russ

Dieses noch von seinem gleichnamigen Großvater formulierte Gründungsziel lässt auch der polyglotte Enkel nicht aus den Augen, der in einem Alter den Zenit als „Ausnahmeverleger“[12] erreicht, mit dem sein Vater Toni 48-jährig erst ans Ruder kommt. Von Beginn faszinieren ihn die Branchenentwicklungen in den USA. Bereits 1981 besucht er „US Today“ und findet dort die Schablone für seine VN-Strategie. „Wir haben uns nie gescheut, gute Konzepte zu kopieren“,[13] gesteht jener einstige Bub Eugen bis heute bereitwillig ein, der nach dem A. auch die neue deutsche Rechtschreibung flugs zur Selbst-Globalisierung nutzt – Russ statt Ruß, nicht nur der Schweizer wegen. Google ist sein größter Konkurrent[14] – die Benchmark für den modernen Verleger. Als der deutsche Axel Springer Verlag seine vermeintlich revolutionäre Strategie „Online First“ verkündete, will er noch keine Suchmaschine, sondern lediglich Spiegel Online als Wettbewerber sehen. Wer Russ googlet, findet ihn unter anderem als Thema der „New York Times“: “We are always interested in local markets, and if there are other opportunities to grow, at a reasonable pace, we will do it”, zitiert ihn durchaus bewundernd eine der weltweit führenden Zeitungen.[15] Beim 59. Weltkongress der Zeitungen in Moskau werden die „Vorarlberger Nachrichten“ selbst zum Newspaper of the Year gekürt.[16]

Eugen A. Russ ist längst angekommen, wo er einst hinwollte. Die Grundsteine dafür legt er in den entscheidenden Jahren für den Umbruch der österreichischen Medienlandschaft. Ab Ende der 1980er-Jahre gehen deutsche Medienkonzerne auf Einkaufstour in Österreich. Die Westdeutsche Allgemeine (WAZ) erwirbt jeweils (fast) die Hälfte von „Krone“ und „Kurier“, den damals größten Blättern im Land. Springer (ASV) holt sich die Mehrheit an der „Tiroler Tageszeitung" und ist Fifty-Fifty-Gesellschafter für die Gründung von „Standard" und „News". Ihm folgen die Süddeutsche als Partner für Bronner und bei den Fellners Gruner+Jahr.

Russ dagegen holt sich keinen Partner ins Land, sondern expandiert nach Absicherung des Heimatgeschäfts durch Kauf der „Neuen" konsequent nicht nur in seine logischen weiteren Märkte Liechtenstein, Deutschland und die Schweiz. Er kopiert sein Modell seit Ende der 1980er-Jahre auch erfolgreich in Ungarn, Rumänien und der Ukraine. Gekommen, um zu bleiben: Während sich in Österreich nur noch die WAZ und Gruner+Jahr als deutsche Medienkolonialisten versuchen, sind die Vorarlberger nicht nur aufgrund der halbjährlichen US-Reisen ihres Chefs weiterhin auf Auslandsabenteuer. Lediglich ihr eidgenössisches Experiment mit der Gratiszeitung „.ch" müssen sie abschreiben. Wer zu spät kommt …

Dieser (inter)nationale Expansionsdrang findet erst mit einem Jahrzehnt Verspätung einen Nachahmer: Horst Pirker verordnet als Vorstandsvorsitzender der Styria („Kleine Zeitung") einen rasanten Wachstumskurs vor allem auf dem Balkan (aber auch durch Zukauf von „Presse", „Wirtschafts-Blatt" etc.) und führt das Unternehmen zu Österreichs Medien-Nr. 2 hinter dem ORF. Die Moser Holdung unter ihrem CEO Hermann Petz dagegen bleibt auf heimischem Terrain und weitet ihren Spielraum vor allem durch die „Bezirksblätter", eine Gratis-Wochenzeitung, in andere Bundesländer aus. Ähnlich alt, ähnlich ehrgeizig, ähnlich machtbewusst – dennoch trennt die drei mehr als ihre Rivalität: Russ gehört sein Laden.

Vom Verleger zum Teleporter

Eigentlich wären ihm also die Auch-Eigentümer Max Dasch und Rudolf Cuturi mit ihren „Salzburger" und „Oberösterreichischen Nachrichten" (OÖN) näher. Aber speziell die SN verkörpern bis heute geradezu den Antitypus des Russ'schen Verlegertums. Der promovierte Philosoph Dasch konzipiert sie just 1989 als Regionalblatt mit bundesweitem Leseranspruch und setzt heute auf eine Autorenzeitung, während sein Vorarlberger Kollege immer noch mehr auf das Internet umsattelt: „Welcher regionale Verleger kann sich 70 Mitarbeiter in der Softwareentwicklung leisten?"[17], fragt Russ rhetorisch nach sich selbst. Er hat Mitte der 1990er-Jahre seine Print-Hausaufgaben schon gemacht, ein europaweit vorbildliches Medienhaus samt pionierartigem W-LAN in den Schwarzacher Sumpfboden gesetzt und widmet sich kompromissloser als seine Kollegen dem neuen Phänomen Internet. Während die einen sich eher als Beschäftigungstherapie für infolge Lizenzsistierung arbeitslose Privatradioteams[18] nun online üben, gründet „der Eugen" mit großem Aufwand Teleport, einen vor allem mit Diplom-Ingenieuren ausgestatteten Dienstleister fürs World Wide Web.

Diese strategische Entscheidung, sich ab 1995 konsequent dem Internet und nicht schon dem zeitgleich in Skandinavien entstehenden Phänomen der Gratistageszeitungen („Metro", „20 Minuten") zu widmen, verursacht zumindest indirekt einen der wenigen großen Misserfolge für Eugen A. Russ – und ein paar österreichische Partner. Das nur für die Leser kostenlose „.ch" existiert bloß vom 19. September 2007 bis zum 4. Mai 2009.[19] Der Gratismarkt in der Schweiz ist längst übersättigt.[20] Doch mehr noch liegt in der Russ'schen Online-Hinwendung schon vor 15 Jahren das Erfolgsgeheimnis des Vorarlberger Medienhauses und in der davon ausgehenden Multimedialisierung die ungebrochene Heimatmarktdominanz seiner Produkte. Es kann nur einen geben …

Der Medienmarkt

Klare Verhältnisse

Es gibt auch nur einen. Fast. Der ORF in all seinen Ausprägungen wirkt als einziges massenmediales Korrektiv zum Russ'schen Imperium. Jede Publikumsreichweite[21] von mehr als fünf Prozent, die nicht zum VMH gehört, ist abgesehen von der „Krone" bislang immer bloß ein kurzfristiger Betriebsunfall auf dem Medienmarkt Vorarlberg. Auch wenn dies die Macher von Illustrierten wie „Weekend" in Abrede stellen, die ihr Blatt aber nur der Auflagenkontrolle und nicht der Media-Analyse (MA) unterziehen.[22] Immerhin: Die ehemaligen Russ-Mitarbeiter Anton Willam, Bernhard Dürr, Fritz Nussbaumer gewinnen den bereits vor dem Start ausgebrochenen Rechtsstreit um den Magazinnamen gegen ihren einstigen Arbeitgeber.[23] Der muss sein Abwehrprojekt seitdem „week" nennen, lässt es vorerst als eigenständigen Titel bestehen, legt es aber seit 2009 dem Hauptblatt bei.[24]

Nicht einmal Magazine – alles andere als eine Spezialität des Medienhauses – trüben dessen bunte Dominanz. Von allen in der MA 2009 erfassten Titeln dieser Kategorie kommt abgesehen von der ÖAMTC-Mitgliederzeitschrift „Auto Touring" lediglich „Geo" über die Zehn-Prozent-Marke. Der österreichische Sonderfall zieht sich durch alle Medienkategorien im Ländle und hat mehr mit Eugen A. Russ als unüberwindlichem Arlberg und Alemannentum zu tun. Die Strategien des Großverlegers sind bereits im Gesamtbefund der Medienlandschaft des zweitkleinsten Bundeslands deutlich erkennbar.

1994 lesen 75,1 Prozent der Österreicher täglich eine Zeitung, am höchsten ist die Quote in Vorarlberg mit 84,6 Prozent. 15 Jahre später sind es bundesweit 75 Prozent, das Ländle liegt mit 72,5 Prozent nur noch auf dem drittletzten Platz. In der Internet-Nutzung dagegen rangiert es seit Erhebung dieser Online-Daten hinter dem urbanen Sonderfall Wien an zweiter Stelle – mit zuletzt 49,7 Prozent Tagesnutzung. Die Angebots- oder Nachfrageorientierung dieser Entwicklung ist zumindest reichweitentechnisch nebensächlich, so lange der Publikumsmarkt der Prioritätensetzung bzw. -verschiebung des Vorarlberger Medienhauses entspricht. Dies geschieht bisher nahezu deckungsgleich.

Nur in Tirol, Niederösterreich und Burgenland ist die Tagesreichweite für das Nicht-VMH-Medium Fernsehen geringer als hier – 61,2 Prozent. Nirgendwo haben ORF 1 und 2 schlechtere Werte (27,5 und 36,7 Prozent). Lediglich in Wien gibt es weniger tägliche Radiohörer als in Vorarlberg (82,3 Prozent), doch der Landessender des ORF (39 Prozent) ist nach jenen in Kärnten und dem Burgenland der stärkste. Was Medienkritiker inhaltlich oft beklagen, daran kommen Medienmanager wirtschaftlich kaum vorbei: Der permanente Heimatbezug, die identitätsstärkende Funktion punktet am meisten.

Zeitungen oder: „Der Standard" in der Diaspora

Dementsprechend unangreifbar ist die Festung der „Vorarlberger Nachrichten", auch wenn sie 2009 mit 64,5 Prozent die zweitschlechteste Reichweite ihrer neueren Geschichte, also seit 1989 hat. Das ist zwar nominell nahezu 20 Prozentpunkte von ihrem Rekordwert 83,4 Prozent im Jahr 2000 entfernt – doch die gefühlte Quote ist seitdem kein bisschen gesunken. Das Medienhaus hat sein Zugpferd VN längst zu einer Marke positioniert, die unabhängig von der erfragten Zirkulation des Papiers funktioniert. Dies liegt in hohem Maß an der Zwei-Marken-Strategie mit der „Neuen Vorarlberger Tageszeitung", die ursprünglich noch großformatig gegen den Platzhir-

Grafik 1: Ausgewählte Medienreichweiten in Vorarlberg

Die VN erreichen laut Media-Analyse (MA) 64,5, laut Regioprint (RP) 63 Prozent der über 14-Jährigen im Ländle. In der Balkengrafik sind zwecks besserer Vergleichbarkeit nur die Daten der MA berücksichtigt. Die von ihr nicht ausgewiesenen Gratis-Wochenzeitungen „Wann & Wo" haben laut RP eine noch höhere Reichweite als die VN.

Zum Vergleich **Regioprint** 2009:
Wann & Wo Sonntag 74 %
Wann & Wo Mittwoch 65 %
Das kleine Blatt / Mein Einkauf 50 %

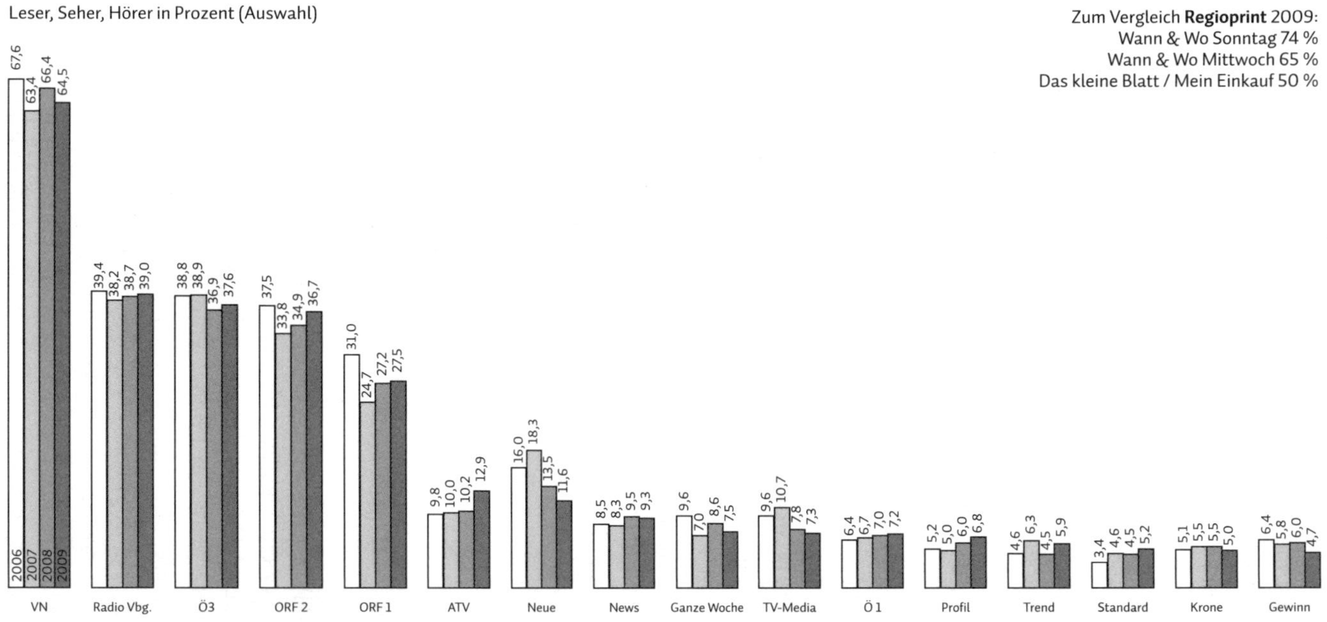

Quellen: Media-Analyse 2009/2008/2007/2006.

schen antritt. 1972 gegründet, erreicht sie 1985 ihren Höhepunkt mit nahezu dreimal so hoher Reichweite wie heute. Noch 1990, im Jahr ihrer Einverleibung, kommt sie auf 34,2 Prozent – mehr als die Hälfte der damals 65,6 Prozent starken VN.

Seitdem dient Russ die „Neue" zugleich als Geleitschutz und Labor für sein Flaggschiff. Es ist inzwischen mehr als fünfmal so stark wie der einstige Mitbewerber, der sein heutiges Tabloid-Format dem früheren Hälfte-Gesellschafter Styria verdankt. Seit 1975 besteht die redaktionelle Partnerschaft mit der „Kleinen Zeitung". Ein nützliches Instrument zur Abwehr der „Krone", die es hier in ihrem besten Jahr 2005 gerade auf sieben Prozent bringt. Das schafft ihr ehemaliger Regionalchefredakteur Robert Thoma aber längst als VMH-Filialleiter bei der „Neuen". Das strategische Vorbild für ein von 2005 bis 2008 bestehendes Zweitblatt der Moser Holding für den Tiroler Markt ist auch 2009 noch die Nr. 2 nach den VN.

Tabelle 1: Tageszeitungen in Vorarlberg
Leser pro Ausgabe und Reichweite in Prozent im Vergleich der Media-Analysen 2009 und (2008). Vier Titel überspringen die Fünf-Prozent- bzw. 15 000-Leser-Hürde.

	Leser pro Ausgabe	**Reichweite in %**
Vorarlberger Nachrichten	196 000 (201)	64,5% (66,4)
Neue Vbg. Tageszeitung	35 000 (41)	11,6% (13,5)
Der Standard	16 000 (14)	5,2% (4,5)
Kronen Zeitung	15 000 (17)	5,0% (5,5)
Die Presse	6000 (7)	1,9% (2,2)
Österreich	6000 (6)	1,9% (1,9)
WirtschaftsBlatt	4000 (5)	1,3% (1,7)
Kurier	3000 (5)	0,9% (1,8)
Tiroler Tageszeitung	1000 (–)	0,5% (0,1)
Salzburger Nachrichten	1000 (1)	0,4% (0,4)
Kleine Zeitung	1000 (1)	0,2% (0,3)

Quelle: Media-Analyse 2009 bzw. (2008); tägliche Reichweite, Vorarlberg, Bevölkerung ab 14 Jahren.

Doch dahinter tummelt sich nicht mehr der über viele Jahre einzige weitere Aspirant auf mehr als fünf Prozent Tageszeitungsleser in Vorarlberg, sondern die „Krone" wird übertroffen vom „Standard". Ohne eigene Redaktion in einem Land ohne eigener Universität ist das der Hinweis auf ein Defizit, das dem Marktführer durchaus bewusst scheint: Die „Vorarlberger Nachrichten" bieten ihren Abonnenten die Hauszustellung der „Neuen Zürcher Zeitung" zu besonders günstigen Konditionen an. Die intellektuelle Minderheit soll zumindest durch ein am Anzeigenmarkt nicht konkurrierendes Blatt bei der Stange gehalten werden.[25]

Der Bedarf nach Höherwertigem ist aber nicht das zentrale Spezifikum auf dem Printmedienmarkt zwischen Arlberg und Bodensee. Denn reichweitentechnisch gibt es dort – wie in nahezu allen Bundesländern – Gratiswochenzeitungen, die sogar die VN übertrumpfen. Die beiden Ausgaben von „Wann & Wo" bringen es zusammen auf 80 Prozent.[26] Sie gehören ebenfalls dem VMH und haben deutlich jüngere Leser als die Tageszeitungen.

Magazine oder: Ein Partisan fürs Weekend

Lediglich im Magazinbereich ist nach dem eingestellten Versuch mit „Echo" und der Beigabe von „week" an die VN das VMH nicht mehr das Maß aller Druckwerke. Für die Reichweitenwirkung der Haushaltsabdeckung von „Weekend" gibt es zwar keine Daten, doch es könnte durchaus schon vor jenen 97 000 Lesern liegen, die die MA 2009 dem ÖAMTC-Mitgliederheft „Auto Touring" attestiert – immerhin 31,8 Prozent der Vorarlberger. Nur ein weiteres Magazin bringt es hier auf einen zweistelligen Wert: „Geo" mit 13,4 Prozent.

In diesem Sektor ist allerdings das von der Media-Analyse gezeichnete Bild besonders unvollständig. Denn viele deutsche Publikumszeitschriften nehmen in Österreich weder an dieser Marktforschung noch an der hiesigen Auflagenkontrolle teil. Die internen Auswertungen der beiden Pressevertriebsmarktführer Morawa/Mediaprint und Valora Services kommen jedoch auf beachtliche Zahlen für Titel wie „Spiegel", „Stern" und „Bunte", aber auch „Neue Post", „Freizeit Revue" und „Bravo". Der Vorarlberger Markt ist allein schon aufgrund des Dreiländerecks für diese Titel traditionell noch etwas empfänglicher als Innerösterreich.

Grafik 2: Magazine in Vorarlberg
„Weekend" und „week" werden von der Media-Analyse (MA) ebenso wenig erfasst wie zahlreiche deutsche Publikumsmagazine mit durchaus beachtlichem Publikum in Vorarlberg. In der MA erreichen lediglich die ÖAMTC-Mitgliederzeitschrift mit 37,4% und „Geo" mit 13,4% zweistellige Prozentwerte.

Leser ab 14 Jahren in Tausend
Leser pro Ausgabe (LpA)

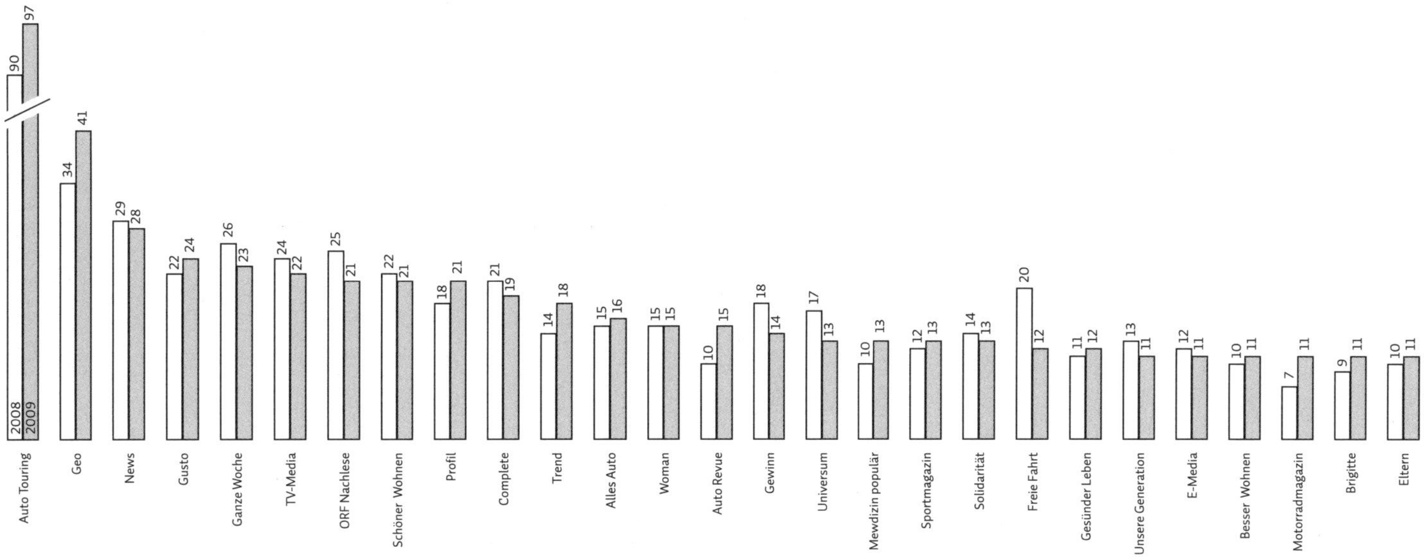

Quellen: Media-Analyse 2008/2009.

Fernsehen oder: Das Ende des Monopols

Die frühe Internationalisierung des Bodenseeraums zeigt sich medial am deutlichsten im Fernsehen. Hier werden seit jeher deutsche und schweizerische Programme auch ohne Satellit und Kabel per analoger terrestrischer Antenne empfangen. Dies wirkt sich nachhaltig auf die Sehergewohnheiten aus. Nirgends sonst in Österreich weisen die ORF-Angebote derart schlechte Quoten auf. In keinem anderen Bundesland sind die traditionellen deutschen Sender derart beliebt.[27] ARD und ZDF, aber auch der älteste Private RTL erzielen hier ihre Österreich-Bestwerte. Das Auslandsfernsehen bringt es in Vorarlberg auf eine Tagesreichweite von 55,2 Prozent. Dieser Wert wird lediglich in Salzburg übertroffen (56,1 Prozent). Im Ländle allerdings ist die Kluft zwischen Österreich-Fenstern und dem ursprünglich deutschen Angebot am größten. Hier hält sich das Interesse an Wiener Beiträgen in deutschem Fernsehen in besonders engen Grenzen.

Dagegen soll das Interesse an der Heimat auch abseits vom ORF-Blockbuster „Vorarlberg heute“[28] via Fernsehen genützt werden. Seit Anfang 2009 läuft „Ländle-TV – Das Vorarlberg Magazin“ auf Austria 9, dem Österreich-Standbein der RTL-Gruppe (und damit Gegenspieler von Puls 4 aus dem ProSiebenSat.1-Sendernetz). Das 25-Minuten-Magazin wird wöchentlich in ganz Österreich ausgestrahlt, betreibt also mehr externe als interne Kommunikation für Vorarlberg. Dementsprechend konnten die Betreiber bereits zum Start verkünden: Landeshauptmann Sausgruber begrüßt die überregionale Berichterstattung.[29] „Wir werden den österreichischen Zusehern über originelle und urige Bilder und Berichte Vorarlberg näherbringen, und das in einer Form, wie man sie nur aus dem Blickwinkel eines Einheimischen zeigen und produzieren kann“, erläutert Produzent und Geschäftsführer Günter Oberscheider zum Auftakt seine Intentionen. Das Konzept dürfte Zukunftspotential haben. Während die Bildschirmmedien Fernsehen und Internet immer austauschbarer werden, übernimmt Mitte 2010 das Vorarlberger Medienhaus 25 Prozent von Ländle-TV, das inzwischen auf eine Wochenreichweite von 150 000 Sehern verweist.[30]

Radio oder: Der fortgesetzte Dreikampf

Im Ländle selbst sind solche Zahlen nur für die größten Printmedien erreichbar. Darüber hinaus erzielt hier nur der ORF sechsstelliges Publikum.

Mit seinem TV-Kanal ORF 2, aber mehr noch mit seinen beiden Hörfunkprogrammen Ö3 und Radio Vorarlberg. Je nach Zielgruppeneinschränkung und Zeitraumbegrenzung sind sie im Paarlauf die Marktführer – laut MA 2009 mit 39 Prozent zu 36,7 Prozent für den Sender aus dem Landesstudio. Die Radiotestdaten (für die mehr als Zehnjährigen) für das zweite Halbjahr sehen das Match-Ergebnis allerdings umgekehrt mit 37,7 Prozent zu 37,1 Prozent für die Cashcow vom Wiener Küniglberg.

Der interne Wettbewerb, der nur auf dem Publikums-, nicht aber auf dem Werbemarkt stattfindet, wird hier aber schon deutlicher als in fast allen anderen Bundesländern durch zumindest einen Privatanbieter gestört. Die Antenne Vorarlberg ist nach ihrem Namensvetter in der Steiermark das populärste Nicht-ORF-Programm in einem Bundesland. 15,5 Prozent Reichweite (Radiotest 2009/II, Altersgruppe 10+) oder sogar 19,1 Prozent bei den 14- bis 49-Jährigen: In jener angeblich werberelevantesten Zielgruppe hat die Antenne bereits 15 Prozent Marktanteil, Radio Vorarlberg 24 Prozent. Im Windschatten dieser regionalen Auseinandersetzung bringt es KroneHit bereits auf fünf Prozent (MA 2009); Tendenz steigend: Im Radiotest 2009/II sind es schon 6,1 Prozent. Im Äther sind die Grenzen für das Kleinformat aus Wien noch niedriger als im angestammten Zeitungssektor.

Internet oder: Meister bei Mail und News

Im Internet sind solche Beschränkungen gar inexistent. Das gilt nun aber mehr in die umgekehrte Richtung. Immerhin stammen auch die Web-Angebote Salzburg24 und Vienna Online aus dem Vorarlberger Medienhaus. Der Russ'sche Pioniergeist im weltweiten Netz macht sich am deutlichsten auf dem Heimatmarkt bemerkbar. In keinem Bundesland ist die Quote der E-Mail- und Internet-News-Nutzer höher als hier. Und mit 105 000 Unique Usern[31] pro Monat liegt auch in diesem Bereich ein VMH-Unternehmen klar voran – Vorarlberg Online. Der ORF folgt mit Respektabstand und 72 000 vor SevenOneMedia mit 38 000. Danach die üblichen Verdächtigen: „Standard" (26 000), „Krone" (16 000) und „News" (16 000).[32]

Grafik 3: Fernseh- und Radiosender in Vorarlberg
Nur der ORF erreicht mit Radio und Fernsehen sechsstelliges Publikum in Vorarlberg. Die Antenne ist in dieser Reihung unter RMS berücksichtigt, der Vermarktungsgemeinschaft der Privatradios.

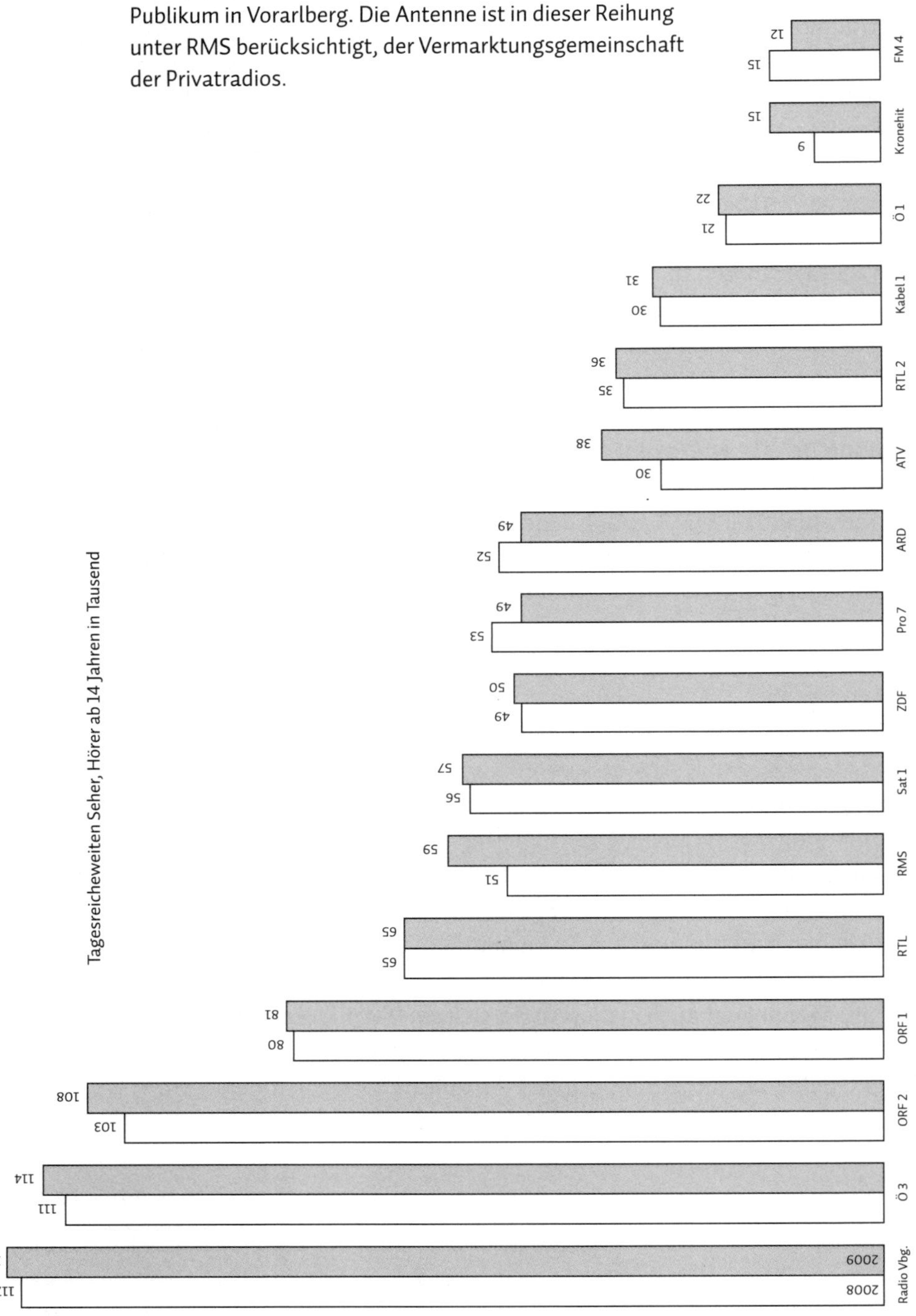

Quellen: Media-Analyse 2008/2009; Teletest 2008/2009; Radiotest 2008/2009.

Tabelle 2: Internetnutzung in Vorarlberg
Vorarlberg führt in der Nutzung von E-Mail und beim Konsum aktueller Nachrichten aus dem Internet. Die Daten aus der Media-Analyse 2009 bzw. (2008) offenbaren enorme Entwicklungsunterschiede zwischen den Bundesländern. In Kärnten beispielsweise liegt der Wert für den News-Bezug nur bei 23,5%.

Gestern genutzt	151 000 (135)	49,7% (44,7)
Nutzungszweck (in den letzten vier Wochen)		
E-Mail	194 000 (180)	63,7% (59,7)
Einkaufen von Produkten	91 000 (77)	30,0% (25,3)
Einkaufen von Dienstleistungen	55 000 (56)	18,1% (18,5)
Reisen buchen	74 000 (59)	24,4% (19,4)
Chatten, Foren, Newsgroups	73 000 (60)	23,9% (19,9)
Telefonieren/Voice Over IP	42 000 (39)	13,7% (12,8)
Online Banking	96 000 (104)	31,5% (34,5)
Zugriff auf Zeitungsinhalte	90 000 (71)	29,7%(23,6)
Aktuelle Nachrichten/News	120 000	39,3%
Musik hören/downloaden	87 000 (75)	28,7% (24,8)
Spiele spielen	56 000 (54)	18,6% (17,9)
Herunterladen von Software	71 000 (57)	23,4% (19,0)

Quelle: Media-Analyse 2009 bzw. (2008); Vorarlberg, Bevölkerung ab 14 Jahren.

Die Anbieterkonzentration

Die unkaputtbare Heimstärke

„Jedes größere österreichische Medienunternehmen kann sich jederzeit Vorarlberg vorknöpfen, ich brauche 200 bis 300 Millionen. Vorarlberg aufzumischen ist kein großer Zauber, was anderes ist die Republik Österreich. Hier brauche ich zwei bis drei Milliarden." Also sprach Horst Pirker anno 1999 bei den österreichischen Mediengesprächen in Alpbach[33] und meinte noch Schilling. Doch das hat sogar der erfolgreichste der österreichischen Verleger vergeblich versucht. Nicht der Übervater der „Kleinen Zeitung", sondern der Capo bzw. Cato der „Kronen Zeitung“: „Nur zu gerne hätte Hans Dichand Vorarlberg aufgemischt, wie es Styria-Boss Horst Pirker formulierte. Doch entsprechende Anläufe scheiterten [...] Das Land hat Russ dichtgemacht“,[34] urteilt Harald Fidler, als Medienredakteur des „Standard“ einer der profiliertesten Kenner der Szene: „Verteidigung alleine macht keinen Spaß. Wir kämpfen bis zum Letzten“, zitiert er den VMH-Chef und setzt fort: „Marschiert die Krone dort [in Vorarlberg – Anm. d. A.] ein, will Russ in Westungarn eine Druckerei bauen, mit der er kostengünstiger produziert als in Österreich, aber Wien schnell genug erreichen kann. Mit einer eigenen Tageszeitung würde er die ‚Krone‘ im Osten Österreichs angreifen, sagt Russ. Dem Mann ist das sogar zuzutrauen.“

In einer empirischen Erhebung heißt es dazu trockener: „Regionale Quasi-Monopole wie jenes des Vorarlberger Medienhauses, das mit ‚Vorarlberger Nachrichten‘, ‚Neue Vorarlberger Tageszeitung‘ und weiteren Ablegern eine Print-Reichweite von mehr als 90 Prozent im Bundesland hat, sind kaum angreifbar.“[35] Vor allem dann nicht, wenn sie der „Professionalität des größten anzunehmenden Regionalverlegers“[36] entspringen.

Der sympathische Monopolist

Das unterscheidet Russ von einigen anderen Quasi-Monopolisten in der Medienbranche, die nicht arm an solchen Gebilden und Typen ist: Auch in den kritischen Auseinandersetzungen schwingt durchwegs Respekt mit. Das liegt einerseits an der Konsequenz, mit der er seinen Weg verfolgt. „profil“- und „Standard“-Gründer Oscar Bronner erklärt, dass er „der beste professionelle Zeitungsverleger ist, den ich in Österreich kenne“. Dennoch lehnt Russ das Angebot einer Minderheitsbeteiligung am lachsfarbenen Blatt schon 1994 ab und steht heute noch dazu: „Zwei Qualitätszeitungen sind aus meiner Sicht eine zu viel“, sagt er über den „Standard“ und jene „Presse“, deren Vollerwerb Horst Pirker nicht widerstehen konnte. Sein alemannischer Kollege allerdings bleibt überzeugt davon, es sei „absehbar, dass es irgendwann nur noch eine geben wird.“[37] Das Thema zieht sich durch bei ihm.

Russ’ Interesse liegt im Regionalen. Schon 1996 landen seine „Vorarlberger Nachrichten“ auf Rang 1 einer APA-Auswertung der österreichischen Tageszeitungen nach ihrer Artikelvielfalt und -zahl. Mit durchschnittlich 229 redaktionellen Beiträgen pro Tag verweisen sie bereits damals stolz auf den

Vorsprung vor dem Zweiten, eben jenem Qualitätsblatt „Presse“ (205), an dessen dauerhafte Existenz der Verleger aus Schwarzach nicht unbedingt glauben will. APA-Chefredakteur Josef A. Nowak erklärt bereits vor 14 Jahren das Prinzip dahinter zeitlos gültig sogar für den Bürgerjournalismus, den vol.at heute pflegt: „Neben umfangreicher Information über das internationale und österreichische aktuelle Tagesgeschehen haben die VN eine unglaubliche starke Berichterstattung auf der lokalen Ebene. Außerdem ist die Zeitung wirklich leserfreundlich gestaltet, d. h. die Themen werden in lesbare Einheiten zerlegt und durch viele Fotos und anschauliche Grafiken ergänzt.“[38]

Der regionale Zeit-Faktor

Es ist diese Priorität des handwerklichen Know-hows neben dem kaufmännischen Vermögen, die Eugen A. Russ zum international begehrten Stammgast auf Diskussionspodien sowohl der Branche als auch ihrer Gegenspieler macht. Der vorzugsweise Stiefelträger lässt sich seit jeher auf die intellektuelle Auseinandersetzung ein und vermag seine Botschaften geschickt zu platzieren. Das sichert ihm selbst als bekennendem Kopisten manch vermeintliche Urheberschaft für Sprüche wie „95 Prozent der Menschen bewegen sich 95 Prozent der Zeit in einem Lebensumkreis von 25 Kilometern“. Wer hat’s erfunden? Auch Hermann Petz, der CEO der Moser Holding, hat dieses Lob des Regionalen in seinem Antwort-Repertoire. Russ ist mittlerweile dort Aufsichtsrat. Schon 2002 übernimmt er laut unbestätigten Informationen Harald Fidlers vom Axel Springer Verlag jene 65 Prozent, die offiziell von der Familie Moser zurückgekauft werden. „Der Vorarlberger gilt zu diesem Zeitpunkt auch schon als künftiger ‚Tiroler Tageszeitung‘-Gesellschafter. Es spießt sich an den Konditionen: Russ will die Mehrheit.“[39] Es kann nur einen geben …

Eugen A. Russ sitzt aber auch im Aufsichtsrat der „Zeit“. Ungeachtet persönlicher Beziehungen ist dies ein zarter Hinweis auf den internationalen Stellenwert des Vorarlbergers. Denn das Wochenblatt für die deutsche Intelligenzia hat sich vom Abstiegskandidaten zum Musterbeispiel der Rückeroberung eines Zeitungsmarktes gemausert. Dank handwerklicher Professionalität vom Design bis zur Zielgruppenzuspitzung. Aber auch dank parteipolitischer Unabhängigkeit trotz linksliberalen Images, wie es schon durch den Herausgeber Helmut Schmidt signalisiert wird.

Ein solches Ansehen haben die VN schon deshalb nicht, weil es in einem Land mit absoluter ÖVP-Mehrheit nicht die Bevölkerung widerspiegelt. Die Repräsentation des Publikums, das immer noch mehr eingebunden wird, sich in der Zeitung wiederfinden soll, ist das Credo, das Russ längst auf alle seine Medien übertragen hat. Überparteilichkeit sieht er dabei als Voraussetzung. Gelten die VN beim Einstieg des Jungverlegers 1983 durchaus als schwarzes Kampfblatt, meint dieser heute zum langfristigen Erfolg gegen die anders positionierte „Neue": „Das hat nur funktioniert, weil wir unsere Redaktion zu allen gesellschaftlichen Lagern hin geöffnet haben."[40] Der Kauf des Konkurrenten dürfte zwar keine ganz unbedeutende Rolle gespielt haben, doch gelten das Medienhaus im Allgemeinen und die „Vorarlberger Nachrichten" im Besonderen nicht als parteilich punziert. Sie machen höchstens ihre eigene Politik und die wirkt vor allem unpolitisch: „Ich glaube, du kannst dich zwischen Macht und Marktanteil entscheiden", sagt Russ. „Ich habe mich schon sehr früh für Letzteres entschieden."

Problematischer ist die Situation für die Journalisten vulgo Content-Macher. Sie unterliegen einem Quasi-Arbeitgebermonopol, das nur durch die raren Stellen im ORF gemildert wird. Was Armin Thurnher, der Vorarlberger Chefredakteur des „Falter", für Österreich feststellt, gilt in seiner Heimatregion ganz besonders: „Ist man an diesem Mega-Arbeitsplatz, bestehend aus den stärksten Tageszeitungen und den potentesten Magazinen, einmal unangenehm aufgefallen, bleibt einem nur, das Genre zu wechseln oder das Land zu verlassen."[41] Dementsprechend euphorisch wird der schon lange in Wien lebende Kämpfer für Medienvielfalt als Star-Kolumnist des VMH-Magazins „week" gefeiert.[42]

Die Integration auch kritischer Geister und sogar von Gegnern gehört zu den Standard-Kunststücken im Repertoire des Eugen A. Russ. Er ist die personifizierte Antithese zu einem zentralen Satz des jüngsten Bestsellers über seinen erklärten Hauptkonkurrenten Google: "Media companies can be divided into two broad categories: the few who create waves and the many who ride them – or drown. The elite companies that generate waves are rare, the wave riders common."[43] Der Wellenreiter aus dem Ländle ist eine rare Spezies seiner Branche.

Epilog

Die „Neue Vorarlberger Tageszeitung" dient auch aufgrund besonderer Facetten ihres Geschäftsmodells als Vorbild für Neugründungen wie 2005 „Die Neue"[44] in Tirol. Sie erhält pro Jahr fast eine Million Euro Presseförderung vom Staat. Der kleinere Teil davon ist die sogenannte Vertriebsförderung, die im Gießkannenprinzip über alle Tageszeitungen – von „Krone" bis „WirtschaftsBlatt" – ausgeschüttet wird. Für den Löwenanteil sorgt jedoch die „besondere Förderung zur Erhaltung der regionalen Vielfalt der Tageszeitungen gemäß dem Abschnitt III Presseförderungsgesetz 2004". Das sind für das Jahr 2010 immerhin 812 704 Euro.

Der Politikwissenschafter Anton Pelinka kritisiert dies ausgerechnet im ORF, dessen jahrzehntelanges Monopol und öffentliche Förderung bis heute umstritten sind: „Eine Medienförderung eines Monopols ist eigentlich ein Widerspruch in sich, denn die Presse- und Medienförderung ist eingeführt worden, um die Vielfalt zu fördern, und das halte ich für problematisch. Man kann ein Monopol als unvermeidlich zur Kenntnis nehmen, aber dass man es mit öffentlichen Mitteln fördert, halte ich für ganz ungewöhnlich und nicht nachvollziehbar."[45] Eugen A. Russ kontert das trocken: „Die ‚Neue Vorarlberger Tageszeitung' erhält eine höhere, eine besondere Presseförderung, da sie den Markt ergänzt und offensichtlich die Kriterien erfüllt, die der Bundesgesetzgeber für die Medienförderung vorgesehen hat." Der Internet-Link zum entsprechenden ORF-ON-Artikel vom 18. Oktober 2005 ist mittlerweile stillgelegt. Eine Änderung der Presseförderungskriterien steht nicht zur Diskussion.

„Die hohe Akzeptanz bei der sich stetig ausweitenden Leserfamilie, aber ebenso in den führenden Kreisen von Politik, Wirtschaft und Gesellschaft, ist nicht zuletzt auf die Erfahrungen mit einer Monopolsituation zurückzuführen",[46] schreibt der Chefredakteur der „Neuen". Anno 1983, dem Jahre 1 von EAR.

Es kann nur einen geben.

Anmerkungen

1 Vgl. Plaikner, Peter (2007). Die Medienlandschaft zwischen Donau-Wasserkopf und Alpen-Herrgottswinkel. Nationale Rangordnung und regionale Vorherrschaft – Die Machtverhältnisse im Perspektivenwechsel, in: Filzmaier, Peter/Plaikner, Peter/Duffek, Karl A. (Hg.): Mediendemokratie Österreich, Böhlau/Wien, 179ff.
2 Vgl. Steinmaurer, Thomas (2009). Das Mediensystem Österreichs, in: Hans-Bredow-Institut (Hg.): Internationales Handbuch Medien, 28. Auflage, Baden-Baden, 505ff.
3 Abrufbar unter: http://www.bwb.gv.at/NR/rdonlyres/4696F282-4D04-4C53-8280-103CE621AAEC/32228/T%C3%A4tBer2_200720.pdf (8. 7. 2010).
4 Abrufbar unter: http://vorarlberg.orf.at/stories/318194/ (8. 7. 2010).
5 Muzik, Peter (1984). Die Zeitungsmacher, Wien, 205.
6 Vgl. Fidler, Harald (2008). Österreichs Medienwelt von A bis Z, Wien, 527ff und 585ff.
7 Eiber, Susanna (2003). Visuelle Elemente in Qualitätszeitungen im Wandel, freie wissenschaftliche Arbeit zur Erlangung des Grades eines Magister Artium (M.A.) am Institut für Kommunikationswissenschaft der sozialwissenschaftlichen Fakultät der Ludwig-Maximilians-Universität, München, 34ff, abrufbar unter: http://epub.ub.uni-muenchen.de/286/1/KW-Magisterarbeit-SusannaEiber-2003.pdf (10. 7. 2010).
8 Vgl. Vogd, Karl (2000). Information als Ware. Die Geschichte der österreichischen Zeitungen im Überblick, Verein Zeitung in der Schule, Wien, 171ff.
9 Gedächtnisprotokoll des Autors von einem Besuch im neuen Vorarlberger Medienhaus 1996.
10 Wie Anm. 7.
11 Ortner, Franz (1983). VN: 1793 begann es mit dem Bregenzischen Wochenblatt, in: Ivan, Franz/Lang, Helmut W./Pürer, Heinz (Hg.): 200 Jahre Tageszeitung in Österreich 1783–1983. Festschrift und Ausstellungskatalog, Österreichische Nationalbibliothek, Verband Österreichischer Zeitungsherausgeber und Zeitungsverleger, Wien, 319ff.
12 „Google und die Zukunft der Zeitung", Horizont, 5. 5. 2010, abrufbar unter: http://www.horizont.at/newsdetail/news/karl-pall-und-eugen-russ-im-horizont-redroom.html (10. 7. 2010).
13 Jakobs, Hans-Jürgen (2003). „Ein Guru in Russ-Land", Süddeutsche Zeitung, Nr. 29, 5. 2. 2003, 15.
14 Vgl. „Verleger Russ sieht Schmarotzertum bei Google", derStandard.at, 7. 5. 2010, abrufbar unter: http://derstandard.at/1271376174191/Diskussion-Verleger-Russ-sieht-Schmarotzertum-bei-Google (10. 7. 2010).
15 Pfanner, Eric (2010). „How a local paper keeps giant at bay", New York Times, 21. 3. 2005, abrufbar unter: http://www.nytimes.com/2005/03/20/business/worldbusiness/20iht-side21.html (10. 7. 2010).
16 Vgl. „‚Vorarlberger Nachrichten' sind ‚Newspaper of the Year 2006'", abrufbar unter: http://www.voez.at/b164 (10. 7. 2010).
17 Jilch, Nikolaus (2009). „Der vom Monopol", Datum, Nr. 09/09, 34ff, abrufbar unter: http://www.datum.at/0909/stories/5891475 (10. 7. 2010).

18 Zwischen Privatradiogesetz 1993 und dem flächendeckenden Senderstart in Österreich am 1. April 1998 gibt es 1995 bereits Lizenzen, die nach dem Start der Antenne Steiermark und von Radio Melody in Salzburg durch die Höchstrichter vorerst auf Eis gelegt – also sistiert – werden. Einige schon engagierte Hörfunkmacher wechseln dann in den neu entstehenden Online-Sektor (Anm. d. Autors).

19 Vgl. Lüönd, Karl (2008). „Sturm im Blätterwald", NZZ-Folio, Nr. 10/08, abrufbar unter: http://www.nzzfolio.ch/www/21b625ad-36bc-48ea-b615-1c30cd0b472d/showarticle/0070f8f4-dee8-4dea-87a0-fd4b1b14c45a.aspx (10. 7. 2010).

20 Vgl. Lennox, Terence (2009). „Wir lernen alle, produktiver zu werden." (Interview mit Eugen Russ), derStandard.at, 20. 5. 2009, abrufbar unter: http://derstandard.at/1242316313346/Interview-mit-Eugen-Russ-Wir-lernen-alle-produktiver-zu-werden (10. 7. 2010).

21 Wenn nicht anders angegeben, stammen sämtliche Reichweiten-Daten aus den Berichtsbänden der Österreichischen Media-Analyse (MA). Diese größte kontinuierliche Marktforschung Österreichs ermittelt seit 1965 das Mediennutzungsverhalten – zuletzt mit rund 16 000 mehr als einstündigen persönlichen Interviews für die MA 2009. Als Grundgesamtheit dienen die heute rund sieben Millionen über 14-jährigen Österreicher, abrufbar unter: www.media-analyse.at (11. 7. 2010).

22 Der Wochentitel wird laut ÖAK und eigenen Angaben an mehr als 100 000 Haushalte in Vorarlberg zugestellt, abrufbar unter: http://www.oeak.at/content/intern/Auflagenlisten/OEAK_2009_JS_KORR.pdf und http://www.weekendmagazin.at/control.php?&topgroupname=egebiete&groupname=b46 (10. 7. 2010).

23 Vgl. „Medienhaus klagt Weekend-Magazin", ORF.ON, 25. 7. 2005, abrufbar unter: http://vorarlberg.orf.at/stories/47629/ (10. 7. 2010).

24 Vgl. „Lifestyle-Magazin week nutzt VN als Trägermedium", Vorarlberg online, 10. 2. 2009, abrufbar unter: http://www.vol.at/news/vorarlberg/artikel/lifestyle-magazin-week-nutzt-vn-als-traegermedium/cn/news-20090210-03365312 (10. 7. 2010).

25 Vgl. „Neue Zürcher am Frühstückstisch", abrufbar unter: http://vn-vorteilsclub.vol.at/login/detailhorizontal.asp?id=321 (10. 7. 2010).

26 Diese Daten stammen aus der Regioprint 2009, einer an die MA angeglichenen Marktforschung (5749 Interviews) für jene Gratisblätter, die erst für das Berichtsjahr 2010 auch von der Media-Analyse ausgewiesen werden, abrufbar unter: http://www.vrm.at/Regioprint/Reichweite/images/reichweite.gif (11. 7. 2010).

27 Die Media-Analyse weist in ihren Teletest-Daten kein schweizerisches TV-Programm aus. Es ist allerdings davon auszugehen, dass die SRG (wie ARD und ZDF) in Vorarlberg durchaus beachtliche Reichweiten und Marktanteile erzielt.

28 Siehe dazu den Beitrag von ORF-Landesdirektor Burtscher auf den Seiten 137ff im vorliegenden Band.

29 Vgl. „‚Ländle TV – Das Vorarlberg Magazin': AUSTRIA 9 TV startet am 24. Jänner mit Regionalfernsehen auf Bundesebene", APA-OTS0049, 15. 1. 2009, abrufbar unter: http://www.ots.at/presseaussendung/OTS_20090115_OTS0049/laendle-tv--das-vorarlberg-magazin-austria-9-tv-startet-am-24-jaenner-mit-regionalfernsehen-auf-bundesebene (11. 7. 2010).

30 Vgl. „Vorarlberger Medienhaus beteiligt sich an TV-Sender", DiePresse.com, 6. 7. 2010, abrufbar unter: http://diepresse.com/home/kultur/medien/579194/index.do (11. 7. 2010).

31 Die Multimethodenstudie ÖWA plus, aus der die Daten dieses Absatzes stammen, definiert den Unique User so: „Messgröße für die Nutzung einer Website, die angibt, wie viele eindeutige Nutzer ein Werbeangebot in einer bestimmten Zeit hatte", abrufbar unter: http://www.oewa.at/index.php?id=9215#U (11. 7. 2010).

32 In dieser Reihung werden vom Autor nur Angebote mit annähernd „klassischem" Mediencharakter aus der ÖWA plus 2009/IV berücksichtigt. Microsoft (70 000), Herold (60 000), gmx (50 000), Netlog (26 000), Cineplexx (22 000) und MyVideo (21 000) haben in Vorarlberg mehr Unique User als einige der oben angeführten Auftritte, abrufbar unter: http://www.oewa.at/index.php?id=35 (11. 7. 2010).

33 „Ordentliches Kartell- und Wettbewerbsrecht gefordert. ‚Oje Österreich' – Monopole, Konzentrationen, Pressing", Austria Presse Agentur, APA345, 3. 9. 1999.

34 Fidler, Harald (2004). Im Vorhof der Schlacht. Österreichs alte Medienmonopole und neue Zeitungskriege, Wien, 75ff.

35 Kaltenbrunner, Andy/Karmasin, Matthias/Kraus, Daniela/Zimmermann, Astrid (2007). Der Journalisten-Report. Österreichs Medien und ihre Macher, Wien, 45.

36 Fidler, Harald/Merkle, Andreas (1999). Sendepause. Medien und Medienpolitik in Österreich, Oberwart, 335.

37 Alle Zitate dieses Absatzes wie Anm. 17.

38 Hillek, Willi/Woditschka, Verena (1996). Die Vorarlberger Nachrichten – Der Kern des Vorarlberger Medienhauses, in: Nick, Rainer/Wolf, Jacob: Regionale Medienlandschaften. Tirol, Südtirol und Vorarlberg, Innsbruck, 253ff.

39 Wie Anm. 34.

40 Alle Zitate dieses Absatzes wie Anm. 17.

41 Thurnher, Armin (2001). Für den Markt, wider den Markt. Die individuellen Freiheiten der Journalisten im Land der Medienkonzentration, in: Kaltenbrunner, Andy (Hg.): Journalismus – Beruf ohne (Aus-)bildung?, Wien, 23.

42 Vgl. „Week. Neues Magazin für Vorarlberg", Pressemitteilung des VMH, abrufbar unter: http://www.medienhaus.at/presse_service_pressemitteilungen_week_neues_magazin_fuer_vorarlberg.htm (11. 7. 2010).

43 Auletta, Ken (2010). Googled. The End of the World As We Know It, London, 281.

44 Vgl. Plaikner, Peter (2006). Die Neue (Tageszeitung für Tirol). Beziehungen und Verflechtungen von Journalistik und Politik in einem Land, das nicht als Provinz gelten will, in: Filzmaier, Peter/Karmasin, Matthias/Klepp, Cornelia (Hg.): Politik und Medien – Medien und Politik, Wien, 95–103.

45 Zluga, Tom (2005). „Printmedien in Vorarlberg", Referat im Rahmen der Lehrveranstaltung „Regionale Medienlandschaften" (LV 603143, Lektor MMag. Bernd Wachter) am Institut für Erziehungswissenschaften der Fakultät für Bildungswissenschaften an der Leopold-Franzens-Universität Innsbruck, 14. 11. 2005, 29, abrufbar unter: http://media.brainity.com/uibk/lvs/regional/7_tz_printmedienInVorarlberg.pdf (11. 7. 2010).

46 Zeiner, Walter (1983). Neue Vorarlberger Tageszeitung. Das jüngste Kind auf dem österreichischen Tageszeitungsmarkt, in: Ivan, Franz/Lang, Helmut W./Pürer, Heinz (Hg.): 200 Jahre Tageszeitung in Österreich 1783–1983. Festschrift und Ausstellungskatalog, Österreichische Nationalbibliothek, Verband Österreichischer Zeitungsherausgeber und Zeitungsverleger, Wien, 203ff.

Wolfgang Burtscher

Kompetenz vor der Haustür

Die Bedeutung der Landesstudios am Beispiel des ORF Vorarlberg

Gut 20 Minuten lokale Fernsehinformation pro Tag und dafür gleich ein ganzes Landesstudio mit circa 100 festangestellten Mitarbeiterinnen und Mitarbeitern? Das konnte ich im September 2009 selbst bei einer Enquete im Nationalrat von mehreren Abgeordneten hören. Offenbar ist nicht einmal politischen Medienexpert/inn/en immer klar, was die Landesstudios des ORF wirklich leisten. Deshalb zunächst ein paar Fakten.

Die Landesstudios produzieren trimedial, also in Radio, TV und Internet, ein hochwertiges Programmangebot, das intensiv genützt wird.

Programme für Millionen

Rund 2,6 Millionen Österreicher/innen hören laut Radiotest (Ganzjahr 2009) täglich ein ORF-Regionalradioprogramm (Tagesreichweite 34,4 Prozent). Bei Personen über 35 Jahren (35+) liegt die Tagesreichweite bei 45,8 Prozent und bei Personen über 50 Jahren sogar bei 56,2 Prozent. Beinahe jede zweite gehörte Radiominute entfällt in der Kernzielgruppe (35+) auf die Regionalradios (Marktanteil 46 Prozent), das entspricht einer Nutzungsdauer von 100 Minuten in diesem Publikumssegment (Quelle: Radiotest 2. Halbjahr 2009).

Mehr als eine Million Menschen sehen täglich die TV-Informationssendung „Bundesland heute" (14,9 Prozent Reichweite und 59 Prozent Marktanteil im Zeitraum 1. Jänner bis 31. Dezember 2009). An einem Spitzentag sind es mehr als 1,4 Millionen bei einer Reichweite von 21 Prozent und einem Marktanteil von 63 Prozent. Rund 84 Prozent aller TV-Zuseher/innen, das sind 5,9 Millionen Österreicher/innen, haben 2009 zumindest zehn Minuten einer „Bundesland heute"-Ausgabe gesehen. „Vorarlberg heute" konnte im Jahr 2009 seinen Marktanteil sogar um drei Prozentpunkte auf 66 Prozent erhöhen (Quelle: Jahresstatistik Bundesland heute 2009).

1616 Stunden, das sind neun Prozent des gesamten ORF-Fernsehprogramms, werden von den Landesstudios für den eigenen Sendebereich („Bundesland heute" mit 1157 Stunden) und für das nationale TV-Programm („Erlebnis Österreich", „Österreichbild am Sonntag", „Alpen Donau Adria Magazin", „Land und Leute", „Klingendes Österreich", „Mei liabste Weis", Liveübertragungen hochkarätiger regionaler Ereignisse) jährlich produziert. Für das nationale Fernsehprogramm produziert zum Beispiel das Landesstudio Vorarlberg jährlich eine Liveübertragung einer der größten Brauchtums-Veranstaltungen Westösterreichs, des Feldkircher Faschingsumzugs, oder eine Liveübertragung von der Eröffnung der Bregenzer Festspiele. Es überträgt seit vielen Jahren das Leichtathletik-Mehrkampf-Meeting Götzis (in einer Gesamtlänge von jeweils fast 900 Minuten) in den Programmen ORF 1 und ORF-Sport Plus. Im Sport gehören Übertragungen von Spitzenspielen im Handball mittlerweile zu den Routineaufgaben des Landesstudios.

Botschafter Österreichs in Europa

Die Sender 3sat, TW1, Bayern Alpha und arte übernehmen regelmäßig einen Großteil dieser für sie adaptierten Produktionen aus den Bundesländern zur Verbreitung an ein Millionenpublikum in Europa. Aus Vorarlberg etwa kam im Jahr 2009 eine Zusammenfassung der „Bizauer Gespräche" zum Thema „Macht der Sprache – Macht der Bilder".

437 Millionen Mal wurde auf die Internetseiten der Landesstudios im vergangenen Jahr zugegriffen. 24 Prozent der regelmäßigen Internet-Konsument/inn/en (ca. 1,26 Millionen) in ganz Österreich nützen pro Monat zumindest eines der Bundesländerangebote (Quelle: ÖWA Plus, 4. Quartal 2009).

Die Landesstudios gestalten für alle Publikumsschichten eine umfangreiche Angebotspalette anspruchsvoller Qualitätsprogramme – von der aktuellen Tagesinformation über Expert/inn/en-Gespräche und Sendungen mit Publikumsbeteiligung zu Themen, die die Menschen bewegen, bis hin zur Volkskultur und Hochkultur in Wort und Musik. Sie treffen den Geschmack des Ö1-Publikums mit Eigenproduktionen von mehr als 480 Sendungen und rund 500 Programmstunden pro Jahr und stellen im Jahresschnitt für den Kultursender Ö1 täglich eineinhalb Stunden Qualitätsprogramm her. Das beginnt bei den Beiträgen für die nationalen Nachrichten und Journale (pro Jahr circa 2500 Informationsbeiträge aus den Bundesländern in Ö1, aber auch in Ö3) und endet bei Konzertübertragungen und Spezialsendungen.

Allein im Jahr 2009 zeichnete das Landesstudio Vorarlberg für Ö1 26 Konzerte von den Bregenzer Festspielen und der Schubertiade auf und weitere 22 Konzerte anderer Veranstalter wie das Symphonieorchester Vorarlberg, Landeskonservatorium oder Feldkirch Festival. Für Ö1 wurden 2009 insgesamt 67 Sendungen für die Reihe „Pasticcio", „Aus dem Konzertsaal", „Konzert am Vormittag", „Intrada", „Jazznacht" und „Zeit-Ton" produziert, dazu 30 Literatursendungen. Das macht in Summe allein durch das Landesstudio Vorarlberg fast 5000 Sendeminuten für Ö1.

Kein Wunder, dass Ö1-Chef Alfred Treiber attestiert: „Die Landesstudios spielen für Ö1 insofern eine große Rolle, als nur sie die regionale Kompetenz auf dem für Ö1 wichtigen Sektor gewährleisten können. Ob in der Literatur, der Musik oder Wissenschaft, ganz zu schweigen von der Information, überall ist Ö1 auf eine regionale Versorgung durch die Landesstudios angewiesen. Entscheidend ist auch, dass das kulturelle Österreich in den Landesstudios einen Ansprechpartner hat, auch ohne dass damit immer eine konkrete Programmleistung verbunden ist."

Identitätsstifter in der Globalisierung

Die Landesstudios festigen Identitäten und stärken durch die in ihren multimedialen Programmen vermittelten Werte – von Heimatverbundenheit bis zu Europaperspektiven und Weltoffenheit – das Selbstverständnis und Selbstwertgefühl ihrer Landsleute.

Sie vermitteln ihrem Publikum Informationen und Orientierung, Kenntnisgewinn und Kulturerlebnisse, Ratschläge und Lebenshilfe, Bildungschancen und Sozialkompetenz, sprachliche Eigenart und Identifikationsmöglichkeit, Freizeitgestaltung und Unterhaltung, Zusammengehörigkeitsgefühl und mediale Geborgenheit im Alltag.

In unserer von den Auswirkungen der Globalisierung und vom ständigen Wandel geprägten Lebenswelt werden auch der Alltag und dessen Herausforderungen für die Menschen im Mikrokosmos eines österreichischen Bundeslandes immer komplexer und unübersichtlicher. Der allgemeine Erklärungsbedarf hat drastisch zugenommen.

Mit ihren breit gefächerten Informations- und Orientierungsangeboten erfüllen die ORF-Landesstudios das Grundbedürfnis ihres Publikums, Neuigkeiten zu erfahren, die Zusammenhänge und Hintergründe aktueller Entwicklungen in der Welt, im eigenen Land und vor allem vor der eigenen Haustür besser zu verstehen und einen persönlichen Gebrauchswert davon zu haben. Sie fungieren in allen Medien als Vermittler und Dolmetscher vielschichtiger Nachrichten aus Politik, Wirtschaft, Kultur, Bildungswesen, Religion und Gesellschaft.

Die Erfüllung dieser Kernaufgabe ergibt vor allem im Hörfunk ein großes Leistungsvolumen. Rund 40 Prozent der Wortsendungen in den Regionalradios sind täglich den Kategorien Information, Religion, Wissenschaft und Bildung gewidmet.

Nach einer detaillierten Auswertung der jüngsten Programmstrukturanalyse produzieren die Landessstudios pro Tag gemeinsam 20 Stunden an Informations- und Orientierungsprogrammen im Radio. Ein Regionalradio allein liefert an einem Werktag bis zu 30 Ausgaben an Nachrichten, Schlagzeilen und Journalen. Die darin aufgegriffenen Themen decken sich weitgehend mit den in Meinungsumfragen erhobenen Interessenschwerpunkten der österreichischen Bevölkerung, die vor allem an tagesaktuellen Ereignissen aus dem eigenen Lebensbereich sowie an den Themen Umwelt, Natur und Gesundheit interessiert ist. 70 Prozent der Österreicher/innen bewerten Menge und Qualität des Angebots zu diesen Themen in den ORF-Radios als positiv. Neben den aktuellen Informationssendungen zur vollen und halben Stunde gibt es in den Radioflächen und Radiomagazinen fixe Rubriken und vertiefende Beiträge zu den Tagesaktualitäten, Expert/inn/en-Interviews und Live-Gespräche mit Hörer/inne/n sowie Themen-Schwerpunkte zu Fragen der Zeit (zum Beispiel Klimawandel, Ernährung, Kinder) mit Inhalten, die die Publikumsinteressen ebenso treffen und zu 70 Prozent zufriedenstellen. Dazu zählen: das politische Geschehen im Inland, soziale Themen, Europa und die Welt, Konsument/inn/enanliegen, Kultur und Religion.

Meinungsbildung und Urteilskraft

Die Landesstudios leisten einen wichtigen Beitrag für eine freie, individuelle und gesellschaftliche Meinungsbildung und eine daraus resultierende erhöhte Urteilskraft. Als Forum für den demokratischen Diskurs sind die Landesstudios dem Pluralismus verpflichtet und tragen medial zum inneren Zusammenhalt der Gesellschaft bei. Selbst kleine Gruppierungen erhalten die Möglichkeit, ihre Meinungen, Positionen und Tätigkeiten zu kommunizieren. Dabei werden auch die Anliegen gesellschaftlicher Randgruppen ohne starke Lobbys (zum Beispiel mit Themen aus den Bereichen Soziales, Armut, Bildung, Migration, Minderheiten) entsprechend berücksichtigt. Dieser ebenfalls wichtige Gradmesser für die Erfüllung des öffentlich-rechtlichen Auftrages schafft allgemeinen Nutzen und Wert. Zahlreiche Sendungen der ORF-Regionalradios verfolgen mit leicht unterschiedlichen Gewichtungen das Ziel, den offenen und konstruktiven Meinungsaustausch zu fördern, kritische und kontroversielle Standpunkte zu präsentieren, Hintergründe aufzuzeigen, das Publikum zu Wort kommen zu lassen, Fachwissen durch Fachleute zu vermitteln und demokratische Streitkultur zu pflegen. Im Vorfeld der Landtagswahl im September 2009 durch eine Serie von Zweierkonfrontationen in Radio und Online und zwei „Elefantenrunden" jeweils vor Publikum und mit neuen Formaten, indem etwa Fragen aus der Seherschaft per Videoclip eingespielt wurden. Solche Diskussionen werden seit einiger Zeit online live übertragen, genauso wie Streitgespräche aus den größten Vorarlberger Orten im Zuge der Gemeindewahl 2010.

Das Landesstudio fördert die Verbreitung des heimischen Dialekts, der Volkskultur und der Volksmusik. Das stark zunehmende Heimatbewusstsein hat etwa in Vorarlberg zu einem noch höheren Stellenwert des alemannischen Dialekts geführt. Das Landesstudio trägt dieser Tatsache seit neun Jahren durch die jährliche Durchführung eines MundARTrock-Wettbewerbes Rechnung und fördert heimische Dialekt-Autor/inn/en besonders durch Lesungen oder die Aufnahme kurzer Dialekt-Hörspiele. Die Konzertserie „Volksmusikständle" und regionale Volksmusiktage (zum Beispiel „Montafoner Volksmusiktage") haben im ORF-Programm ihren festen Platz. Der „Bregenzer Advent" mit alemannischen Advents- und Weihnachtsliedern wird seit neun Jahren für das nationale Fernsehprogramm aufgezeichnet. Alljährlicher Höhepunkt ist der „Heimatherbst": Das gesamte Funkhaus Dornbirn steht für einen Tag im Zeichen heimischer Volksmusik und heimischer Mundart-Autor/inn/en. Die Veranstaltung verzeichnet regelmäßig weit über 1000 Besucherinnen und Besucher. Diese Aktivitäten finden in den Sendungen „Musikanten spielt's auf" und „Im Ländle groovt's" ihren Niederschlag.

Die Vielfalt in der Kleinheit

Die Berichterstattung des Landesstudios bezieht sämtliche Regionen des Landes gezielt mit ein und ist nicht nur auf die Ballungszentren des Rheintals konzentriert. Live-Sendungen wie die regional und national übertragenen „Frühschoppen" finden regelmäßig in allen Landesteilen statt. Die TV-Informationssendung „Vorarlberg heute" berichtet laufend aus den Regionen – häufig von Live-Außenstellen. Immer öfter ist das Landesstudio Partner der Veranstalter regionaler Aktivitäten. Initiativen wie die „Passionsspiele Klostertal", kleine regionale Kulturveranstalter, das Vorarlberger Volkstheater oder diverse kleinere regionale Messen erhalten durch den ORF Vorarlberg eine breite Öffentlichkeit und Unterstützung in Form von technischen Dienstleistungen und Hilfestellungen.

Nicht unerwähnt bleiben soll die soziale Kompetenz der Landesstudios. Sie beraten mithilfe von Expert/inn/en und stellen sich im Rahmen von Medienpartnerschaften auch selbst in den Dienst einer guten Sache. Sie wecken und verstärken das Verhältnis der Allgemeinheit für Menschen mit besonderen Bedürfnissen und laden ihr Publikum zur Teilnahme an Hilfsaktionen ein. In den letzen beiden Jahren hat der ORF Vorarlberg insgesamt fünf Sicherheitsaktionen durchgeführt, etwa „Sicher unterwegs" für den sicheren Schulweg (3500 Vor- und Volksschüler/innen wurden mit Sicherheitspaketen ausgerüstet), eine Aktion zur „Sicherheit auf Skipisten" mit der Propagierung von Rücken-Protektoren und Skihelmen oder die Serie „Sehen und Gesehen werden" zum Schutz von Fußgänger/inne/n in der Dunkelheit.

Soziales und kulturelles Engagement

Geradezu legendär ist das Engagement der Landesstudios für Licht ins Dunkel. Letztes Jahr wurde in Vorarlberg für die Sozialaktion „Tischlein deck dich" um Spenden gebeten. Dieser Verein sammelt bei den großen Handelsketten Lebensmittel aus Überproduktionen und gibt sie an Bedürftige weiter. In wenigen Wochen sind 120 000 Euro für diesen Verein zusammengekommen. Die Berichterstattung zum Thema Überproduktion hat die Bevölkerung nachhaltig sensibilisiert.

Ein wichtiges Alleinstellungsmerkmal der Landesstudios sei zum Schluss erwähnt, nämlich allein in Vorarlberg pro Jahr fast 80 Kulturveranstaltungen in den beiden Reihen „Kulturfrühling" und „Kulturherbst", hauptsächlich im Funkhaus Dornbirn, insbesondere als ständige Plattform für Literatur, Schauspieler/innen, Musiker/innen aller Gattungen sowie für populärwissenschaftliche Vorträge. Dazu kommen zahlreiche CD-Produktionen mit heimischen Interpret/inn/en, vom alemannischen Rock bis zur E-Musik. Viermal im Jahr werden heimische Künstler/innen in Form von größeren Ausstellungen präsentiert. Der inzwischen auf sieben große Skulpturen angewachsene „Skulpturenpark" rund um das Funkhaus mit Werken von Vorarlberger Bildhauer/inne/n ist die einzige derartige Sammlung im Land, finanziert ausschließlich durch private Sponsor/inn/en.

Unter vorarlberg.ORF.at erhält das Publikum programmbegleitende Informationen, zum Beispiel das Nachhören von Wortsendungen, einen eigenen Wissenskanal, ständig aktualisierte Nachrichten, Kochrezepte sowie einen Kulturkalender, der auch mehrere Dutzend andere lokale Veranstalter beinhaltet.

Immer häufiger werden von uns auch Kulturveranstaltungen für eine lokale Fernsehausstrahlung aufgezeichnet, wie etwa letztes Jahr das Kabarettprogramm „Vogelfrei" mit Stefan Vögel oder die Bregenzerwälder Dialektlesung „Kleaborar Bahnteifl". Beide Sendungen hatten übrigens hervorragende Einschaltquoten beim lokalen Publikum.

Zusammenfassend: Das alles ist etwas mehr als nur gut 20 Minuten lokale Fernsehinformation pro Tag.

Nachschlag III

Ulrich Gabriel

Wahlkampfmusik

(Thema mit Variationen)

Thema*
Klarer Kurs.
Weil es einen Aufpasser braucht.
Mut zur Heimat.
Stark für die Schwachen.
Mit uns gerecht.at.
Un gerecht.
Daheim so lange wie möglich.
Arbeit slos.
Bei uns entscheidet die Familie.
Wir lassen die Jungen nicht im Stich.
Elterngeld für heimische Familien.
Schluss mit falsch verstandener Toleranz.
Keine Türkisch-Dolmetscher.
Gsiberger.
In schwierigen Zeiten in guten Händen.

* Auswahl originaler Parteiplakatsätze zur LTW 2009

Variation 1

Weil es einen braucht, lassen die jungen Gsiberger die schwachen Aufpasser so lange wie möglich daheim im Stich.
Die Familie entscheidet bei uns falsch.
Klarer Mut zur Türkisch Heimat.
Gerecht Schluss mit guten Händen.
Elterngeld für Dolmetscherin schwierigen Unzeiten.
Stark für Toleranz nicht verstandener Familien.
Wir heimische in Arbeitslos Kurs.
Gerecht mit uns.
Keine.at

Variation 2

Weil es einen klaren Schwachen braucht, entscheidet in schwierigen Zeiten die Familie so lange wie möglich für die Gsiberger Dolmetscher.
Gerecht verstandener Arbeitslos Kurs für heimische Heimat Aufpasser.
Mut zur Türkisch Toleranz.
Wir die Jungen nicht daheim.
Schluss mit Eltern.
Die Familien im Stich lassen.
Ungerecht – Geld in guten Händen.
Bei uns stark.
Mit uns falsch.
Keine.at

Abschnitt IV

Außenpolitik und Innerösterreich

Johannes Huber

Hoher Arlberg

Die Alemannen und die Bundespolitik

Die Vorarlbergerinnen und Vorarlberger fühlen sich zugehörig zu Österreich. Auch wenn man in den anderen Bundesländern noch immer unterstellt, die Alemannen wären lieber Eidgenossen, so ist das in Vorarlberg nicht mehr so. Die Zeiten, als man einen Beitritt zur Schweiz verfolgte, sind längst vorbei. Und überwunden.

An den emotionalen Bindungen wird diese Entwicklung deutlich: Bei Schirennen und Fußballspielen fiebern die Vorarlbergerinnen und Vorarlberger selbstverständlich mit den österreichischen Sportlerinnen und Sportlern mit, freuen sich über Erfolge und leiden unter den Niederlagen; so wie das eben auch jeder Tiroler, Salzburger, Oberösterreicher, Niederösterreicher, Wiener, Burgenländer, Steirer und Kärntner tut.

Die Eigenheiten der Vorarlbergerinnen und Vorarlberger sind es wohl, die in „Innerösterreich" immer wieder zu dem beißenden Kommentar führen, ihr Land sei „der Kanton übrig". Natürlich ist das mit einem bedauernden Unterton dafür gemeint, dass Vorarlberg vor 90 Jahren eben nicht von der Schweiz aufgenommen wurde. Aber das Mitleid, das dabei zum Ausdruck kommen soll, ist in Wirklichkeit eher Schadenfreude.

Sehr wahrscheinlich ist dieses Spannungsverhältnis darauf zurückzuführen, dass Vorarlberg mehr vom „Durchschnittsösterreich" unterscheidet als alle anderen Bundesländer. Was wiederum historisch bedingt ist. Die vielfältigsten Entwicklungen haben eben zu den Eigenheiten geführt, die das Land und seine Bevölkerung kennzeichnen; und die für Außenstehende nicht immer nachvollziehbar sind.

Vorarlberg ist zutiefst republikanisch: Leibeigenschaft und Knechtschaft haben immer nur eine untergeordnete Rolle gespielt. Adelige – wie das Haus Montfort – gab es zwar. Bauern und Handwerker mit eigenem Grund und Boden genossen aber sehr große Freiheiten. Die Reichs- und Residenzstadt Wien war weit weg. Und in dem kleinen Land gab es in der Neuzeit mehr als 20 Landstände, über die die Bürgerinnen und Bürger ins politische Geschehen zumindest eingebunden waren. Das Ergebnis ist eine sehr selbstbewusste Bevölkerung, der Unterwürfigkeit fremd ist. Politikerinnen und Politiker werden als Mitbürgerinnen und -bürger betrachtet, die im Auftrag aller tätig sind: Sie haben daher selbstlos und sparsam zu agieren. Der Landeshauptmann, die Landesräte und Landtagsabgeordneten genießen denn auch selbstverständlich keine Privilegien, die – wie etwa ein Chauffeur – nicht sachlich begründbar wären. Sie arbeiten außerdem in zweckmäßigen Amtsgebäuden, die – wie das Landhaus – schön, aber schnörkellos sind.

„Wien" ist diesbezüglich anders: Die Bundespolitik ist noch immer von der Monarchie geprägt. Ministerien sind oft in denselben Amtsgebäuden wie zu Kaiserszeiten untergebracht. Auch das Zeremoniell mit all den Empfängen und Ehrungen ist von einer längst vergangenen Zeit geprägt: Alles glänzt, alles ist feierlich – und alles ist aus der Sicht einer Vorarlbergerin und eines Vorarlbergers etwas zu dick aufgetragen; sicher, sie verfolgen das mit gemischten Gefühlen, schauen sich das gerne an, ärgern sich dann aber auch ein bisschen darüber, was da mit ihrem Steuergeld angeblich alles passiert.

In Wien ist es selbstverständlich, dass ein Regierungsmitglied beispielsweise auf einem Festakt bevorzugt behandelt wird. In Vorarlberg wird das von der Bevölkerung als unverhältnismäßige Privilegierung betrachtet. Vor einigen Jahren empörte sich eine Staatssekretärin darüber, dass, anders als von ihr erwartet, auf der Eröffnung der Bregenzer Festspiele in der ersten Reihe kein Platz für sie reserviert war. Sie beschwerte sich so heftig darüber, dass man ihrem Wunsch des Friedens willen schlussendlich nachkam. Die Sache war damit so weit geklärt. Die Staatssekretärin konnte die Eröffnung erste Reihe fußfrei sitzend genießen. In der Bevölkerung aber hat man das bis zum heutigen Tag nicht vergessen; die mittlerweile ehemalige Staatssekretärin wird als Politikerin betrachtet, die eine Sonderstellung in Anspruch nehmen möchte. Und so etwas ist nach Überzeugung der Vorarlbergerinnen und Vorarlberger indiskutabel.

Die meisten Vorarlbergerinnen und Vorarlberger sind katholisch. So wie die meisten anderen Österreicherinnen und Österreicher. Im Unterschied zu diesen sind sie aber von einer protestantischen Ethik geprägt: Jeder Mann und jede Frau hat gewisse Fähigkeiten. Und seine/ihre Pflicht ist es, diese

Fähigkeiten zu nützen. Andernfalls würde er/sie sich versündigen. Leistung zählt. „Schaffa, schaffa, Hüsle baua", lautet ein altes Motto, das noch heute jedem Kind bewusst ist.

Die Gesellschaft ist ungeachtet dessen nicht egoistisch. Das Sozialwesen ist ausprägt; es steckt aber eine andere Philosophie dahinter als in vielen anderen Bundesländern. Die bedarfsorientierte Mindestsicherung wird in Vorarlberg beispielsweise kritisch gesehen; das sei nichts anderes als ein Rechtsanspruch auf Hilfe, die allzu leicht für ein Leben in der „Hängematte" missbraucht werden könnte, heißt es. Vorarlbergische Sozialpolitik ist vielmehr ein Gnadenakt, der ehrenamtlich geprägt ist: Vor allem Vereine kümmern sich um die, denen es schlecht geht. Wobei natürlich erwartet wird, dass die Empfängerinnen und Empfänger nur das in Anspruch nehmen, was sie selbst wirklich nicht leisten können.

Zum protestantischen Zugang gehört es auch, dass Menschen, die es zu viel Geld, einem großen Auto und einem schönen Haus gebracht haben, nicht mit Neid betrachtet werden, sondern mit Respekt: Sie gelten als Vorbilder, als „gemachte Leute", denen es nachzueifern gilt.

Dass das Eigentum in Vorarlberg einen größeren Wert hat als in anderen Bundesländern, liegt damit auf der Hand: Wenn ein Kind zur Welt kommt, dann gibt's nicht nur eine Geburtsurkunde, sondern vor allem auch einen eigenen Bausparvertrag. Damit ist das Lebensziel schon ein Stück weit vorgegeben: „So bald wie möglich wirst du dir ein Eigenheim schaffen." Logisch, dass in einer solchen Welt letztlich alles abgelehnt wird, was die Vermögensbildung erschwert: Steuern und Abgaben beispielsweise, die so gesehen immer unverhältnismäßig hoch sein müssen. Besonders sensibel reagieren Vorarlbergerinnen und Vorarlberger, wenn wieder einmal eine Erhöhung der Grundsteuer diskutiert wird: Sie ist zwar lächerlich niedrig. Aber das ist nicht entscheidend. Es geht vielmehr ums Prinzip, das etwa ÖVP-Klubobmann Karlheinz Kopf in seiner Argumentation zum Ausdruck bringt: Löhne und Einkommen werden ohnehin schon besteuert; da darf nicht auch noch das Eigentum, also das Ergebnis allen Fleißes, belastet werden.

Siedlungsbau spielt in Vorarlberg eine untergeordnete Rolle. In einer Wohnung, ja gar in einer Mietwohnung zu leben, ist heute zwar nicht mehr so verpönt wie vor 20, 30 Jahren; das Maß aller Dinge ist aber noch immer das Haus auf eigenem Grund und Boden. Erst damit ist man eine richtige Vorarlbergerin, ein richtiger Vorarlberger.

Die Politisierung des Landes geschah durch die Zwänge des Alltags: Probleme wurden und werden ausschließlich „praktisch" gesehen. Ideologien und Philosophien konnten sich nie durchsetzen. Marxismus und

Sozialismus haben keinen Platz gefunden; sehr wahrscheinlich, weil es in Ermangelung einer Universität relativ wenige Intellektuelle gibt, die sich professionell damit beschäftigen. Auch die christliche Soziallehre wird nur in wenigen Kreisen theoretisch behandelt. Geisteshaltungen und Lebensphilosophien sind vielmehr das Ergebnis der Geschichte des Landes und der Kultur, die die Menschen hier entwickelt haben. Das wird nicht hinterfragt. Auch eine Antisemitismus-Debatte hat in dem Land nie stattgefunden. „Wir sind erschüttert und fragen uns, wie es sein kann, dass die Freiheitlichen in Hohenems nach den skandalösen Aussagen von Dieter Egger 38 Prozent der Stimmen erreichen konnten", meinte der in Linz lebende Karikaturist Gerhard Haderer nach der Landtagswahl im September 2009 in den VN. Egger hatte den Direktor des Jüdischen Museums in Hohenems, Hanno Loewy, als Exil-Juden bezeichnet. Das Wahlergebnis war laut Haderer ein Signal, „das auch in Oberösterreich mit großem Augenbrauenheben wahrgenommen wurde; nach diesen antisemitischen Äußerungen ist das von überregionaler Bedeutung."

In den Tagen nach der Landtagswahl beschäftigten sich Medien in ganz Österreich und darüber hinaus mit der Frage, wie es sein kann, dass nach dem Exil-Juden-Sager ein solches Wahlergebnis zustande kommen konnte. Die Vorarlbergerinnen und Vorarlberger waren auch überrascht: Sie allerdings verstanden nicht, warum man sagt, dass viele von ihnen eine antisemitische Agitation unterstützt haben. Sie haben das nicht so wahrgenommen. Weil nie eine ernsthafte Auseinandersetzung darüber stattgefunden hat, besteht nämlich kein alltagstaugliches Bewusstsein darüber, was Antisemitismus überhaupt ist.

Auf das Wahlergebnis reagierte die Landes-ÖVP pragmatisch: Weil der FPÖ-Erfolg vor allem auf ein dumpfes Unbehagen über Fremde, also Zuwanderinnen und Zuwanderer, zurückzuführen war, wurde im Landtag ein eigener Integrationsausschuss eingerichtet. Damit wird immerhin zum Ausdruck gebracht, dass es sich um eine umfassende Herausforderung handelt; dass Zuwanderung also keine Sicherheitsfrage ist, sondern vor allem eine (aus-)bildungs- und arbeitsmarktpolitische.

Gesellschaftspolitisch ist Vorarlberg indes konservativer als andere Bundesländer. Landeshauptmann Herbert Sausgruber (ÖVP) sorgte im Dezember 2009 österreichweit für Aufsehen, als er sich – mit Unterstützung der gesamten Landesregierung – gegen die eingetragene Partnerschaft für gleichgeschlechtliche Paare aussprach. „Wir sehen eine zu starke Annäherung an die Ehe", argumentierte er im Gespräch mit den VN: „Das lehnen wir ab." Auch eine feierliche Zeremonie, wie sie der Salzburger Vizebürgermeister Harry Preuner trauungswilligen Homosexuellen ermöglichen will, indem er ihnen den Marmorsaal des Schlosses Mirabell zur Verfügung stellt, ist in Vorarlberg undenkbar. Das werde es „sicher nicht" geben, betonte Sausgruber: Man werde dem Buchstaben des Gesetzes Genüge tun, also die Eintragung von Partnerschaften an den Bezirksverwaltungsbehörden ermöglichen, aber nicht mehr.

Die Haltung des Landeshauptmannes wird nicht von allen Vorarlbergerinnen und Vorarlbergern geteilt; nicht einmal von Parteifreundinnen und Parteifreunden Sausgrubers: Die ÖVP-Nationalräte Karlheinz Kopf und Anna Franz sowie die ÖVP-Bundesräte Magnus Brunner und Edgar Mayer stimmten im Parlament für die eingetragenen Partnerschaften. Der Umstand, dass es im Land keine größere Auseinandersetzung über die Position von Sausgruber und Co. gegeben hat, lässt aber darauf schließen, dass sie von vielen geteilt wird.

Die Vorarlbergerinnen und Vorarlberger seien die einzigen Österreicherinnen und Österreicher, die Föderalismus buchstabieren können, heißt es. Eigenständigkeit wird natürlich auch in Tirol oder etwa Kärnten großgeschrieben. Aber in Vorarlberg hat sie eine besondere Ausprägung. Schon die Landes-Verfassung macht das deutlich: Artikel 1 hat den Titel: „Staatsform, Staatshoheit." Und Absatz 3 lautet schließlich: „Als selbständiger Staat übt Vorarlberg alle Hoheitsrechte aus, die nicht ausdrücklich dem Bund übertragen sind oder übertragen werden." Soll heißen: Vorarlberg betrachtet sich selbst nicht nur als Land bzw. Teil eines Gesamtstaates. So weit wie möglich sieht es sich als Staat.

„Wien" als Sitz der Bundesregierung und des Parlaments hat das nicht nur im Falle der Schiffstaufe in Fußach zu spüren bekommen. Auch sonst gibt es immer wieder Widerstand aus Vorarlberg, wenn eine Entscheidung als Bevormundung oder gar als Machtbeschneidung betrachtet wird. In den letzten Jahren haben sich diesbezüglich vor allem Maßnahmen im Bereich der Krankenversicherung zu Reizfragen entwickelt. Wobei es oft nicht so sehr um die Sache, sondern ums Prinzip geht: Im Rahmen des Sozialrechtsänderungsgesetzes 2009 zog der Bund etwa die Aufsicht über die Krankenkassen, die er Ländern de facto geliehen hatte, zur Gänze an sich. Aus Sicht anderer Bundesländer war das eine „unschöne" Sache, die verschmerzbar war. Für Vorarlberg war das eine Unverschämtheit, die grundsätzlich abzulehnen ist, zumal sie eine zentralistische Geisteshaltung zum Ausdruck bringt.

Vorarlbergerinnen und Vorarlberger sind die nüchternsten Österreicherinnen und Österreicher. Großspuriges lehnen sie wie schon eingangs erwähnt ab. Das gilt auch für die politische Kommunikation. Wenn Bundeskanzler Werner Faymann (SPÖ) und Finanzminister Josef Pröll (ÖVP) davon sprechen, dass in der Staatsverwaltung bis 2013 immerhin 3,5 Milliarden Euro eingespart werden sollten, dann mag das gut klingen und da und dort auf Beifall stoßen. Aus Vorarlberg kommt jedoch eine dezente Anmerkung: Realistisch seien Einsparungen „in einer Größenordnung von 200 Millionen Euro", lässt Landeshauptmann Sausgruber wissen. Zusatz: „Plus/minus, wenn es hochkommt."

Walter Hämmerle

Ein Land in Insellage

Vorarlbergs Politik aus bundespolitischer Perspektive

Von Wien aus betrachtet ist das Ländle ein kleiner Flecken auf Erden hinter recht vielen Bergen. Umgekehrt betrachtet liegt wiederum von Bregenz aus gesehen die französische Hauptstadt Paris nur unwesentlich weiter als die Bundeshauptstadt – Bern, Zürich, Stuttgart, München, Turin oder Mailand liegen quasi vor der eigenen Haustür. Damit, so könnte man durchaus argumentieren, sei eigentlich alles gesagt über die geografischen und mentalen Perspektiven genauso wie über die wirtschaftspolitischen Bezugspunkte Vorarlbergs. Allerdings stehen dem die politischen Grenzen der Republik Österreich entgegen, die auch das Ländle miteinschließen.

Was nun von Ost nach West an Nachrichten aus dem fernen Wien über den Arlberg dringt, darüber entscheiden „Vorarlberger Nachrichten" und ORF in Gestalt seiner Nachrichtensendungen im Alleingang. In der umgekehrten Richtung fühlt sich dagegen niemand so recht als Informationsträger verantwortlich. Kein Wunder, dass der Informationsfluss in der Regel eher einem Rinnsal gleicht, das es nur in Ausnahmefällen zu einer Randnotiz aus der westlichsten Provinz im mit sich selbst beschäftigten Medienapparat der Metropole bringt.

Dabei gäbe es durchaus Interessantes zu berichten. Die Unterschiede im Parteiensystem und in der politischen Kultur sind tatsächlich bemerkenswert. Was zeichnet die politische Kultur Vorarlbergs aus bundespolitischer Perspektive im Guten wie im Schlechten aus? Der Schriftsteller Michael Köhlmeier gab darauf in einem Interview mit der Tageszeitung „Der Standard" am Höhepunkt des Landtagswahlkampfs 2009 folgende interessante Antwort: „Ich glaube, dass das politische Selbstverständnis der herrschenden ÖVP ein prä-demokratisches ist. Wer das Herz der ÖVP studieren will, der muss nach Vorarlberg gehen [...]. Demokratische Gepflogenheiten – dass es klar ist, dass die Opposition eine Gegenmeinung einnimmt, dass Politik aus dem Dialog oder dem Streitdialog zwischen Opposition und Regierungspartei entsteht – gelten bei den schon seit ewigen Zeiten in Vorarlberg herrschenden Schwarzen als merkwürdig."

An Köhlmeiers Einschätzung ist einiges dran, nur ist das wohl kaum ein typisches Kennzeichen der Vorarlberger Zustände, sondern zeichnet vielmehr jedes System mit struktureller, das heißt über Jahrzehnte andauernder Mehrheit einer politischen Gruppierung aus. Die Mentalität der Volkspartei im benachbarten Tirol oder im Wien näher gelegenen Niederösterreich entspricht dem ebenso wie jener der Sozialdemokratie in der Bundeshauptstadt, im Burgenland oder, um zwei regionale, aber internationale Beispiele anzuführen, jener der CSU in Bayern und der Südtiroler SVP: Wer sich an absolute Mehrheiten gewöhnt hat, sucht nach einem anderen Korrektiv, als es eine schwachbrüstige Opposition im Landesparlament darstellt. Hier zählen das parlamentarische Wechselspiel zwischen Mehrheit und Minderheit, die „Checks & Balances", nicht zur mentalen Grundausstattung der politischen Akteure. Im Gegenteil sogar. Und dass ein solches Politikverständnis nicht auf die Vertreter der Mehrheitspartei beschränkt bleibt, zeigt die häufige Beobachtung, dass die Repräsentanten der strukturellen Nummer zwei – frustriert von der Aussichtslosigkeit, jeweils zur Nummer eins aufzusteigen – in einem bemerkenswerten Akt politischer Selbstaufgabe ihr Demokratieverständnis jenem der jeweiligen Allmachtspartei anpassen. Gemeinhin weniger aus Zwang denn aus symbiotischer Absicht.

In solchen Fällen kontrolliert dann die Minderheit nicht länger die Mehrheit, sondern ist bemüht, an den Annehmlichkeiten unwidersprochenen Regierens mitzunaschen. Im diskreten Fall durch Stillschweigen, bei geringer ausgeprägter demokratiepolitischer Anständigkeit manchmal sogar durch Zustimmung bei Materien, bei denen ein Ja der Opposition schlecht zu Gesicht steht. Vorsichtig formuliert. Man kennt dies aus Wien, Kärnten, Niederösterreich, Tirol – und eben auch aus Vorarlberg. Doch diese Gedanken nur als Exkurs ...

... zurück zum Thema: der Suche nach dem typisch Vorarlbergerischen in der politischen Kultur. Anders als Köhlmeier erachte ich, wie gezeigt, die prä-demokratischen Elemente der Parteien im Land nicht als typisch. Etwas anderes aber sehr wohl: die – aus Sicht der Bundeshauptstadt – größere Autonomie der Zivilgesellschaft von den politischen Parteien.

Natürlich ist der Einfluss der Volkspartei fast allgegenwärtig – wie sollte es nach einer ununterbrochenen Machtausübung seit 1945 auch anders sein? Und natürlich existiert auch in Vorarlberg ein durchaus gut ausgebautes Netz miteinander verflochtener wirtschaftlicher und gemeinnütziger Unternehmungen im direkten oder indirekten Einflussbereich der Volkspartei. Allerdings kennt der Machtanspruch auch Grenzen, die vergleichbaren Mehrheitsverhältnissen in Ostösterreich fremd sind. Wer Niederösterreich, Burgenland oder Wien kennt, weiß, dass hier die dominierenden Parteien nicht mehr loslassen, worauf sie einmal die Hand gelegt haben. Wirtschaftliche Einflusssphären, Sportvereine, Kulturorganisationen und sonstige gesellschaftliche Bewegungen: Sie alle sind fest eingewoben in das Machtnetzwerk der strukturellen Mehrheitspartei – und gehören sie nicht zu eben diesem, so sind sie zumeist Teil des kümmerlichen Rests von Machtanspruch der politischen Konkurrenz. Entsprechend gestalten sich auch persönliche Karriereverläufe zwangsläufig und nahezu ausschließlich im Windschatten politischer Netzwerke der einen oder anderen Art.

Es wäre absurd – und soll hier auch in keiner Weise geschehen –, der Vorarlberger ÖVP Altruismus oder gar machtpolitische Selbstbescheidung zu unterstellen. Das hieße, das Wesen von Politik zu verkennen: Diese nimmt, was ihr zugestanden wird, es sei denn, eine andere Macht stellt sich ihr entgegen. Da andere Parteien für diese Aufgabe in Vorarlberg nicht in Frage kommen, muss sie von anderen Kräften erledigt werden.

Ein potenzieller Kandidat für diese Aufgabe sind zweifellos die Medien, wobei der Plural in diesem Zusammenhang etwas übertrieben anmutet: Außer den VN – die Rolle des Vorarlberger Medienhauses und seiner zahlreichen Tochterunternehmen hat in diesem Band an anderer Stelle breiten Raum – und dem ORF-Landesstudio ist kein Medium ein eigenständiger politischer Machtfaktor; geschweige denn, dass es von sich aus auf die Idee käme, einen solchen Anspruch zu erheben.

Bleiben also die Bürger, um den per se unersättlichen und absoluten Machtanspruch der Politik im Allgemeinen und einer einzelnen Partei im Besonderen zurückzuweisen. Naheliegenderweise sollten die Bürger für diesen Zweck eigentlich das Nächstliegende tun und einer anderen Partei ihres Geschmacks die Stimme geben. Tun sie aber nicht oder zumindest nicht in ausreichend großer Zahl, dass es einen Unterschied machen würde. Das konnte eben erst bei der jüngsten Landtagswahl wieder beobachtet werden. Daraus kann, wer will, ein Kompliment für die Volkspartei konstruieren oder eben eine Absage an alle politischen Konkurrenzunternehmen, denen eine überragende Mehrheit der Stimmbevölkerung schlicht nicht zutraut, das Land zu führen und die politischen Weichen richtig zu stellen (wenn man einmal von der durchaus berechtigten Frage absieht, inwiefern Politik im Allgemeinen und Landespolitik im Besonderen überhaupt in der Lage ist, Weichen zu stellen – und dann auch noch richtig!).

Nun ist es zweifellos so, dass die Grundkonstante der Mentalität der Vorarlberger in ihrer Nüchternheit liegt – bezogen nicht auf die regionalen Trinkgewohnheiten, sondern vielmehr auf ihre Art zu denken. Und in ihrer Prioritätensetzung, die in Fragen der *res publica* – jener Dinge also, die alle angehen – zweifellos das Wirtschaftliche ganz nach oben reiht. Selbstverständlich kommt auch die politische Rhetorik in Vorarlberg nicht ohne Gemeinsamkeit stiftende Mythen aus. Der geografischen Lage entsprechend sind diese gegen Wien und den von dort angeblich oder tatsächlich stets drohenden Zentralismus gerichtet. In dieser Hinsicht ist das Ländle nicht anders als jede andere Peripherie, die sich politisch und mental gegen das Zentrum behaupten will.

Das Besondere liegt hier vielmehr in einem fast vollständigen Verzicht auf linke Utopien. Auf den ersten Blick ist das wenig überraschend, schließlich ist die ÖVP eine Partei der rechten Mitte. Allerdings hält auch dieser Umstand andere ÖVP-Landesparteien und schon gar nicht die ÖVP-Bundespartei davon ab, vor Wahlen ihren potenziellen Wählern das Blaue vom Himmel zu versprechen. In höchster Not stimmt man hier sogar für Dinge, die man selbst zuvor jahrelang mit aller Kraft bekämpft hatte. So geschehen jüngst im Nationalratswahlkampf 2008, als die Volkspartei im Parlament für eine erneute Verlängerung der sogenannten Hacklerpension mitstimmte, um nicht am Höhepunkt der Wahlkampagne mit dem Kainsmal der „sozialen Kälte" von Medien und Mitbewerbern gebrandmarkt zu werden. (Der Verzicht auf linke Utopien kontrastiert dafür mit einem Beharren auf dem Mythos der heilen Familie, bestehend aus einem – am liebsten alleinverdienenden – Vater, einer die Kinder – bevorzugt ganztägig – umsorgenden Mutter und dem dazugehörenden Nachwuchs. In dieses die gesellschaftspolitische Realität tendenziell negierende Bild passt auch die im Dezember 2009 erklärte Bereitschaft der Ländle-ÖVP, die in Bundesgesetz gegossene Form der gleichgeschlechtlichen Partnerschaft auf eigenem Territorium tunlichst ignorieren zu wollen.)

Den Vorwurf der sozialen Kälte scheut zwar auch die Ländle-ÖVP und ihr seit 1997 amtierender Landeshauptmann wie der Teufel das Weihwasser; noch mehr allerdings fürchtet sie das Verdikt, sorglos mit den öffentlichen Finanzen umzugehen. Für Ersteres gescholten zu werden, macht Parteien und Politiker zwar auch – von Wien aus betrachtet – hinter dem Arlberg nicht populär; ein achtloser Umgang mit Geld hingegen kommt für einen Bürger im Ländle einer gesellschaftlichen Ächtung gleich. Für Politiker bedeutet es in den Augen der überwiegenden Mehrzahl der Bürger die berufliche Todsünde schlechthin.

Diese Grundkonstante gilt natürlich für alle Bewerber am politischen Parkett. Das begrenzt selbstredend den Aktionsspielraum der Opposition, deren Privileg von alters her das Fordern und nicht das Finanzieren ist, empfindlich. Und dies wiederum setzt die Mehrheitspartei in einen relativen strategischen Wettbewerbsvorteil. Was für ein Unterschied zum ganzen Rest von Österreich, wo staatliche bzw. landesfürstliche Fürsorgeversprechen im Gegenzug für entsprechendes Stimmverhalten vor den Augen aller öffentlich getauscht werden.

Herbert Sausgruber darf getrost als exemplarische Verkörperung für das Politikverständnis der Vorarlberger gelten. Der Landeshauptmann steht seit April 1997 an der Spitze des Landes und man kann annehmen, dass ein Politiker seiner Art wohl in keinem anderen Bundesland zum Stimmenmagnet werden könnte: Der studierte Jurist drechselt im Gespräch mit Journalisten Schachtelsätze von formvollendeter Schönheit, die ihn in diesem Wettbewerb zum konkurrenzlosen Anwärter auf die Nachfolge Franz Vranitzkys adeln. Sogar eine politische Kampfansage an die Bundesregierung verpackt Sausgruber in den dritten Nebensatz. Einzig der Burgenländer Hans Niessl von der SPÖ, in Gestus und Sprache seinem Kollegen aus dem äußersten Westen eng verwandt, verfügt über ein ähnlich gelagertes Polit-Image.

Aufgrund der geografischen Entfernung, der geringen Größe sowie der besonderen medialen Insellage ist der Vorarlberger Landeshauptmann auf den innenpolitischen Seiten der Medien in der Bundeshauptstadt ein selten gesehener Gast. Eine wenn auch zugegebenermaßen nur oberflächliche Recherche in der Austria Presse Agentur weist ihm bei der Häufigkeit der Nennung aller neun Landeshauptleute den letzten Platz zu. In dieser Hinsicht war der verstorbene Kärntner Landeschef Jörg Haider, nicht zuletzt aufgrund seiner innerparteilichen Rolle bei FPÖ bzw. BZÖ, die unangefochtene Nummer eins. Auf den weiteren Plätzen folgen der Wiener Bürgermeister Michael Häupl (SPÖ) sowie Niederösterreichs starker Mann Erwin Pröll (ÖVP).

Dabei ist Sausgruber für Medien in der Bundeshauptstadt durchaus ein interessanter Gesprächspartner, steht er doch seit Jahren in der ersten Reihe, wenn es um Verhandlungen über den Finanzausgleich zwischen Bund, Ländern und Gemeinden geht; und selbstredend gehört es zum Selbstverständnis jedes Vorarlberger Landeshautmannes, zu allen Fragen, die den Föderalismus bzw. damit zusammenhängende Verwaltungsreformen betreffen, das Wort zu ergreifen. Mit ein Grund für die geringe Präsenz Sausgrubers in den – im Ländle mitunter abwertend abqualifizierten – „Wiener Medien" ist wohl auch das für Landeshauptleute unterdurchschnittlich ausgeprägte Bedürfnis, sich auf Kosten der eigenen Bundespartei politisch zu profilieren.

Allenfalls vor Landtagswahlen wird auch im Ländle regelmäßig auf den im Bundesstaat Österreich außerordentlich beliebten Reibebaum „Bundesregierung" zurückgegriffen: Sowohl 2004 als auch 2009 mimte der Landeshauptmann den öffentlichkeitswirksamen Beschützer der Vorarlberger Gebietskrankenkasse vor dem Zugriff der „Wiener Raubritter". Der Bund ist für jeden Landeshauptmann ein dankbarer Gegner angesichts nahender Wahlkampagnen. Sausgruber greift zwar selten wie kein anderer Landeshauptmann auf dieses prägende Stilmittel österreichischer Politik zurück, ganz ohne dieses kommt aber auch er nicht aus.

Im Schatten des Landeshauptmanns gelingt es kaum einem anderen Landespolitiker, sich ein bundespolitisches Profil zu erarbeiten. Am ehesten trifft dies noch auf die jeweiligen Repräsentanten der Vorarlberger FPÖ zu. Dies deshalb, weil den Ländle-Blauen traditionell bundespolitisch der Ruf vorauseilt, verhältnismäßig gemäßigte Repräsentanten ihrer Gesinnungsgemeinschaft zu sein. Dem verdankte etwa Hubert Gorbach seinen rasanten Aufstieg vom Vorarlberger Landesrat zum Infrastrukturminister und schließlich Vizekanzler in den hektischen und turbulenten Tagen der schwarz-blau-orangen Koalition. Auch Dieter Egger profilierte sich als Vertreter einer im Vergleich zur Bundes-FPÖ unter Heinz-Christian Strache bürgerlich-liberalen freiheitlichen Landespartei, der auch nicht davor zurückscheute, sich von Stil und Tonalität des eigenen Bundesparteiobmanns kritisch zu distanzieren. Dieses Image hat er jedoch in der Auseinandersetzung mit dem Leiter des Jüdischen Museums in Hohenems, Hanno Loewy, im Zuge des Landtagswahlkampfs 2009 aus wahltaktischen Gründen nachhaltig ramponiert.

Die besondere Natur der Vorarlberger FPÖ hat zweifellos mit den Eigenheiten des politischen Biotops vor Ort zu tun. Die Freiheitlichen verfügten seit jeher über eine starke Verankerung in der Bevölkerung; in einzelnen Gemeinden gelang es der Partei sogar, Strukturen einer genuinen Volkspartei aufzubauen. In Gemeinden wie der Marktgemeinde Lustenau geben bei den älteren Bürgern der schwarze Seniorenbund und der freiheitliche Seniorenring den Ton an; die eine Fußballmannschaft ist blau (FC Lustenau), die andere ist schwarz (Austria Lustenau); das Gleiche spielt sich bei den Musikvereinen und anderen Institutionen ab. Statt der im Rest-Österreich traditionellen rot-schwarzen Dichotomie existiert in Teilen Vorarlbergs eine schwarz-blaue Teilung. Diese überdurchschnittlich tiefe Verankerung der FPÖ bei regionalen und lokalen Eliten sorgte und sorgt für die bürgerliche Erdung der Partei. (Beim zum Vizekanzler der Republik aufgestiegenen Hubert Gorbach dürfte diese Erdung, dies nur als anekdotische Ergänzung, allerdings gründlich versagt haben. Ungewohnt für einen Alemannen, denen man doch gemeinhin ein gesundes Maß an Bodenhaftung nachsagt, kursierten in der Tratsch seit jeher nicht abgeneigten Bundeshauptstadt innerhalb kürzester Zeit unzählige G'schichterln über die diversen Eitelkeiten des Aufsteigers, der die „Posten im Osten" so gerne „den Besten aus dem Westen" vorbehalten sehen wollte.)

Besonders ist auch die spezielle Natur der Vorarlberger SPÖ, der es seit ihrer Existenz nie gelang, den Charakter einer Nischenpartei abzulegen und zu einer Volkspartei zu mutieren. Natürlich ist dies primär auf die soziodemografische Struktur des Landes zurückzuführen. Es fehlen große Industriekonzerne, die einst starke Textilindustrie ist ihrer Natur nach aufgrund des großen Anteils von Heimarbeitern dezentral organisiert; ohne Universität gelang nie der Aufbau jener intellektuellen Netzwerke, die oft die Grundvoraussetzung für die Entstehung eines linksliberalen Milieus im Lande selbst bilden. Es belegt aber auch die Unfähigkeit dieser im Rest Österreichs staatstragenden Partei, ein der besonderen Mentalität des Landes angepasstes politisches Konzept zu entwickeln. Den Grünen ist dies seit ihrer Etablierung in den 80er-Jahren durchaus gelungen. Tatsächlich hat die Öko-Partei gute Chancen, sich als drittstärkste Kraft im Land hinter ÖVP und Freiheitlichen, aber noch vor der SPÖ, zu etablieren. Auch diese Reihenfolge in der Parteienhierarchie kann übrigens durchaus und in deutlicher Abgrenzung zur Politik in Rest-Österreich als Charakteristikum der Vorarlberger Landespolitik betrachtet werden.

Peter Bußjäger

„Wir sind immer Föderalisten gewesen!"

Vorarlberg und sein Verhältnis zum Bundesstaat

Föderalistische Klischees und ihre Hintergründe

Das kleine Vorarlberg, das sich am 3. November 1918 „auf Grund des Selbstbestimmungsrechtes als eigenes, selbständiges Land im Rahmen des deutsch-österreichischen Staates"[1] erklärt hatte, spielte schon anlässlich der Bundesstaatsgründung Österreichs in den Jahren 1918 bis 1920 eine wichtige Rolle. Der damalige Landeshauptmann Otto Ender hatte in einer fulminanten Rede im Rahmen der Länderkonferenz vom 31. Jänner 1919 den anwesenden Vertretern der Länder und der Zentralregierung das Wesen des Föderalismus verdeutlicht.[2] Auf eine Widerrede eines Sozialdemokraten, wonach gerade sich jene zum Föderalismus bekennen würden, die früher der Zentralgewalt bedingungsloses Vertrauen entgegengebracht hätten, äußerte Ender in einem Zwischenruf: „Wir sind immer Föderalisten gewesen", dem der Redner mit dem auch heute sinngemäß immer wieder gehörten Satz begegnete: „Bei den Vorarlberger Herren mag das ja anders sein."[3]

Die Vorarlberger oder besser ihre politische Elite hatte sich offenbar schon damals den Ruf als Föderalisten erworben, wobei allerdings die Treue der Vorarlberger zum Kaiser stets außer Streit gestanden war. Zurückzuführen sein mag der föderalistische Ruf der Vorarlberger auf ihre bereits vor 1918 intensiv artikulierten Forderungen, als eigenes Kronland anerkannt zu werden, wobei jedoch ein tatsächlicher Föderalismus etwa nach Schweizer Vorbild oder nach Muster des Deutschen Reiches nie öffentlich zur Diskussion gestellt worden war.

In der Zweiten Republik hatte der Vorarlberger Landeshauptmann Ulrich Ilg im Rahmen der Länderkonferenz vom 24. September bis 26. September 1945 ähnlich wie ehedem Otto Ender massiv dazu beigetragen, dass Konsens über die neuerliche föderalistische Ordnung Österreichs erzielt wurde. Ereignisse wie Fußach 1964, aber auch die Volksabstimmung über ein Zehn-Punkte-Programm des Landtages im Gefolge der Initiative „Pro Vorarlberg" 1980 trugen dazu bei, in Österreich das Image oder auch das Klischee der besonders föderalistisch eingestellten Vorarlberger in Österreich zu festigen. Föderalismus und Vorarlberg wurden einander praktisch gleichgesetzt.

Der vorliegende Beitrag wird sich mit der Frage auseinandersetzen, inwieweit diese Vorstellungen auch heute noch Gültigkeit beanspruchen können und wie es um die föderalistische Einstellung der Vorarlbergerinnen und Vorarlberger im Detail bestellt ist.

Zur empirischen Realität des Föderalismus in Vorarlberg

Vorarlberg als Motor von Reformen im Bundesstaat

Zur Geschichte der auch heute noch in den Kreisen der Österreicher und Österreicherinnen, die überhaupt wissen, was der Begriff Föderalismus bedeutet (das sind noch weniger als jene wenigen, die der Meinung sind, dies zu wissen), gängigen Verknüpfung von Vorarlberg mit Föderalismus gehört der empirische Befund, dass Vorarlberg über Jahrzehnte maßgeblicher Motor föderalistisch orientierter Reformen im Bundesstaat war. Dies begann bereits in den 1950er-Jahren, wobei die Verdienste des damaligen Landesamtsdirektors Elmar Grabherr – und zwar für die Entwicklung des Föderalismus in Österreich insgesamt – nicht hoch genug eingeschätzt werden dürfen. Unter maßgeblicher Beteiligung Vorarlbergs formulierten die Landeshauptleute 1964 ihren ersten Forderungskatalog gegenüber der Bundesregierung.[4]

Wichtige Akteure auf Landesseite waren auf der politischen Ebene zunächst die jeweiligen Landeshauptmänner Ulrich Ilg und Herbert Kessler. In einer zweiten Phase der föderalistischen Entwicklung waren dies die Landeshauptmänner Martin Purtscher und Herbert Sausgruber sowie der spätere Bundesratsvorsitzende Jürgen Weiss.

Wenn daher etwa mit der Bundesverfassungsnovelle des Jahres 1974 einer der wenigen föderalistischen Fortschritte seit 1945 erzielt werden konnte, war dies gewiss zu einem nicht geringen Teil den beharrlichen Bemühungen Vorarlbergs gedankt. Später konnte immerhin noch 1984 die „Verländerung" der Wohnbauförderung und die Rolle des Bundesrates gestärkt werden, indem ihm Zustimmungsrechte bei Verfassungsänderungen zu Lasten der Länder eingeräumt wurden. Im Vorfeld hatte die Vorarlberger Volksabstimmung 1980 über ein Zehn-Punkte-Programm (dazu noch später) eine durchaus unterstützende Rolle gespielt.

Nach dem Scheitern der auf politischer Ebene weitgehend paktierten Strukturreform des Bundesstaates 1989 bis 1994 machte sich freilich bei den politischen Akteuren Enttäuschung breit. Vor allem die Überzeugung von der Reformfähigkeit des österreichischen Bundesstaates nahm schweren Schaden.

Dennoch blieb Vorarlberg auch weiterhin in fast allen maßgeblichen Expertengremien, die sich später mit der Reform des Bundesstaates auseinandersetzten, vertreten. Gewisse kleinere Erfolge, wie etwa die Verwaltungsreform 2001, gelangen auch. Im Österreich-Konvent wurde die Leitung der Arbeitsgruppe 5, die sich mit der Reform der Kompetenzverteilung befassen sollte, dem Autor dieses Beitrags anvertraut. Landeshauptmann Herbert Sausgruber sowie Jürgen Weiss waren auf der politischen Ebene immer wieder in den Arbeitsgruppen vertreten.

Föderalismus kein Elitenthema?

Der Umstand, dass der Föderalismus in der politischen Elite in Vorarlberg mehr oder weniger gut verankert ist, besagt für sich noch nicht, dass Föderalismus in Vorarlberg mehr als ein bloßes Elitenthema ist. Der empirische Befund gibt gewisse Hinweise:

Eine Untersuchung aus dem Jahre 1992 ergab eine grundsätzlich positive Einstellung der Vorarlberger Bevölkerung zum Föderalismus. Fast 60 Prozent traten für einen Ausbau der Rechte der Länder ein.[5]

Neuere Umfragen lassen darauf schließen, dass die Unterstützung föderaler Institutionen wie des Landtags in Vorarlberg weiterhin hoch ist.[6] Der Anteil der Personen, für die der Landtag oder die Existenz des „Landes" als Entscheidungsträger von Bedeutung ist, liegt bei ungefähr 80 Prozent.

Die Volksabstimmung vom 15. Juni 1980, zu der es aufgrund des öffentlichen Drucks von Medien und der Initiative „Pro Vorarlberg" gekommen war,[7] könnte kritisch als Instrumentalisierung der Bevölkerung zugunsten separatistischer Ambitionen der politischen Elite interpretiert werden, was sie definitiv nicht war. Der Landtag hatte aus den ursprünglich radikalen Vorstellungen der Initiative ein relativ moderates Zehn-Punkte-Programm gemacht, das heute zu den gängigen Inhalten föderalistischer Länderforderungen zählt.[8]

Auch wenn die Vorarlberger mit keiner allzu großen Begeisterung zur Abstimmung schritten, das Votum war letztlich doch beeindruckend. Dies alles deutet darauf hin, dass Föderalismus in Vorarlberg eben mehr als ein bloßes Elitenthema ist, auch wenn eine Reihe von Unschärfen in der öffentlichen Wahrnehmung dieses Begriffes damit verbunden sein dürfte.

Eine große Rolle spielten in der Vergangenheit auch die „Vorarlberger Nachrichten". Sie unterstützten mit Nachdruck föderalistische Anliegen. Die Ereignisse rund um „Fußach" 1964 waren wesentlich auch von dieser Tageszeitung initiiert, genauso aber propagierte diese Tageszeitung „Pro Vorarlberg" und dessen Anliegen. Die hohe Beteiligung bei der Volksabstimmung 1980 dürfte auch dem Engagement der „Vorarlberger Nachrichten" zu verdanken gewesen sein.

Die eingangs zitierten Umfragen werfen allerdings nur Streiflichter auf das föderalistische Bewusstsein der Vorarlbergerinnen und Vorarlberger. Es kann daher letztlich nur vermutet werden, dass das Föderalismusverständnis im traditionellen Sinne einem Wandel unterworfen ist. Föderalismus ist immer weniger aus Prinzip gut, sondern wird als Instrument verstanden, auch als Instrument für mehr Effizienz. Daraus ergibt sich, dass die Institutionen der Bundesstaatlichkeit, Landesregierung und Landtag heute auch in Vorarlberg einem Rechtfertigungsdruck ausgesetzt sind, der in der Vergangenheit unbekannt war.

Föderalismus und die politischen Parteien

Innerhalb der politischen Parteien Vorarlbergs war es naturgemäß in erster Linie die ÖVP, die sich als Föderalismuspartei profilierte. Allerdings spielte auch die FPÖ auf dem Föderalismusklavier, zuweilen sogar stärker als die ÖVP, wie insbesondere im Umfeld der „Pro Vorarlberg"-Bewegung.[9] Jedenfalls wurden in den vergangenen Jahrzehnten föderalistische Positionierungen der Mehrheitspartei ÖVP von der FPÖ im Wesentlichen mitgetragen. Wie sich die föderalistische Einstellung nach dem Ausscheiden der FPÖ aus der Landesregierung weiter entwickeln wird, bleibt abzuwarten.

Neben zwei prononcierten Föderalismusparteien taten sich die Sozialdemokraten in der Vergangenheit naturgemäß schwer, sich föderalistisch zu profilieren. Während aber die Sozialdemokraten noch im Landtag der Ersten Republik erklärt hatten, den Bundesstaat eigentlich nicht gewollt zu haben,[10] bekannten sie sich nach 1945 klar und zwar schon vor „Fußach“ zur Eigenständigkeit des Landes.[11]

Ein nicht ganz einfaches Verhältnis zum Föderalismus hatten die Grünen, die seit 1984 ununterbrochen dem Landtag angehören, auch wenn Eigenständigkeit stets mitgetragen wurde. So wird in einer unlängst erschienenen Geschichte der Anfänge der Grünen in Vorarlberg Föderalismus als reaktionär-konservativ hingestellt,[12] obgleich es gerade die föderale Konstruktion Österreichs war, die den Grünen zuerst in Vorarlberg, dann auch in anderen Bundesländern den Weg in die Landesparlamente geebnet hatte, was dann auch den Einzug in den Nationalrat erleichterte.

(Kein) Föderalismus auch nach unten? Das Land und die Gemeinden

Anton Pelinka hat in einer länger zurückliegenden Darstellung[13] der ÖVP den Vorwurf gemacht, nach innen, nämlich gegenüber den Gemeinden, nicht jene föderalistische Einstellung zu zeigen, die gegenüber dem Bund artikuliert wurde, während sich hingegen die SPÖ zur Fürsprecherin einer Stärkung der Gemeindeautonomie machte.[14] Pelinka begründete dies unter anderem mit dem etwas krausen Argument, dass es in Vorarlberg keine Stadt mit eigenem Statut (eine solche ist gleichzeitig auch Bezirkshauptmannschaft für das jeweilige Stadtgebiet) gebe (Statutarstädte sind beispielsweise alle anderen Landeshauptstädte mit Ausnahme von Wien). Als ob es etwas mit Föderalismus zu tun hätte, dass die Landeshauptstadt Bregenz keine eigene Bezirksverwaltungsbehörde bilden würde![15]

Empirisch nachgewiesen ist ein Landeszentralismus indessen nicht. Analysiert man beispielsweise die Landtagsdebatten, zeigt sich, dass ein Allparteienkonsens darüber bestand, dass Gemeinden und ihre Autonomie prinzipiell positiv zu bewerten sind.[16] Dass es Konflikte zwischen Land und Gemeinden geben kann, ist in keinem Fall ausgeschlossen.

Offen zutage tretende Konflikte zwischen Land und Gemeinden gibt es indessen wenige. Die durchschnittliche Gemeindegröße der 96 Gemeinden in Vorarlberg bewegt sich unwesentlich über dem österreichischen Schnitt. Es gibt eine größere Zahl von Kleingemeinden mit unter 1000 Einwohnern.

Eine Debatte über Gemeindefusionierungen in Vorarlberg hat bisher nur ansatzweise stattgefunden und schon gar nicht darüber, derartige Fusionierungen mit Zwang durchzusetzen. Die Kompetenzausstattung der Gemeinden ist im Wesentlichen bundesverfassungsrechlich vorgegeben. Auch vor diesem Hintergrund lässt sich kaum behaupten, dass das Land gegenüber den Gemeinden zentralistisch agiert.

Schwieriger ist die Beurteilung hinsichtlich der Gemeindefinanzen. Die finanzielle Ausstattung mancher Gemeinden ist tatsächlich prekär. Freilich beziehen auch die Gemeinden ihr Einkommen im Wesentlichen über den bundesweit ausgehandelten Finanzausgleich.

Ausblick

Ob und wie lange Vorarlberg weiterhin Fackelträger des Föderalismus sein wird, ist offen. Möglicherweise werden sich bestimmte Unterschiede in den Haltungen der Menschen gegenüber dem Föderalismus mit der Zeit einebnen.

Auf der anderen Seite ist damit nicht gesagt, dass eine solche Entwicklung notwendigerweise zulasten des Föderalismus gehen muss. Es gibt lebendige föderale Systeme ohne ausgeprägtes Regionalbewusstsein. Föderalismus muss sich in einem solchen Fall dann eben anders als nur unter Berufung auf Identität definieren, sondern muss sich den Bürgerinnen und Bürgern als Instrument zu mehr demokratischer Leistungsfähigkeit und Effizienz im Staat beweisen. Vor dem Hintergrund der bisherigen Leistungen in Vorarlberg, das in vielen Bereichen, von der Sozialhilfe angefangen, über Umweltschutz, energiesparende Bauweise und Architektur, zu einem Vorreiter in Österreich wurde, sollte das möglich sein. Mitentscheidend dafür wird jedoch sein, inwieweit es der politischen Führung gelingt, die Landesverwaltung weiterhin zu Innovation und österreichweiten Spitzenleistungen zu motivieren. Dies wird aber nur dann möglich sein, wenn sie selbst an die Leistungsfähigkeit des Föderalismus glaubt.

Anmerkungen

1 So der Wortlaut der Selbständigerklärung vom 3. November 1918.
2 Zitiert nach Bußjäger, Peter (2004). Landesverfassung und Landespolitik in Vorarlberg – Die Verfassungsgeschichte Vorarlbergs und ihre Auswirkungen auf die Landespolitik 1848–2002, Graz/Feldkirch, 43.
3 Ebd.
4 Vgl. Bußjäger, Peter (2007). Bundesstaatsreform darf keine Einbahnstraße sein!, in: Lienbacher, Georg/Thanner, Theo/Tschirf, Matthias/Weiss, Katharina (Hg.): Jürgen Weiss – Ein Leben für Staat und Gesellschaft, Wien/Graz, 301.
5 Vgl. Kindl, Gotthard/Preglau, Max/Preglau-Hämmerle, Susanne (1992). Akzeptanz des Föderalismus in Vorarlberg. Eine demoskopische Bestandsaufnahme, Innsbruck, 116.
6 Dieses Ergebnis zeigt eine 2008 durchgeführte Umfrage im Auftrag des Instituts für sozialwissenschaftliche Regionalforschung zum Vorarlberger Landtag sowie die Studie Bußjäger, Peter/Karlhofer, Ferdinand/Pallaver, Günther (2010). Föderalistisches Bewusstsein in Österreich. Regionale Identitätsbildung und Einstellung der Bevölkerung zum Föderalismus, Innsbruck.
7 Vgl. dazu grundlegend Bußjäger, Peter (2005). Retrospektive 25 Jahre Volksabstimmung „Pro Vorarlberg" – Vorarlberg zwischen Separatismus und Föderalismus?, in: Montfort 2005/2, 193ff.
8 Vgl. ebd., 207ff.
9 Vgl. Wanner, Gerhard (2000). Parteien und Parteipolitik, in: Dachs, Herbert/Hanisch, Ernst/Kriechbaumer, Roland (Hg.): Geschichte der österreichischen Bundesländer seit 1945, Bd. 6/4 Vorarlberg, hg. von Mathis, Franz/Weber, Wolfgang, Wien et al., 438.
10 So die Aussage des sozialdemokratischen Abg. Linder im Jahre 1920 im Landtag: „Wir sind von allem Anfang dafür eingetreten, dass dieses Österreich als ein Einheitsstaat konstituiert wird. Wir sind dafür eingetreten, dass der Länder-Separatismus innerhalb der Republik aufhören müsse […]" (zitiert nach Bußjäger, Peter (2004). Landesverfassung und Landespolitik in Vorarlberg – Die Verfassungsgeschichte Vorarlbergs und ihre Auswirkungen auf die Landespolitik 1848–2002, Graz/Feldkirch, 61).
11 Vgl. Wanner, Gerhard (2000). Parteien und Parteipolitik, in: Dachs, Herbert/Hanisch, Ernst/Kriechbaumer, Roland (Hg.): Geschichte der österreichischen Bundesländer seit 1945, Bd. 6/4 Vorarlberg, hg. von Mathis, Franz/Weber, Wolfgang, Wien et al., 429.
12 Vgl. Rösch-Wehinger, Anna (2009). Die Grünen in Vorarlberg. Von den sozialen Bewegungen zur Partei, Innsbruck et al., 106.
13 Vgl. Pelinka, Anton (1982). Die Ordnung der Macht, in: Dermutz, Susanne/Klein, Peter/Nick, Rainer/Pelinka, Anton: Anders als die Anderen?, Bregenz, 38ff.
14 Vgl. ebd., 41.
15 Vgl. ebd., 38. In Wirklichkeit handelt es sich um ein tiefgreifendes bundesstaatstheoretisches Missverständnis, bloße Verwaltungskompetenzen mit Föderalismus gleichzusetzen. Dass Wissenschafter wie Pelinka einem solchen Irrtum unterliegen, zeigt die Theorieferne des föderalistischen Diskurses in Österreich.

16 Vgl. Bußjäger, Peter (2009). Der Vorarlberger Landtag und die Gemeinden im Spiegel der Landtagsdebatten 1861–2008, in: Nachbaur, Ulrich/Niederstätter, Alois (Hg.): 200 Jahre Gemeindeorganisation in Vorarlberg, Bregenz, 39ff.

Martina Büchel-Germann

Vorarlberg und Europa

Vertretung von Vorarlberger Interessen auf europäischer Ebene

Vorarlberg als europäischer Akteur

Vorarlberg – der westlichste Gliedstaat Österreichs – liegt aus österreichischer Sicht peripher: 80 Prozent der Landesgrenzen sind Grenzen zum Ausland, zu Deutschland, der Schweiz und Liechtenstein. Die Grenze zum restlichen Österreich verläuft im Hochgebirge. Diese in Österreich exponierte Lage bedingt seit jeher eine stark grenzüberschreitende Orientierung Vorarlbergs,[1] auch der Vorarlberger Wirtschaft, die die höchste Exportquote unter den österreichischen Ländern aufweist. Der ehemalige Landeshauptmann Vorarlbergs, Dr. Martin Purtscher, war deshalb einer der ersten österreichischen Politiker, der sich nachdrücklich für einen Beitritt Österreichs zum damaligen Europäischen Wirtschaftsraum (EWR) bzw. zur damaligen Europäischen Wirtschaftsgemeinschaft (EWG) ausgesprochen hat.[2]

Trotz dieser langen Tradition an grenzüberschreitenden Kontakten und europäischer Positionierung weist Vorarlberg im Hinblick auf die Vertretung seiner Interessen auf europäischer Ebene eine Besonderheit auf: Im Gegensatz zu den anderen österreichischen Ländern, die ein Verbindungsbüro (VBB) in Brüssel eingerichtet haben, um direkt vor Ort Lobbying bei der Europäischen Union betreiben zu können, verfügt Vorarlberg über keine derartige Einrichtung. Vorarlberg kann allerdings auf ein enges – aus den grenzüberschreitenden Beziehungen resultierendes – Netzwerk im Bodensee- und im Alpenraum zurückgreifen und verfügt wie alle anderen österreichischen Länder über eine die integrationspolitischen Aktivitäten koordinierende Europaabteilung im Amt der Landesregierung.[3]

Motive und Ziele der Interessenvertretung Vorarlbergs

Europa konstruktiv und kritisch mitgestalten – dieses Ziel verfolgt die Vorarlberger Landesregierung. Landeshauptmann Dr. Herbert Sausgruber hat in seiner Regierungserklärung vor dem Vorarlberger Landtag vom 4. November 2009 unter dem Titel „Europa der Regionen" festgehalten, dass „die Europäische Union [...] kleinen Ländern und Regionen vielfältige Möglichkeiten und Chancen [eröffnet]." Er hat darauf hingewiesen, dass wichtige Themen auf europäischer Ebene abzustimmen sind: „Viele der aktuellen Herausforderungen können nur gemeinsam gemeistert werden, so in der Finanz- oder Umweltpolitik, in der nachhaltigen Entwicklung, in der Migrationspolitik. Auch bei der Krisenbekämpfung hat die EU positive Beiträge zum Wiederaufschwung geleistet. Wir brauchen eine Europäische Union, die in einer globalisierten Welt politisch und wirtschaftlich Einfluss nehmen kann." Daneben hat Landeshauptmann Dr. Herbert Sausgruber die Bedeutung der regionalen Spielräume hervorgehoben: „Es braucht aber auch Spielräume für Regionen und Verfahren, um diese Spielräume abzusichern. Der EU-Vertrag von Lissabon wird hier neue Möglichkeiten bieten, die es zu nutzen gilt."[4]

Die Regierungserklärung 2009 spiegelt wider, was die Leitmotive der Vorarlberger Interessenvertretung gegenüber den europäischen Institutionen sind: das Europa der Regionen, mehr Subsidiarität, mehr Föderalismus. Die Vorgaben für die Gesetzgebung und der finanzielle Spielraum sind so zu gestalten, dass ein vernünftiges, faires Gleichgewicht zwischen notwendigem, großem Rahmen und Gestaltungsspielraum für Mitgliedstaaten und Regionen für die Weiterentwicklung von besseren Ideen und Alternativlösungen gegeben ist. Nationale und regionale Spielräume sollen nicht als Irritation des Gesamtgeschehens, sondern als Grundlage für einen fruchtbaren Wettbewerb gesehen werden.[5]

In diesem Sinn brachte beispielsweise Landeshauptmann Dr. Sausgruber – als Ländervertreter gemeinsam mit Landeshauptmann a.D. Dr. Franz Schausberger – die Länderinteressen in die Regierungskonferenz 2003/2004[6] ein. Die Länder lehnten – vor dem Hintergrund der Erhaltung regionaler Spielräume – unter anderem EU-Kompetenzen zur Ausgestaltung der Leistungen der Daseinsvorsorge ab, forderten ein primärrechtlich verankertes Klagerecht der Regionen mit Gesetzgebungsbefugnissen bei Verletzung des Subsidiaritäts- und Verhältnismäßigkeitsprinzips und eine aktive Klagslegitimation für Regionen, sofern und soweit dies vom Mitgliedstaat entsprechend notifiziert wird. Ebenfalls kritisch gesehen wurde die zu weit gehende Binnenmarktkompetenz der Europäischen Union.

Instrumente der Interessenvertretung Vorarlbergs

Die Vermittlung regionaler Interessen gegenüber den europäischen Institutionen findet generell über verschiedene Wege statt. Zum einen wird unterschieden, in welchem Rahmen sich die Einflussnahme abspielt: Indirekte Interessenvertretung bezeichnet die regionale Interessenvertretung innerhalb der nationalstaatlichen Verfahren bzw. die Vermittlung regionaler Interessen in den europäischen Politikprozess durch nationale Akteure. Direkte regionale Interessenvertretung erfolgt ohne Zwischenschaltung nationaler Akteure unmittelbar gegenüber den europäischen Institutionen. Zum Zweiten wird zwischen informellen und formellen, im Rahmen institutionalisierter Verfahren stattfindenden, Formen regionaler Mitwirkung unterschieden.

Indirekte Interessenvertretung: Mitwirkung der österreichischen Länder in EU-Angelegenheiten

Bereits vor dem Beitritt Österreichs zur Europäischen Union wurde ein Verfahren der Länderbeteiligung zur Einbringung regionaler Interessen über den Bund in den EU-Willensbildungsprozess etabliert. Die wichtigsten Elemente der Länderbeteiligung[7] – soweit sie die indirekten, formellen Einflussnahmemöglichkeiten betreffen – sind:

- die unverzügliche Informationspflicht der Bundesregierung gegenüber den Ländern über alle Vorhaben im Rahmen der Europäischen Union;
- die Möglichkeit der Länder, die Bundesregierung bei Verhandlungen und Abstimmungen im Rahmen der Europäischen Union zu binden.

Die Länderstellungnahmen kommen größtenteils im Wege einer durch die Verbindungsstelle der Bundesländer[8] durchgeführten Länderumfrage oder manchmal im Wege von Länderexperten-, Landesamtsdirektoren- oder Landeshauptleutekonferenzen zustande. Bis 31. Jänner 2008 haben die Länder 75 sogenannte „einheitliche", also den Bund bindende Stellungnahmen abgegeben. Noch größer ist die Zahl der gemeinsamen Länderstellungnahmen, nämlich 60 von 2005 bis 2008.[9] Das sind jene Länderpositionen, die die Bundesregierung zwar nicht binden, aber von dieser entsprechend zu erwägen sind.

Der Vorschlag der Europäischen Kommission vom 2. Juli 2008 für eine Richtlinie über die Ausübung der Patientenrechte in der grenzüberschreitenden Gesundheitsversorgung (Patientenmobilitätsrichtlinie)[10] ist Beispiel dafür, dass sich die Länder – in diesem Fall federführend durch Vorarlberg – der innerstaatlichen Mitwirkungsrechte bedienen. Hauptkritikpunkte Vorarlbergs und der anderen Länder am Richtlinienvorschlag waren Unklarheiten bei der Frage, welche Kosten inländische Krankenanstalten ausländischen Patienten verrechnen dürfen bzw. ob eine die Gesamtkosten abdeckende Verrechnung zulässig ist. Weiters wurden die zu restriktiven Bedingungen, unter denen ein System der Vorabgenehmigung für Spitalsbehandlungen im Ausland aufrechterhalten hätte werden dürfen, kritisiert. Vorarlberg befürchtete Einschränkungen bei der Organisation des Gesundheitswesens (also der hier bestehenden regionalen Spielräume). In mehreren einheitlichen Länderstellungnahmen – beginnend mit einer die Subsidiarität und Verhältnismäßigkeit des Richtlinienvorschlags prüfenden Position[11] – haben die Länder ihre Forderungen präzisiert. Unterstrichen wurden die Länderpositionen durch einen Beschluss der politischen Landesgesundheitsreferenten vom 17. Juni 2009, worin die Bundesregierung aufgefordert wurde, die Länderpositionen im Verhandlungsprozess auf europäischer Ebene weiterhin zu berücksichtigen und konsequent zu vertreten.

Zwar ist es schwer, die Erfolgsquote der regionalen Interessenvertretung, zum Beispiel der indirekten Einflussnahme mithilfe des Länderbeteiligungsverfahrens, zu messen, zumal eine Länderstellungnahme nur ein Baustein der Interessenvertretung ist. Mit dem derzeitigen Zwischenstand der Verhandlungen zur Patientenmobilitätsrichtlinie kann Vorarlberg allerdings zufrieden sein: In dem von der schwedischen Ratspräsidentschaft am 26. November 2009 vorgelegten Kompromiss konnten zu den von den Ländern vorgebrachten Hauptkritikpunkten wesentliche Verbesserungen erreicht werden.[12]

Direkte Interessenvertretung in der EU

Das österreichische Länderbeteiligungsverfahren, das primär auf die innerstaatliche Mitwirkung am EU-Willensbildungsprozess abzielt, sieht auch Elemente der direkten Einflussnahme gegenüber den europäischen Institutionen vor:

- die Möglichkeit der Länder, einen gemeinsamen Ländervertreter in die Sitzungen der Ratsarbeitsgruppe zu entsenden;
- die Möglichkeit der Bundesregierung, die Teilnahme an der Willensbildung im Rat einem gemeinsamen Ländervertreter zu überantworten.

Während nur sehr selten Landesregierungsmitglieder an Ratstagungen teilnehmen,[13] nutzen die Länder die Möglichkeit, gemeinsame Ländervertreter in Verhandlungsdelegationen zu entsenden, intensiv. Circa 130 gemeinsame Ländervertreter in EU-Angelegenheiten sind bestellt, unter anderem auch ein Vorarlberger Landesbediensteter für die zitierten Verhandlungen zur Patientenmobilitätsrichtlinie.[14] Die gemeinsamen Ländervertreter sind für die effiziente Verfolgung der Länderposition wichtig, indem sie diese in zwei Richtungen kanalisieren. Zum einen vertreten sie die Länderposition gegenüber dem Bund – was gerade bei der Patientenmobilitätsrichtlinie eine nicht unwesentliche Aufgabe darstellt(e) – und zum anderen unterstützen sie den Bund bei der Durchsetzung in den EU-Gremien, wobei neben der Teilnahme an Ratsarbeitsgruppen auch die Kontaktaufnahme mit dem Europäischen Parlament bzw. einzelnen Abgeordneten gefordert sein kann.

Auch der Ausschuss der Regionen, der 1992 mit dem Vertrag von Maastricht geschaffen wurde, ermöglicht regionalen und lokalen Gebietskörperschaften[15] eine eigenständige institutionelle Mitwirkung in der Europäischen Union. Für Vorarlberg waren bis zur Landtagswahl im September 2009 Landeshauptmann Dr. Herbert Sausgruber als Mitglied und Landtagspräsident a. D. Gebhard Halder als stellvertretendes Mitglied vertreten. Nun werden diese Funktionen von Landesstatthalter Mag. Markus Wallner und Landtagspräsidentin Dr. Bernadette Mennel wahrgenommen. Zudem vertreten der Bregenzer Bürgermeister DI Markus Linhart den Städtebund und der ehemalige Bürgermeister von Wolfurt Erwin Mohr den Gemeindebund als Mitglieder im Ausschuss.

Zwar hat der Ausschuss der Regionen lediglich beratende Funktion, er bietet aber über seine Aufgaben der Mitwirkung am EU-Gesetzgebungsprozess auch einen Rahmen für die Vernetzung von Regionen und Kommunen. Diese Funktion kommt ihm in formeller Hinsicht zu – er bietet die Möglichkeit für die Gründung sogenannter interregionaler Gruppen – wie auch in informeller Hinsicht – er bietet bei den Plenarversammlungen und den Fachkommissionssitzungen den faktischen Rahmen für Kontakte. Für Vorarlberg von besonderem Interesse sind die Zusammenarbeit der gesetzgebenden Regionen,[16] die sich sowohl innerhalb wie auch außerhalb des Ausschusses der Regionen abspielt, und das Netzwerk der Subsidiaritätskontrolle. Der Ausschuss hat für die sich bei Subsidiaritäts- und Verhältnismäßigkeitsprüfungen engagierenden Regionen eine Vernetzungsmöglichkeit geschaffen, die durch eine Internet-basierte Plattform unterstützt wird.[17]

Die Vorarlberger Landesregierung und der Vorarlberger Landtag sind Partner des Netzwerks.[18] Beide (die Landesregierung, aber zumeist die Landeshauptleutekonferenz) beteiligen sich intensiv an diesem. Der Vorarlberger Landtag hat zehn, die Landeshauptleutekonferenz 25 Subsidiaritätsanalysen erstellt, wovon zwölf federführend von Vorarlberg betreut wurden.[19] Die für Vorarlberg relevanten Themen, die verfolgt wurden, reichen von der Zukunft des Verkehrs über den Elektrizitätsbinnenmarkt bis zur zirkulären Migration und Gesundheitsversorgung.

Die im Rahmen des Ausschusses der Regionen wie auch anderswo stattfindende Vernetzung bietet Vorarlberg, das – wie eingangs ausgeführt – kein Länderbüro in Brüssel eingerichtet hat, eine gewisse Möglichkeit für Networking und Lobbying, die Hauptaufgaben der Verbindungsbüros der anderen Länder, die dem Bereich der informellen, aber direkten Kontakte zuzuordnen sind. Ein Beispiel für dadurch erreichte Positionierungen kann wiederum die Patientenmobilitätsrichtlinie bieten: Die Länderposition wurde sowohl von der Landeshauptleutekonferenz (federführend betreut durch Vorarlberg) wie auch vom Vorarlberger Landtag in das Subsidiaritätsnetzwerk eingespeist. Neben dem Sensibilisierungseffekt für andere Regionen ist sie auch in die Stellungnahme des Ausschusses der Regionen zur Patientenmobilitätsrichtlinie eingeflossen.[20]

„Lobbying-Ansprechpartner" ist im Besonderen auch die Europäische Kommission, zumal im Vorfeld der Vorlage von EU-Rechtsakten oft Konsultationen durchgeführt werden. Diese zumeist online abgewickelten Verfahren bieten eine erste und weitere Möglichkeit, die Vorarlberger Positionen einzubringen.[21] Daneben gibt es in Einzelfragen – zum Beispiel im Zusammenhang mit den von Vorarlberg abgewickelten EU-Strukturfondsprogrammen, in staatlichen Beihilfefragen etc. – direkte Kontakte zur Europäischen Kommission.

Resümee

Die zunehmende „Europäisierung" stellt für Regionen in föderalen Staaten, damit auch für Vorarlberg, eine Herausforderung dar. Die Übertragung von Kompetenzen auf die europäische Ebene führt zu Einbußen an Entscheidungs- und Handlungsautonomie. Um dem entgegenzuwirken, werden gegenüber der europäischen Ebene die verschiedenen Kanäle der direkten und indirekten, der formellen und informellen Interessenvertretung kombiniert. Dies gilt auch für Vorarlberg, wobei der Schwerpunkt auf den formellen Mitwirkungsmöglichkeiten und den grenzüberschreitenden Netzwerken liegt.

Dabei ist die grenzüberschreitende Vernetzung nicht nur eine der Grundlagen für die Interessenvertretung auf europäischer Ebene. Sie wird auch durch die Europäische Union mithilfe der EU-Regionalpolitik wesentlich unterstützt. So haben beispielsweise die Interreg-Programme im Bodenseeraum,[22] an denen Vorarlberg seit den 1990er-Jahren[23] partizipiert, zur immer engeren Kooperation und Vernetzung in diesem Raum beigetragen. Und auch diese Kooperation ist getragen vom eingangs erwähnten Leitmotiv, nämlich von den Bestrebungen, in der Kooperation mit den nachbarschaftlichen Regionen mehr regionale Eigenständigkeit umzusetzen.

Anmerkungen

1 Vgl. u. a. Müller-Schnegg, Heinz (1994). Grenzüberschreitende Zusammenarbeit in der Bodenseeregion, Hallstadt.

2 Vgl. Gehler, Michael (2002). Der lange Weg nach Europa, Österreich von Paneuropa bis zum EU-Beitritt, Innsbruck et al.

3 Vgl. dazu Burtscher, Wolfgang (1996). Landesinterne Strukturen betreffend integrationspolitische Aktivitäten, in: Staudigl, Fritz/Fischler, Renate (Hg.): Die Teilnahme der österreichischen Bundesländer am europäischen Integrationsprozess, Wien.

4 Vgl. Regierungserklärung vom 4. November 2009 „Der Vorarlberger Weg", abrufbar unter: http://presse.cnv.at/land/dist/regerklaerung09.html.

5 Vgl. Sausgruber, Herbert (2006). Was bedeutet Eigenständigkeit heute, in: Nachbaur, Ulrich/Niederstätter, Alois (Hg.): Aufbruch in eine neue Zeit, Vorarlberger Almanach zum Jubiläumsjahr 2005, Bregenz, 83ff.

6 Die Regierungskonferenz 2003/2004 hat auf Basis der Ergebnisse des „Verfassungskonvents" den Vertrag über eine Verfassung für Europa verhandelt, der infolge negativer Referenden in Frankreich und den Niederlanden nur von einem Teil der Mitgliedstaaten ratifiziert wurde.

7 Zum Länderbeteiligungsverfahren vgl. u. a. Staudigl/Fischler (Anm. 3); Morass, Michael (1994). Regionale Interessen auf dem Weg in die Europäische Union, Wien; Bußjäger, Peter/Rosner, Andreas (2005). Mitwirken und Mitgestalten – Europa und die österreichischen Länder, Wien; Schön, Christina (2009). Zur EU-Politik der österreichischen Bundesländer, Innsbruck.

8 Die Verbindungsstelle der Bundesländer ist das seit 1951 bestehende Organ der Länder zur Koordinierung ihrer Interessen.

9 Zuvor haben die Länder dazu keine Statistik geführt.

10 Vgl. KOM(2008) 414. Die Europäische Kommission will mit der Richtlinie den Rahmen für die grenzüberschreitende Gesundheitsversorgung vorgeben, indem die Rechtsprechung des Europäischen Gerichtshofs kodifiziert und weiterentwickelt und die Zusammenarbeit zwischen den Mitgliedstaaten ausgestaltet wird.

11 Im Zusammenhang mit dem im Vertrag von Lissabon gestärkten Subsidiaritäts- und Verhältnismäßigkeitsprinzip nehmen die Länder verstärkt auch Subsidiaritäts- und Verhältnismäßigkeitsprüfungen von vorgeschlagenen EU-Rechtsakten vor und bringen diesbezügliche Bedenken sowohl im Rahmen des Länderbeteiligungsverfahrens gegenüber der Bundesregierung vor, informieren darüber National- und Bundesrat und speisen diese in das sogenannte „Subsidiaritätsnetzwerk" des Ausschusses der Regionen ein. Vgl. dazu: Gamper, Anna/Bußjäger, Peter (Hg.) (2006). Subsidiarität anwenden: Regionen, Staaten, Europäische Union, Wien.

12 Es handelt sich hierbei um den Stand im Dezember 2009. Allerdings ist der schwedische Kompromissvorschlag in der Sitzung der Gesundheitsminister am 1. Dezember 2009 gescheitert.

13 Beispiele dafür sind informelle Raumordnungsratstagungen oder auch in Einzelfällen Regierungskonferenzen, zum Beispiel Landeshauptmann a. D. Dr. Martin Purtscher, der an der Eröffnung der Regierungskonferenz 1996 als gemeinsamer Ländervertreter teilnahm.

14 Vorarlberg entsendet derzeit zwölf gemeinsame Ländervertreter.

15 Von den derzeit zwölf AdR-Mitgliedern Österreichs vertreten neun die regionale Ebene und drei vom Städte- und Gemeindebund entsandte Mitglieder die lokale Ebene.

16 Vgl. Vernetzung der obersten Exekutivorgane der Regionen mit Gesetzgebungskompetenzen REGLEG, abrufbar unter: http://www.regleg.eu/, und der Präsidenten der regionalen gesetzgebenden Versammlungen CALRE, abrufbar unter: http://www.calre.be/.

17 Vgl. http://subsidiarity.cor.europa.eu/.

18 Daneben ist auch die Landeshauptleutekonferenz – für die Einbringung von von allen Ländern getragenen Subsidiaritäts- und Verhältnismäßigkeitsstellungnahmen – Netzwerk-Partner.

19 Stand laut Subsidiaritätsnetzwerk vom 16. 12. 2009.

20 Vgl. ABl. C 120/65 vom 28. 5. 2009.

21 Vgl. dazu die Homepage: http://ec.europa.eu/yourvoice/consultations/index_de.htm.

22 Vgl. zum Interreg-Programm Alpenrhein-Bodensee-Hochrhein IV und III: http://www.interreg.org/.

23 Seit dem EU-Beitritt Österreichs 1995 ist Vorarlberg EU-Kooperationspartner, zuvor war das Land bereits an einzelnen Interreg-Projekten beteiligt.

Wilfried Marxer

Vorarlberg – Annäherungen des kleinen Nachbarn

Ich bin in Schaanwald aufgewachsen. In Liechtenstein, einen Kilometer von der Grenze zu Österreich entfernt. Die Grenze hat das Aufwachsen in mehrerlei Hinsicht mitgeprägt. Einerseits war das der äußere Rand des Staates, dem ich zugehörte und noch immer zugehöre. Man stand sozusagen mit dem Rücken gegen diese unsichtbare Wand. Durch das Riet und den Wald verlief kein Zaun, kein Stacheldraht, keine Mauer. Aber es war da trotzdem eine Grenze. Manchmal sah man die Zöllner mit Hunden und Feldstechern durch das Riet streifen, gelegentlich mit einem Mann im Schlepptau, der über die „grüne Grenze" wollte. Auch im Wald konnte man Grenzbeamten begegnen. Man wusste, noch ein paar Schritte und man ist in einem anderen Staat. Pass, Ausweispapiere? Daran ist man in Grenznähe schnell gewöhnt. Fuhr man nach Österreich, gab es meist keine strenge Kontrolle, da man als junger Liechtensteiner kaum im Verdacht stand, Waren nach Vorarlberg schmuggeln zu wollen.

Für Österreicher sah die Sache schon anders aus, da sie mit ihren Einkäufen aus der Migros in Buchs oder mit günstigen Zigaretten den Grenzwächtern in die Fänge geraten konnten. In umgekehrter Richtung war die Lage anders, da wurde man verdächtigt, mehr als die erlaubte Menge an Waren, die in Vorarlberg billiger waren, in die Schweiz einzuführen. Ja, in die Schweiz, weil der Grenzdienst zwischen Österreich und Liechtenstein aufgrund des Zollvertrages zwischen der Schweiz und Liechtenstein von der Schweizer Grenzwacht versehen wird. Ohne „Händ sie Wara derbii" ging es kaum über die Grenze. Am schärfsten kontrolliert wurden aber nicht die Liechtensteiner, sondern die Schweizer, vor allem wenn sie Zürcher Nummernschilder hatten. Die meisten Grenzwächter stammten aus Graubünden und wussten wohl aus Erfahrung, wer am frechsten schmuggelt.

Damit sind wir beim andererseits angelangt: In Schaanwald wohnten immer Schweizer Grenzwächter, vielfach lange genug, dass sie sich ins Dorfleben integrieren konnten und Familien hatten. Die Kinder gingen in Schaanwald in die Schule, einem kleinen Dorf mit einer kleinen Schule, keine Turnhalle, ein Zimmer und ein Lehrer für die erste bis dritte Klasse, ein Zimmer und ein Lehrer für die älteren Volksschülerinnen und -schüler. In der Schule waren die Grenzwächterkinder wie alle anderen, im Umgang unter den Kindern gab es keinen Unterschied, im Skifahren waren sie meistens gut bis sehr gut. Das hat dem kleinen Schaanwald zu Spitzenplatzierungen bei Kinderskirennen verholfen.

Nach Feldkirch gingen wir selten und wenn, dann zu Fuß oder mit dem Fahrrad. Eine Zeit lang mussten wir im Auftrag der Mutter bis zum ersten Laden in Tisis fahren, 500 Meter hinter der Grenze, um dort Butter einzukaufen. Beim Zoll musste man sagen, was man im Rucksack hatte. In Feldkirch ließ man ab und zu Filme entwickeln und Fotos machen oder man kaufte etwas in der Eisenwarenhandlung. Viel mehr nicht. Für ein Restaurant war kein Geld da. Der Spaziergang nach Mariagrün bei Tisis, der ausnahmsweise mit einem Erdbeereis endete, bleibt da schon in ewiger Erinnerung haften, nicht unbedingt wegen des Spaziergangs. Das Postauto fuhr vielleicht dreimal am Tag und war teuer. Interessanterweise benutzte man aber die Österreichische Bundesbahn, wenn man von Schaanwald nach Buchs fuhr. Bei der ÖBB arbeiteten auch Liechtensteiner als Schrankenwärter, die fuchsteufelswild wurden, wenn wieder jemand einen Zehnräppler auf die Gleise geklebt hatte, um ihn vom Zug flachdrücken zu lassen. Die haben es gut, die Bähnler, wusste man damals. Haben viel frei, sicheres Einkommen, arbeiten daneben noch im Wald oder im Riet und werden früh pensioniert.

Hinter Feldkirch folgte damals für uns ziemlich bald Bregenz und der Bodensee. Was dazwischen kam, wusste man nicht so genau, schwarzer Fleck auf der Landkarte. Aber viel mehr als eine Bootsfahrt von Bregenz nach Lindau ist mir aus der Kindheit auch nicht mehr in Erinnerung. Nur die Kirche von Rankweil auf dem Hügel hat man regelmäßig besucht, wenn jemand die Erstkommunion hatte. Bei sieben Geschwistern kam das ab und zu vor. Die andere Richtung von Vorarlberg war diejenige nach Bludenz und in ein paar Täler, Montafon, Silbertal, Walsertal. Die Ausflüge lassen sich allerdings an einer Hand abzählen. Auch Besuche nach Frastanz, wohin es verwandtschaftliche Beziehungen gab, waren selten.

Damals merkte man sofort, dass man hinter der Grenze in ein anderes Land kam. Das war nicht nur ein Unterschied zwischen Franken und Schilling. Jedes Fahrrad, jeder Fahrradreifen, jedes kleine Motorrad sah österreichisch, also anders aus. Die unverputzten Häuser natürlich, die Werbetafeln, die düsteren schwarzen Nummernschilder auf den Autos mit dem großen „V", die fehlenden Nummernschilder auf den Fahrrädern, gibt es so was? Frauen mit Hüten, teilweise auch Männer mit Hüten, Jägerwams. Die Frage im Laden, wie viel Dekagramm es denn sein soll. Dekagramm? Rollmops im großen, offenen Glas. Ganahldeutsch. Imperfekt und Imperfektverrenkungen: „Das war damals so gsii". Selbst die Ill hatte eine komische Farbe.

Dabei sind die Unterschiede zwischen Vorarlberg und Liechtenstein eigentlich nicht sehr groß. Der Naturraum Alpenrheintal und die Grenzlinie zwischen Ost- und Westalpen ist beiden gemeinsam. Die Eiszeit hat zwischen Vorarlberg und Liechtenstein keinen Unterschied gemacht. Die Besiedlung durch keltische oder rätische Volksstämme, die Eroberung durch die Römer im Jahr 15 vor Christus kam ohne die heutigen Grenzziehungen aus. Die Geschichte hat einen gemeinsamen Anfang genommen und erst im Verlaufe des zweiten Jahrtausends nach Christi Geburt zu einer politischen Aufteilung innerhalb der Grenzen des Heiligen Römischen Reiches Deutscher Nation – dem Alten Reich – geführt. Im Zuge dessen sind die Grafschaft Vaduz und die Herrschaft Schellenberg entstanden, aus welchen schließlich 1719 das Reichsfürstentum Liechtenstein hervorging. Vorher stand das heutige Liechtenstein zeitweise mindestens mit Teilen des heutigen Vorarlberg unter gleicher Herrschaft, sei dies unter den Grafen von Bregenz, den Montfort-Werdenbergern oder den Grafen von Hohenems. Wenig Freude herrschte über das Schreckensjahrhundert unter der Herrschaft der Hohenemser, aber das ist in der kollektiven Erinnerung der Liechtensteiner nicht dauerpräsent.

Auf die Hohenemser folgte das Fürstenhaus von Liechtenstein als Obrigkeit, die Herrschaft vor Ort wurde von fürstlichen Beamten, meist Adligen, ausgeübt, zunächst vom Feldkircher Palais Liechtenstein aus, welches als Verwaltungssitz diente, ehe es 1774 verkauft wurde. Die Herrschaft Schellenberg und die Grafschaft Vaduz boten zunächst keine geeigneten Repräsentationsbauten. Das Palais, welches heute im Besitz der Stadt Feldkirch ist, trägt immer noch den Namen Liechtenstein.

Die Verdrängung der romanischen Sprache nach dem Untergang des römischen Reiches hat zwar etwas länger gedauert als im unteren Rheintal, da sich die deutsche Sprache vom süddeutschen Raum her kommend erst allmählich in die Täler verbreitete. Dennoch unterscheiden sich die Vorarlberger und Liechtensteiner Idiome nicht sonderlich stark, zumindest für wenig geschulte Ohren. So kommt es denn, dass Liechtensteiner im Ausland aufgrund ihrer Sprache geografisch einigermaßen treffsicher zugeordnet werden, wenngleich knapp daneben: Die Norddeutschen vermuten in ihnen Schwaben, die Ostösterreicher Vorarlberger, die Schweizer Graubündner (eher als St. Galler, im Übrigen). Etwa gleich vage ist die Bezeichnung „Ländle", was in Österreich auf Vorarlberg gemünzt wird, in Deutschland auf die Schwaben und in der Schweiz auf Liechtenstein. Sicher ist also nur, dass der Bodenseeraum von allen Seiten als „Ländle"region wahrgenommen wird.

Historische Zufälle und ein wenig Nachhelfen politischer Akteure, darunter die Fürsten von Liechtenstein sowie auch Napoleon Bonaparte, der 1806 nach der Auflösung des Alten Reiches dem Fürstentum die Souveränität schenkte, ließen den Staat Liechtenstein überdauern. Wenig hätte gefehlt und Liechtenstein wäre heute ein Teil Graubündens, St. Gallens oder Vorarlbergs. Ebenso gut könnte bei anderem historischem Verlauf Vorarlberg ein Teil der Schweiz sein. Ich spiele hier nicht nur auf die Initiative nach dem Ersten Weltkrieg an, die den Anschluss Vorarlbergs an die Schweiz verfolgte. Die Zeit nach dem Ersten Weltkrieg war überhaupt eine bewegte Zeit für die Region. Während sich Wien Gedanken über einen Anschluss an Deutschland machte und die Vorarlberger mit einem Wechsel zur Schweiz liebäugelten, löste sich Liechtenstein von seinen Jahrhunderte alten Bindungen an Wien und machte eine außenpolitische Kehrtwende in Richtung Schweiz. Der seit Mitte des 19. Jahrhunderts bestehende Zollvertrag mit Österreich wurde gekündigt, es folgte ein Zollvertrag mit der Schweiz und der Schweizer Franken wurde eingeführt.

Wenige Jahre später übernahm Hitler auch in Österreich die Macht, hinter der Grenze von Schaanwald begann bald danach das Territorium Krieg führender Nationen und blieb es bis zwölf Jahre vor meiner Geburt. Ein von Liechtensteiner Nationalsozialisten geplanter Putsch für einen Anschluss an Hitlerdeutschland, der mit einem Marsch von Feldkirch nach Vaduz begann, endete auf halber Strecke. Die liechtensteinische Bevölkerung ebenso wie die politische Elite wehrte sich mit großer Mehrheit gegen einen Anschluss an Deutschland, aber auch Berlin gab kein grünes Licht für eine solche Aktion.

Die Grenze war deutlich geworden, die geistige Entfernung zwischen Liechtenstein und Vorarlberg in dieser Zeit sicherlich größer. Kommt die wirtschaftliche Lage dazu: Nach dem Zerfall der Kronenwährung nach dem Ersten Weltkrieg, der Einführung des Schillings 1924, der deutschen Reichsmark von 1938 bis 1945 kehrte Österreich wieder zum Schilling zurück und endete schließlich 2002 beim Euro, während sich Liechtenstein die ganze

Zeit – retrospektiv – im sicheren Frankenhafen bewegte und wirtschaftlich gedeihlich entwickeln konnte. In dieser Periode seit den 1920er-Jahren wurde die Zusammenarbeit mit der Schweiz immer enger und Liechtenstein wurde in vielen Kooperationsfragen wie ein Schweizer Kanton behandelt. Auch die Gesetzgebung lehnte sich zunehmend an Schweizer Vorbilder an, mit Ausnahme vor allem des Allgemeinen Bürgerlichen Gesetzbuches, welches sich mehrheitlich an der österreichischen Rechtsentwicklung orientiert.

Des ungeachtet gab und gibt es jedoch vielfache verwandtschaftliche Beziehungen zwischen Menschen aus Liechtenstein und Vorarlberg. Je näher man an der Grenze wohnt, also im Liechtensteiner Unterland, desto häufiger sind solche Verbindungen. Auswanderungen, Rückwanderungen und grenzüberschreitendes Heiraten war früher, als die Mobilität noch eingeschränkter und der Radius kleiner war, zwischen Ruggell und Nofels wahrscheinlicher als zwischen weiter entfernten Dörfern. Bis in die Gegenwart sind die Kreise jedoch immer größer geworden. Wenn heute rund 60 Prozent der liechtensteinischen Männer und Frauen Ausländer oder Ausländerinnen heiraten, betrifft dies nicht nur Vorarlberger/innen oder „Überrhiiner/innen", also Schweizer/innen aus der Nachbarschaft, sondern Menschen aus allen Teilen dieser Welt.

In Liechtenstein stieg die Zahl der Arbeitsplätze in der Zeit von 1920 bis in die Gegenwart von rund 4500 auf knapp 34 000, eine Zahl, die fast der Einwohnerzahl entspricht. Das konnte nur durch starken Zuzug und die zunehmende Beschäftigung von Grenzgängern erzielt werden. Darunter ist auch Rückwanderung von ehemals nach Vorarlberg ausgewanderten Liechtensteinern zu verzeichnen.

Um 1960 haben etwa 1000 österreichische Staatsbürger in Liechtenstein gewohnt, heute sind es rund 2000. Der Anteil ist fast gleich geblieben, nämlich rund sechs Prozent. Etwa halb so viele Ausländer stammen aus Deutschland oder Italien, rund doppelt so viele aus der Schweiz oder aus dem übrigen Europa. Die Österreicher fallen also zahlenmäßig unter den Ausländern in Liechtenstein nicht sonderlich auf und von vielen wissen vermutlich die wenigsten überhaupt, dass sie Österreicher sind. Sie gelten im modernen Jargon als gut integrierbar, soweit dies bei weitgehend identischer Kultur überhaupt notwendig ist. Am Arbeitsplatz sieht die Sache quantitativ betrachtet etwas anders aus. Die liechtensteinische Statistik weist für 1960 eine Zahl von 1700 Personen aus, die in Österreich – faktisch Vorarlberg – wohnten und in Liechtenstein arbeiteten. Im Jahr 2007 wurden 7590 Zupendler aus Österreich gezählt (4759 Männer und 2831 Frauen), neben 7958, die aus der Schweiz zupendeln. Knapp die Hälfte aller Arbeitsplätze ist mit Grenzgängern besetzt. Die europäische Integration und die zunehmende Personenfreizügigkeit hat es mit sich gebracht, dass die Menschen relativ ungehindert der verfügbaren Arbeit nachreisen können. Wer im bis anhin boomenden Liechtenstein einen Arbeitsplatz bekommen hat, konnte zwar wegen einer liechtensteinischen Sonderregelung nicht unbedingt in Liechtenstein Wohnsitz nehmen, aber jedenfalls wahlweise in einem der benachbarten Länder. Unter den Zupendlern aus Österreich befinden sich daher rund 600 Deutsche, etwa 100 Italiener und – man staune – auch etwa 100 Liechtensteiner.

Die Lage wandelt sich aber gegenwärtig wieder stark. Die europäische Integration führt in der Tendenz zu einer Nivellierung der Unterschiede. In unserer unmittelbaren Region sind dabei derzeit drei Integrationswege feststellbar: Österreich als EU-Mitglied, Liechtenstein auf der Basis des Europäischen Wirtschaftsraumes EWR, die Schweiz mit dem bilateralen Weg. Letztendlich kann sich aber kein Staat, auch die Schweiz nicht, dem Integrationsdruck der EU und der OECD entziehen. Das zeigt sich nicht nur im fast automatischen Nachvollzug vieler Richtlinien der EU in Liechtenstein und der Schweiz, sondern augenscheinlich auch in den Anpassungsleistungen, die bei den Finanzdienstleistungen vorgenommen werden müssen, also Lockerung oder Aufgabe des Bankgeheimnisses, Kooperation in Steuerfragen, Bekämpfung von Steuerbetrug und Steuerhinterziehung und anderes. Österreich hat nach eigenem Bekunden sehr stark vom EU-Beitritt profitiert und das wirtschaftliche Gefälle zur Schweiz bereits weitgehend ausgeglichen. Die zeitweilige Arroganz gegenüber Österreich und die Meinung, dass alles, was aus der Schweiz kommt, überlegen ist – vielleicht mit Ausnahme des Skifahrens –, verblasst allmählich. Österreich zeigt sich in den letzten Jahren mobiler, modernisierungsfreudiger und dank anerkannter Position in der EU auch selbstbewusster als die Schweiz. Die Attraktivität nimmt also zu, beispielsweise auch im Bildungs- und Hochschulbereich.

Das Verhältnis zwischen Liechtenstein und Vorarlberg sowie die Selbst- und Fremdwahrnehmung sind dabei recht eigenartig, soweit ich das vermute. Wenn man die regionale Ebene betrachtet, stellt man fest, dass Vorarlberg flächenmäßig und einwohnermäßig rund zehnmal so groß ist wie Liechtenstein. Der Landeshauptmann muss sich also deutlich mächtiger und bedeutender vorkommen als der Regierungschef Liechtensteins. Andererseits aber ist Vorarlberg ein Bundesland, während das kleine Liechtenstein ein Staat ist. Der Regierungschef bewegt sich auf Augenhöhe mit dem österreichischen Bundeskanzler, kann sich selbst also wichtiger vorkommen als der Landeshauptmann von Vorarlberg. Liechtenstein unterhält sowohl Beziehungen zu Bundesländern und Kantonen als auch zu Staaten und Staatengemeinschaften. Die Staatlichkeit Liechtensteins ist der Grund, weshalb Liechtenstein bisher nicht Mitglied der Arbeitsgemeinschaft der Alpenländer, der Arge Alp, werden wollte. Unter den Mitgliedern sind neben Vorarlberg auch Bayern, Graubünden, die Lombardei, Salzburg, St. Gallen, Südtirol, Tessin, Tirol und Trient, also keine Staaten, sondern Länder, Provinzen, Regionen und Kantone. Liechtenstein ist also ein weißer Fleck auf der Arge-Alp-Landkarte. Man kann das auch Dünkel nennen. Bei der Internationalen Bodensee Konferenz, wie die Arge Alp 1972 gegründet, gilt dieser Vorbehalt im Übrigen nicht. Dort ist Liechtenstein seit 1998 Mitglied – neben Vorarlberg, Baden-Württemberg, Bayern, Schaffhausen, Zürich, Thurgau, St. Gallen, Appenzell Außerrhoden und Appenzell Innerrhoden.

Die relative Bedeutung der einzelnen Staaten und Gliedstaaten in der liechtensteinischen Außenpolitik lässt sich an der Häufigkeit der Nennung im außenpolitischen Bericht der Regierung aus dem Jahr 2008 ablesen. Die Schweiz taucht namentlich 140-mal auf, Österreich 64- und Deutschland 31-mal. Die Schweiz ist immer noch der wichtigste bilaterale Bezugspunkt liechtensteinischer Außenpolitik und Zusammenarbeit. Wie sieht es mit den Regionen aus? Vorarlberg wird im Bericht 18-mal erwähnt, St. Gallen neunmal, Graubünden viermal, Bayern und Baden-Württemberg je dreimal. Vorarlberg ist also auf jeden Fall eine wichtige Komponente in der liechtensteinischen Außen- und vor allem Nachbarschaftspolitik. Der Begriff Europa findet sich im Bericht in unterschiedlichen Kontexten – Europarat, Europäische Union, europäische Zusammenarbeit, europäische Integration, Europäischer Wirtschaftsraum usw. –, übrigens knapp 500-mal, global und Globalisierung 37-mal. Wir alle sind Europa geworden.

Die Zusammenarbeit, die Begegnungen und die wechselseitigen Bezüge sind in den vergangenen Jahrzehnten zweifellos intensiver geworden. Das Rheintal definiert sich zunehmend als Region, in welcher über die staatlichen Grenzen hinaus gedacht und gelebt wird. Wirtschaftliche Verflechtung einschließlich der Arbeitskräftemigration ist da nur ein Beispiel unter vielen. Auch die Bildungs- und Hochschullandschaft vernetzt sich zunehmend. Der Anteil an Studierenden aus Vorarlberg an der Hochschule Liechtenstein beträgt rund 40 Prozent. Umgekehrt absolviert etwa ein Viertel aller Studierenden aus Liechtenstein ein Studium in Österreich. Vorarlberg wäre meines Erachtens im Hochschul- und Universitätswesen noch weiter entwicklungsfähig. Es hat mit der wirtschaftlichen Leistungsfähigkeit des Musterlandes Österreich nicht unbedingt Schritt gehalten. Erfreulich wäre dabei, wenn der Universitätsgedanke einen zeitgemäßen Ausdruck finden würde, indem die Geisteskraft der Region – also von Vorarlberg über den süddeutschen Raum und das Schweizer Rheintal bis Liechtenstein – in einem Universitätsverbund gebündelt würde.

Für einen Kleinstaat besteht ohnehin die Tendenz, sich auch außerhalb der eigenen Grenzen zu orientieren, da nicht das gesamte Angebot im eigenen Land zur Verfügung gestellt werden kann. Dies betrifft neben dem Hochschulwesen auch Bereiche wie Verkehrsinfrastruktur, Krankenhäuser und Kliniken, Energieversorgung, Abfallentsorgung, Strafvollzug und vieles Weitere. Dass die grenzüberschreitenden Verbindungen nicht nur Theorie sind, zeigt ein Blick auf die Lebenswirklichkeit der jüngeren Generation. Als ich selbst im Grenzdorf Schaanwald aufwuchs, war Vorarlberg eine andere Welt. Inzwischen wohne ich fast 20 Kilometer von der Grenze entfernt, aber die Tochter hat das Mädcheninstitut St. Joseph in Feldkirch besucht und setzt die Schulkarriere in einem Feldkircher Gymnasium fort. Ihr Freundeskreis hat einen entsprechend großen geografischen Radius, ebenso wie die Freizeitgestaltung. Das Leben spielt sich bereits in jungen Jahren nicht nur rund um das eigene Dorf ab, sondern reicht bis nach Bludenz, Bregenz, St. Gallen, Zürich und Chur.

So also wächst eine Region immer enger zusammen. Parallel dazu verhilft auch die europäische Integration zu einer fortschreitenden Annäherung, da sich rechtliche Regelungen zunehmend angleichen, wenn sie nicht überhaupt aufgrund europäischer Rechtsetzungsakte identisch werden. Zwar ist Liechtenstein kein Mitgliedsland der Europäischen Union, aber als Mitglied im Europäischen Wirtschaftsraum keine abgeschottete Insel. Die neueren Entwicklungen mit internationalem Druck auf Steueroasen und Bankgeheimnis tragen zusätzlich dazu bei, dass Differenzen schwinden. Zwischen globalem Denken und lokalem Handeln gibt also durchaus Platz für regionales Denken und regionales Handeln.

Nachschlag IV

Werner Hagen

Toleranz und Tollerei

Jo, wollas do und alls, was reocht ischt!
Mior wiossond seolb, was guot und was schleocht ischt.
Üs muoß do kuona belehro.
Sus wero mior üs wehro.
Und gär, wenn sä us om Usland siond,
dänn müond sä iora Griond
nid übrall ine stecko
und i allna Winkl ommarschmecko.
Wenn sä an frömda Pass händ
und nid amol üsore Rass händ,
Exiljudo, Eskimo, Kongoleso,
Kuturmänitschar und Chineso,
dio söllond brav iore Arbat tuo
und d'Schnorro halto.
Mior Urbewohnar wänd aluo
schalto und walto.
Und wenn sä däs nid richtig fiondond,
dänn hiolft ma na, dass sä bald varschwiondond.

Mior müond Toleranz jetzt nöü definioro.
Bi üs git sä Freiraum für Tollerei.
Do darf ma jo alls, sogär kritisioro.
Und jeda Türk muont: „Ich bin so frei."
Mior truckond d'Toleranz jetzt abar
ufs Nivoo vo do Saudi Arabar.
Döt dürfond d'Chrischto ko Kirchtürm bouo,
döt muoß sä kuona blöd reda trouo.
Und wenn d'Guotmenscho muonond, däs sei eoppas Schleochts,
dänn sägond mior: „Jetzt erscht reochts!"

Abschnitt V

Bildung und Kultur

Manfried Gantner

Eine eigene öffentliche Universität in Vorarlberg?

Ausgewählte Sichtweisen und Fragestellungen

Von den Herausgebern eingeladen, zur Frage einer eigenen öffentlichen Universität in Vorarlberg Stellung zu nehmen, habe ich mir anfangs überlegt, welchen Blickwinkel ich einnehmen könnte: jenen des geborenen Vorarlbergers, der nach der Matura zum Studium außerhalb der Landesgrenzen aufgebrochen und in der Folge beruflich und privat nicht mehr in das Land Vorarlberg zurückgekehrt ist; jenen des ehemaligen Rektors der Universität Innsbruck; oder jenen des Professors für Finanzwissenschaft, der sich berufsbedingt unter anderem mit Föderalismus, den wirtschaftlichen Konsequenzen politischer Entscheidungen und deshalb mit den nunmehr leeren Taschen des Staates beschäftigt.

Seinerzeit waren wir viele Vorarlberger Landsleute an der Universität Innsbruck, wenn auch weit weniger als die knapp 2500 Studierenden aus Vorarlberg in der Gegenwart, darunter über 1300 mit einer Studienadresse in Tirol. Damals dabei war auch der heutige Landeshauptmann von Vorarlberg, Dr. Herbert Sausgruber. Ich könnte mich für das obige Thema ohne Weiteres mit der Haltung dieses als überaus besonnen bekannten Landespolitikers zum Thema zufriedengeben und die Sache auf sich beruhen lassen: Kein einziges Mal hat der Langzeit-Landeshauptmann bei seinen bisher vier Regierungserklärungen[1] – die letzte fand am 4. November 2009 vor dem Vorarlberger Landtag statt – die Forderung nach einer eigenen Universität für Vorarlberg erhoben oder auch nur das Wort „Universität" in den Mund genommen. Für die Vorarlberger Politiker/innen aller Parteien, für die Bildungsverwaltung, die Interessenvertretungen der Wirtschaft und die Medien ist es seit Jahrzehnten kein Anliegen, in Vorarlberg eine öffentliche Universität zu errichten. Sie begnügen sich mit dem Ausbau und der Stärkung insbesondere der Fachhochschule Vorarlberg in Dornbirn sowie mit der Fort- und Weiterbildungseinrichtung Schloss Hofen und mit dem Hinweis auf diverse Fernstudieneinrichtungen sowie auf Universitäten im Bodenseeraum.

Diese Haltung steht aber völlig im Gegensatz zu praktisch allen anderen Bundesländern, außer dem Burgenland, das auch keine eigene Universität anstrebt. Nehmen wir das Beispiel Oberösterreichs, eines dynamischen Wirtschaftsraums, der auch im Fachhochschulbereich sehr engagiert ist: Die offiziellen Vertreter dieses Bundeslandes fordern seit Längerem vehement eine dritte Universität, nämlich eine eigene Medizin-Universität vom Bund.[2] Wien hat neun Universitäten, die Steiermark hat fünf, Salzburg und Tirol je zwei. Eine Ausnahme in dieser zahlenmäßigen Betrachtung bilden Niederösterreich, das aber das „Austrian Institute of Technology" (IST-Austria), eine teure Einrichtung zur Spitzenforschung und Doktorandenausbildung zur in hohem Maße selbst finanzierten Donau-Universität Krems dazubekommen hat, und Kärnten mit jeweils nur einer Universität. Von der Einwohnerzahl her könnte Vorarlberg getrost auch eine Universität fordern: Teilt man die Einwohnerzahlen der österreichischen Bundesländer einschließlich Wiens (aber ohne Kärnten) mit der Zahl ihrer öffentlichen Universitäten, so kommt jeweils ein Wert heraus, der meist unter jenem Vorarlbergs liegt.

Als seinerzeitiger Vizerektor und Rektor der Universität Innsbruck (1999–2007) könnte es mir auch recht sein, wenn Vorarlberg nicht den Weg von Oberösterreich usw. und Südtirol sowie Liechtenstein geht, jeweils eine eigene Universität zu gründen oder diese Tradition wiederzubeleben. Schließlich sind diese Länder gemeinsam mit Vorarlberg immer noch das Haupteinzugsgebiet der Studierenden der Innsbrucker Universität.

Als Ökonom kann ich mir die Antwort aber nicht so leicht machen. Es kann ja nicht um eine Universität *für* Vorarlberg(er/innen), sondern nur um eine solche *in* Vorarlberg gehen. Dann stellen sich viele Fragen, darunter: Was gibt die Konkurrenzanalyse mit anderen Bundesländern und Nachbarstaaten und -regionen zu denken? Wovon leben eigentlich die Vorarlberger/innen heute und in 15 bis 20 Jahren? Welche tertiären Fortbildungseinrichtungen sollte es geben, wenn man das „Wirtschaftsleitbild 2010+" für Vorarlberg studiert? Welche Anforderungen ergeben sich aus den Ausbildungswünschen der Vorarlberger Maturant/inn/en? Gibt es (noch) bedeutsame inhaltliche Unterschiede zwischen einer Fachhochschule und einer Universität? Welche Standortwirkungen entfaltet eine bedeutsame Forschungs-

und Lehreinrichtung in der Form einer Universität im Vergleich zu einer sehr ordentlichen Fachhochschule? Verzichtet Vorarlberg im Zusammenhang mit einer Universität zugleich auch auf viele Bundesmittel? Im Folgenden soll diesen Fragen aus ökonomischer Sicht nachgegangen und die so einhellige Entscheidung gegen eine Universität in Vorarlberg hinterfragt werden.

Veränderungen im tertiären Bildungssektor – eine kurze Konkurrenzanalyse

In den letzten Jahren und Jahrzehnten haben sich in Österreich und dem benachbarten Ausland – und ähnlich ist es in ganz Europa – sehr große Änderungen im tertiären Bildungssektor abgespielt. Er umfasst in Österreich die öffentlichen Universitäten, die Fachhochschulen, die Privatuniversitäten und die Pädagogischen Hochschulen, für die jeweils ein eigenes Bundesgesetz die gesetzliche Basis bildet. Zum einen kam es in den letzten Jahrzehnten zu einer sich sehr deutlich auffächernden Nachfrage nach tertiärer Bildung und ihren Angebotsformen, zum anderen maturiert von einem Jahrgang ein immer größerer Anteil und strebt in der Folge eine tertiäre Ausbildung an.

Im Ergebnis sind die inhaltlichen Spezialisierungen der Angebote von verschiedenen tertiären Bildungseinrichtungen nicht mehr transparent, weder für die Studienwerber/innen noch für die Aufsicht durch verschiedene dazu berufene Organe. Eine Rolle spielen hier die vielfältigen rechtlichen und faktischen Unterschiede der tertiären Bildungseinrichtungen (zum Beispiel Träger und Finanzierung, Zugang, Studien, Abschlüsse, Forschung, Qualitätssicherung). Gleichzeitig aber stellt sich im Zuge der Umsetzung der Bologna-Studienarchitektur auf Bakkalaureats-, Master- und Doktoratsstudien auf den beiden ersten Stufen doch wenigstens eine gewisse, wenn auch derzeit in Österreich umstrittene, formale Vereinheitlichung der Studienstruktur ein.

Die stark steigenden Studierendenzahlen sind aber auch eine Folge der steigenden Abschlüsse im Sekundarbereich, also der Maturant/inn/enzahl. In diesem Zusammenhang ist es nicht uninteressant, dass nach einzelnen Bundesländern in Österreich diese Anteile von Maturant/inn/en am jeweiligen Jahrgang sehr stark differieren und in Vorarlberg traditionell überaus niedrig sind. Der Anteil der Maturant/inn/en aller Art an der Bevölkerung ist nach der hier vertretenen Meinung mehr als nur ein zarter Indikator für die

Breite der gesellschaftlichen und kulturellen Entwicklung und den künftigen Wohlstand eines Landes.

Die Initiativen zu den nachfolgend darzustellenden Gründungen im tertiären Bildungssektor und im Forschungsbereich waren auch Folge der steigenden Nachfrage und gingen in fast allen Fällen aus engagierten, langjährigen regionalen Initiativen hervor. Obwohl dieser Einsatz für die Ausstattung mit Forschungs- und Bildungseinrichtungen sehr geschätzt werden muss, entstand im Ergebnis ein unkoordinierter Wildwuchs. Er bedürfte nicht zuletzt aus den Gründen eines wirtschaftlichen Mitteleinsatzes sowie einer verbesserten Transparenz und Qualitätssicherung einer koordinierten Politik des für die Regelung zuständigen Bundes.[3]

Im traditionellen Einzugsgebiet von Studierenden der Universität Innsbruck wurden folgende Einrichtungen in den letzten Jahrzehnten gegründet:[4]

Beispiele für neue *öffentliche Universitäten* sind zum Beispiel die Wiedererrichtung der Paris Lodron-Universität Salzburg (1622, wiederbegründet 1962), die Johannes Keppler-Universität Linz (1966), die Alpen-Adria Universität Klagenfurt (Aufbau ab 1964, voller Studienbetrieb ab 1973), die Einrichtung einer Baufakultät an der Universität Innsbruck (1969), die Hochschule Liechtenstein (Vorläufer ab 1962, seit 2008 universitäre Hochschule) und die Freie Universität Bozen (1997). Um zwei Beträge zu nennen: Letztere kostet die Provinz Südtirol pro Jahr rund 60 Millionen Euro, ein Extremwert zugegeben, zusätzlich gibt es dort noch sehr erhebliche Beiträge von der Autonomen Provinz Bozen Südtirol für die angewandte Forschungsinstitution EURAC. Zur Errichtung einer eigenen Baufakultät finanzierten Ende der 1960er-Jahre das eher arme Tirol und die Landeshauptstadt Innsbruck gemeinsam und auf dem Anleiheweg 300 Millionen ATS, das wäre heute ein hoher, zweistelliger Euro-Millionen-Betrag, und schenkten diese Einrichtung dem Bund.

Nicht zu vergessen sind hier auch die großen Anstrengungen von Ländern, der lokalen Wirtschaft und von Standortstädten bei der Einrichtung und Finanzierung von *Fachhochschulen*. Vorarlberg hat hier mit der FH Vorarlberg (1994) zweifellos eine Pionierrolle gespielt. Zusätzliche Fachhochschulen gibt es in allen westösterreichischen Bundesländern. Tirol war beim Aufgreifen der Fachhochschul-Idee zeitlich das Schlusslicht unter den österreichischen Bundesländern, verfügt aber mittlerweile mit dem auch international führenden MCI am Standort Innsbruck und der FH Kufstein über Fachhochschuleinrichtungen.

Auch wurden eine Reihe von *Privatuniversitäten* gegründet, beispielsweise die Private Universität für Medizinische Informatik und Technik Tirol

(UMIT) in Hall in Tirol (2001) oder die Paracelsus Medizinische Privatuniversität Salzburg (2003). Auch in Vorarlberg ist eine Privatuniversität derzeit angedacht. Die neueste Entwicklung ist die Gründung von *Pädagogischen Hochschulen* in den einzelnen Bundesländern, darunter auch jene in Feldkirch, Vorarlberg (2007).

Zählt man alle hier in den vorangegangenen Absätzen aufgezählten Neugründungen im tertiären Bildungsbereich (ohne „Baufakultät" der Universität Innsbruck) zusammen, so haben diese „Neugründungen" im traditionellen Einzugsgebiet von Innsbruck mit etwa 47 000 Hörer/inne/n mittlerweile die doppelte Hörer/innen/zahl der Universität Innsbruck und durften sich im vergangenen Studienjahr (2008/09) über rund 4360 Absolvent/inn/en freuen.[5]

Es ist nicht davon auszugehen, dass solche Entwicklungen nur zur Befriedigung eitler Interessen der Proponenten vor Ort gedient haben. Diese Leute haben sich dabei sicherlich auch etwas für den jeweiligen Standort und die Region gedacht. Sie hätten die finanziellen Mittel auch anders ausgeben können oder seinerzeit keine Schulden machen müssen. Dies gilt auch noch für die Gegenwart.

Praktisch alle Bundesländer sind den dualen Weg gegangen, sowohl Universitäten als auch Fachhochschuleinrichtungen im eigenen Land zu haben. Vorarlberg hat zu keinem Zeitpunkt offiziell eine eigene öffentliche Universität angestrebt, sich aber insbesondere im Bereich der Fachhochschule Vorarlberg und der Fortbildungseinrichtung Schloss Hofen stark engagiert.

Bedarf an tertiärer Aus-, Fort- und Weiterbildung in Vorarlberg

Wovon lebt Vorarlberg heute und in 15 bis 20 Jahren? Ein wichtiger Anhaltspunkt für diese Fragestellung bietet beispielsweise das „Leitbild 2010+ Wirtschaft Vorarlberg", herausgegeben vom Amt der Vorarlberger Landesregierung.[6] Es trägt zwar keine Jahreszahl ist aber den verwendeten Tabellen, Daten und Materialien nach zu schließen in der zweiten Hälfte des Jahres 2006 erschienen, also nicht mehr ganz taufrisch, aber in seinen Aussagen noch sehr brauchbar. Es gibt sich „bei der Sicherung eines bedarfsorientierten, qualitativ hochwertigen Studien- und Weiterbildungsangebots im postsekundären und tertiären Bildungsbereich" mit der Aussage „z. B. FH Vorarlberg, Schloß Hofen etc." zufrieden.

Auch dieses von der Vorarlberger Landesregierung verantwortete Leitbild fordert an keiner Stelle eine öffentliche Universität für Vorarlberg, jedoch eine Reihe von Maßnahmen, die hier nicht im Detail angeführt werden können. Dennoch sollen für unser Thema wichtige Aussagen dieser Studie entnommen und kommentiert werden:

Im Analyseteil des Leitbilds wird bis zum Jahre 2030 eine weitere Zunahme der Bevölkerung auf 400 000 Einwohner/innen erwartet. Während die Bevölkerung über 60 Jahren um zehn Prozent zunehmen wird, sinkt die Zahl der Kinder und Jugendlichen um über drei Prozent. Zudem muss eine Alterung der Bevölkerung im erwerbsfähigen Alter hingenommen werden, deren Zahl sinkt um rund acht Prozentpunkte. Diese demographischen Lasten können nur mit deutlich qualifizierteren Mitarbeiter/inne/n, als dies derzeit der Fall ist, geschultert werden.

Vorarlberg weist im Österreichvergleich eine deutlich überproportionale Industrieproduktion und eine unterdurchschnittliche Dienstleistungsquote auf. Die Industrieproduktion ist stark exportorientiert und wird von Metallwaren, Maschinen und Stahlbau angeführt. Bei den Dienstleistungen sind der Öffentliche Dienst und die Beratungsleistungen hingegen unterdurchschnittlich vertreten. Bei der Untersuchung der Struktur der beruflichen Ausbildung ist zwar in den letzten 25 Jahren ein starker Aufholprozess bei Absolvent/inn/en tertiärer Bildungseinrichtungen von drei Prozent auf zehn Prozent der Erwerbsbevölkerung festzustellen, zugleich hält das Wirtschaftsleitbild aber fest: „Hingegen ist der geringe Akademikeranteil darauf zurückzuführen, dass es in Vorarlberg keine überregional bedeutsamen Verwaltungszentren und Universitätseinrichtungen gibt."

Der künftige starke Anstieg im Dienstleistungssektor ist nicht so sehr im Tourismus, sondern insbesondere bei unternehmensbezogenen Dienstleistungen und alterungsbedingt im Gesundheits- und Sozialwesen zu erwarten. Besonders gute Beschäftigungsaussichten sind in allen technischen Berufen prognostiziert, doch stellt die Forcierung der technischen Ausbildung auf allen Ebenen des Bildungssystems in Vorarlberg nach Aussage des Leitbilds eine besondere Herausforderung dar.

Im Folgenden sollen einige themenrelevante Zitate aus diesem Leitbild entnommen werden: Ohne dass der langfristig wirksame „brain drain" im Wirtschaftsleitbild 2010+ (oder leicht zugänglich anderswo) quantifiziert wäre, „ist davon auszugehen, dass ein Großteil der Vorarlberger Studierenden nach dem Abschluss am Studienort verbleibt, um dort eine Erwerbstätigkeit aufzunehmen [...] Dem Vorarlberger Arbeitsmarkt gehen auf diese Weise viele qualifizierte Arbeitskräfte verloren. Aus diesem Grund kommt den regionalen Bildungsmöglichkeiten – insbesondere der Fachhochschule sowie den Bildungsinstitutionen im nahen Bodenseeraum – eine hohe Bedeutung für die Versorgung der Region mit qualifizierten Arbeitskräften zu."

Im Zielteil dieser Studie wird deshalb gefordert, dass „die Vorarlberger Wirtschaft [...] ein interessantes und qualitativ hochstehendes Arbeitsplatzangebot für Hoch- und Höchstqualifizierte eröffnen (soll) [...] Die hohe Nachfrage nach Technikern erfordert eine Anhebung des Arbeitskräfteangebots mit naturwissenschaftlich-technischer Ausbildung [...] Zusätzlich ist es notwendig, dass die Vorarlberger Bevölkerung jene Qualifikationen und Fähigkeiten erlangt, um im Wettbewerb mit Arbeitsplatzsuchenden von außen bestehen zu können."

Im Schlusskapitel werden zehn Handlungsfelder für wirtschaftspolitische Maßnahmen angeführt: In den Handlungsfeldern „Innovation", „Betriebsansiedelung und Gründungsförderung", „Internationalisierung und neue Märkte", „Kooperationen und Netzwerke" und vor allem „Bildung und Qualifikation" werden immer wieder Maßnahmen gefordert, die in einem Land mit einer einschlägigen Universität und den diesen angeschlossenen Wissens- und Technologietransferzentren und Aus-, Fort- und Weiterbildungseinrichtungen meist vorhanden und vergleichsweise leicht abrufbar sind.

Zusammenfassend wird hier aus dem Wirtschaftsleitbild 2010+ für die Vorarlberger Wirtschaft (und Gesellschaft) festgehalten: Die Wirtschaft ist überdurchschnittlich industrie- und export-exponiert. In Zukunft wird der qualifizierte Dienstleistungssektor in den Bereichen von kreativen Beschäftigungen, von unternehmensnahen Dienstleistungen, von Dienstleistungen im sozialen, gesundheitlichen und technischen Bereich sowie in den hoch spezialisierten Bereichen von Forschung, Forschungstransfer, in der Aus- und Weiterbildung stark zunehmen. Die eigene Schlussfolgerung lautet: Für diesen Bedarf müssten die entsprechenden Einrichtungen vor Ort verfügbar sein. Zukauf oder „Outsourcing" genügen in diesem Bereich nicht wirklich. Spitzenkräfte sollten auch in der Region selbst rekrutierbar sein. Nur so ist die Globalisierung ohne größere Arbeitslosigkeit und vergleichsweise höhere Wohlfahrtsverluste regional zu bewältigen.

Die Ausbildungswünsche der Vorarlberger Maturant/inn/en

Erstmals im Jahre 1997 wurde eine sehr detaillierte Umfrage sämtlicher Maturant/inn/en aller Schultypen durchgeführt. Sie wurde in den Jahren 1999, 2002, 2004, 2006 und 2009 wiederholt. Diese Umfragen weisen eine Reihe von Fragestellungen auf, die im Zeitablauf zum Glück unverändert bleiben. Allerdings wurde in den im Internet verfügbar gemachten Auswertungen in einzelnen Jahren unterschiedlich tief oder nach einer anderen Systematik ausgewertet.[7]

Die Maturant/inn/enzahlen sind zunächst steigend 1244 (1992), 1371 (1996), 1549 (2002), dann stagnierend 1543 (2004), 1533 (2006) und zuletzt stark steigend auf 1836 (2009). Das Geschlechterverhältnis bleibt mit circa 58 Prozent Mädchen und 42 Prozent Burschen ziemlich stabil. Die Teilnahme an der Befragung betrug: 91,7 Prozent (2002), 65,4 (2004), 87,3 (2006), 71,8 (2009). Für die ersten beiden Befragungen sind die Werte nicht in den Internet-Unterlagen ausgewiesen, dürften aber auch hinreichend repräsentativ gewesen sein.

Für das hier zu behandelnde Thema der Gründung einer Universität in Vorarlberg interessante Fragestellungen, die über die Befragungsjahre hinweg verfolgt werden können, sind:

Frage: Was machen Sie nach der Matura bzw. nach dem Wehrdienst/Zivildienst?
Der Wunsch nach einem Universitätsstudium liegt in der direkten Zuordnung ziemlich konstant bei leicht über einem Drittel der Studierenden, zuletzt leicht steigend und 2009 bei 37 Prozent.

- Ein Fachhochschulstudium wollen nach einem Höhepunkt von 9,4 Prozent im Jahre 2002 durchschnittlich rund sechs Prozent (2009) beginnen.
- Stark abgenommen hat der Wunsch nach einer berufsbezogenen Kurzausbildung; er liegt 2009 noch bei zwei Prozent.
- Über die Jahre sinkend ist der Wunsch (oder die Möglichkeit), sofort den Berufseinstieg zu wagen. Zuletzt sind es – trotz des hohen Anteils der Abgänger/innen von berufsbildenden Schultypen – noch 15 Prozent.
- Seit 2006 wird auch ein beabsichtigter Auslandsaufenthalt abgefragt: Konstant 14 Prozent wollen ins Ausland.
- Nur zwei Prozent (2009) streben eine Lehre an.
- Der Anteil von „noch unentschieden oder Sonstiges“ liegt bei etwas unter einem Viertel der Befragten, zuletzt bei 21 Prozent.

Studium und Fachhochschule belaufen sich zusammen auf 43 Prozent. Verteilt man in einem weiteren – notwendigerweise sehr freihändigen – Zuordnungsschritt von den 35 Prozent derjenigen, die ins Ausland gehen wollen bzw. noch unentschieden sind, die Hälfte auf diese Gruppe, so streben etwa 60 Prozent der Maturant/inn/en ein Studium an einer Universität oder Fachhochschule an. Das Verhältnis von Universitäts- und von Fachhochschulaspirant/inn/en beträgt rund 6:1.

Frage: Falls Universitätsstudium: Für welche Studienrichtung(en) und Studienfächer haben Sie sich entschieden?
Anhand der fünf Befragungen seit 1997 kann man zeigen, dass
- die Nachfrage nach geistes- und sozialwissenschaftlichen Studien bei rund 17 Prozent im Zeitablauf eine große Konstanz aufweist;
- die Rechtswissenschaften mit 5,7 Prozent (2009) deutlich weniger als früher nachgefragt werden;
- auch die Wirtschaftswissenschaften und die technischen Fächer mit größeren Schwankungen bei rund 15 Prozent (2009) ihre konstante Nachfrage aufweisen;
- das „Lehramt" mit zehn Prozent (2009) in der Wirtschaftskrise oder den zu erwartenden Pensionierungen wieder an Aktualität gewinnt;
- sehr deutliche Interessen für Musik bzw. Kunst, die 2009 zu über zehn Prozent angestrebt werden, geäußert werden;
- im Gegensatz zu den Naturwissenschaften, deren Nachfrage seit 1997 auf nahezu zwölf Prozent angestiegen ist, sich im Laufe der Zeit für Medizin bzw. Veterinärmedizin die gegenteilige Entwicklung ergibt und sich die Nachfrage 2009 mit 8,5 Prozent im Vergleich zu 2004 fast halbiert.

Man kann sich jetzt noch die Frage stellen, welche Studien aus diesem groben Katalog zum Beispiel durch den Ausbau der Fachhochschule Vorarlberg in eine Universität im Land Vorarlberg mit vergleichsweise geringem Zusatzaufwand angeboten werden könnten. Anknüpfungspunkte gäbe es bei den sozialwissenschaftlichen, den rechtlichen und den wirtschaftswissenschaftlichen Fächern bei der FH Vorarlberg sowie dem Lehramt an der PH in Feldkirch.

Weitgehend von Grund auf neu einzurichten wären hingegen ausgebaute Präsenz-Universitätsstudien in den Gebieten Geisteswissenschaften, Technik, Musik, Kunst, Naturwissenschaften und Human-, Zahn- sowie Veterinärmedizin, sollte man einen solchen Schritt überhaupt ins Auge fassen.

Frage: Wo werden Sie studieren?
Die österreichischen Hochschulstädte Leoben, Linz, Klagenfurt sind kaum auf dem Radar der künftigen Student/inn/en aus Vorarlberg. Mit Ausnahme des Jahres 2006 ist Innsbruck der beliebteste Studienort mit 39,5 Prozent (2009) der Studienwerber/innen. Wien holt ständig auf und liegt bei 36,4 Prozent (2009). Es folgen mit rund 20 Prozent jene, die mit „Sonstige" antworten, sei es, dass sie ins Ausland gehen oder es noch nicht wissen. Die Bedeutung von Graz und Salzburg nimmt zunächst bis 2004 auf 7,4 bzw. 3,5 Prozent zu und seither kontinuierlich auf 3,5 bzw. 0,8 Prozent (2009) ab.

Hier wird davon ausgegangen, dass neben dem Ausbildungscharakter insbesondere der Bildungscharakter einer Universität eher in einem Präsenz- als in einem Fernstudium erworben werden kann. Wenn man – wie oben ausgeführt – abschätzt, dass etwa 55 Prozent der Maturant/inn/en ein Universitätsstudium absolvieren, das bisher als Präsenzstudium nicht in Vorarlberg durchgeführt werden kann, so möchten von den gut 1800 Maturant/inn/en des Jahres 2009 rund 1000 an in- und ausländischen Universitäten, das heißt außerhalb Vorarlbergs studieren. Für eine Maturant/inn/enzahl von 1500 wären dies gut 800 Studierende. Anders gesagt, bis zu 1000 in Vorarlberg maturierende junge Leute pro Jahr finden dort nicht das gewünschte Präsenzstudium vor und die FH Vorarlberg vermag nur einen vergleichsweise geringen Anteil der Maturant/inn/en eines Jahrgangs anzuziehen: Es wollen – auf Basis der Umfrage für 2009 – nur gut drei Prozent der dortigen Maturant/inn/en eine FH in Vorarlberg besuchen, also ca. 180 bis 200 Leute.

Aus der Betrachtung des gewünschten Studienorts resultieren zwei weiterführende Gedanken:

Es ist, erstens, davon auszugehen, dass vor allem ein Teil der Absolvent/inn/en von Studien zur Berufsausübung nicht mehr nach Vorarlberg zurückkehrt. Dies sind weniger die Studienabbrecher/innen, sondern eher jene, die sich durch ein Studium „durchbeißen", aber – sei es aus Gründen einer privaten Partnerschaft und/oder aufgrund eines attraktiven Arbeitsangebotes – nicht mehr nach Vorarlberg zurückkehren, sondern in Wien, in Tirol, in der Steiermark, in der Schweiz usw. bleiben. Es würde sich rechnerisch (ein Drittel der auswärtigen Universitäts- und Fachhochschulbesucher/innen) um rund 350 Personen pro Jahrgang handeln.

Dies wäre – und ist – ein eklatanter Aderlass („brain drain") für Vorarlberg. Es ist auch für die Wirtschaft von Vorarlberg nicht trivial, wenn von den in Vorarlberg ausgebildeten Maturant/inn/en pro Jahr 300 bis 400 nach einem Universitäts- bzw. Fachhochschulstudium nicht mehr nach Vorarlberg zurückkehren! Die andere Seite der Medaille ist, dass Hochschul- und Universitätsstandorte und damit auch die Konkurrenten um den Wohlstand und die Wirtschaftskraft einen steten Zufluss von bestausgebildeten Akademiker/inne/n Vorarlberger Herkunft erhalten, die dort die Wirtschaftskraft und das Gesellschaftsleben positiv beeinflussen.

Dazu kommt ein weiterer Aspekt: Vorarlberg sucht hochqualifizierte Mitarbeiter/innen, sei es als Führungskräfte oder als selbständige Unternehmer/innen aller Art. Ohne die Vorteile einer Durchmischung der Bevölkerung verkennen zu wollen: Vorarlberg verliert ohne Universität also zweimal: einmal beim „brain drain" und einmal bei der Zuwanderung von bestens ausgebildeten jungen Akademiker/inne/n von auswärts, die Stellen einnehmen, die auch Vorarlberger/innen bei geeigneter Ausbildung oder Rückkehr hätten einnehmen können.

Es wäre sehr interessant, mithilfe von repräsentativen Nachfolgeuntersuchungen zu den hier ausgewerteten Umfragen die oben zitierten Angaben der Maturant/inn/en auf Basis ihrer tatsächlichen Ausbildung und ihres Lebenslaufes nach fünf bis zehn Jahren nochmals anschauen zu können.

Eigenheiten von Universitäten und Fachhochschulen

In diesem Abschnitt sollen kurz unterschiedliche Ausbildungsziele zwischen Universitäten und Fachhochschulen herausgearbeitet werden. Was ist üblicherweise „drinnen", wenn auf der Verpackung Universität oder Fachhochschule „draufsteht"?

Es gibt in der Praxis Kataloge dieser Unterschiede.[8] Und zugegeben, die Unterschiede vermischen sich entsprechend der Studienarchitektur von Bologna – oder wenigstens ihrer konkreten bisherigen Umsetzung – zunehmend. Nachfolgend sollen einige wichtige Unterschiede zwischen Universitäten und Fachhochschulen bzw. Fachhochschullehrgängen herausgestellt werden:

Im Vordergrund einer universitären Ausbildung stehen die forschungsbasierte Ausbildung und die berufliche Vorqualifizierung. Bei Fachhochschulen wird die wissensbasierte Berufsausbildung angestrebt. Bisher nimmt an Universitäten die Forschung meist einen unvergleichlich größeren Stellenwert als an Fachhochschulen ein, jedenfalls im Bereich der „wissenschaftlichen", also der Grundlagenforschung, im Vergleich zur angewandten Forschung. In jüngster Zeit wird an Fachhochschulen zunehmend auch die angewandte Forschung betont und gefördert.

Das erlernte Wissen (im Gegensatz zur Bildung) veraltet nach einer bestimmten Zeit, fast nichts bleibt so, wie man es einmal gelernt hat. Für die meisten Probleme gibt es nicht eine einzig richtige Lösung oder Handlungsanweisung. „Es hängt davon ab ...“ ist oft eine ganz gute Antwort, woraus die weitere Frage und der weitere Antwortversuch folgen: „Von was hängt es ab ...?“

Universitäten beschäftigen sich in vielen Bereichen nicht so sehr mit der Erzeugung und Verbreitung von Handlungswissen, sondern insbesondere auch von Orientierungs- und umfassendem (theorieorientiertem) Methodenwissen in einer größeren Fächervielfalt, während Studiengänge an Fachhochschulen meist bewusst „sehr praxis- und umsetzungsorientiert“ und oft branchenspezifisch oder berufsspezifisch ausgerichtet sind. FH-Absolvent/inn/en sind deshalb in konkreten Berufen unmittelbar „brauchbar“, da ihr Studium der jeweiligen Berufsvorbereitung dient. Universitätsabsolvent/inn/en können nach entsprechender Einarbeitungszeit meist in einer Reihe von Berufsbildern eingesetzt werden und sind deshalb auf die Bewältigung von Wandel in Berufsbildern meist besser vorbereitet.

Die eigene Einteilung des Studientempos an Universitäten ist eine gewaltige Herausforderung für die Selbstfindung und -organisation der Studierenden, während an Fachhochschulen eine für viele auch in diesem Bildungs- und Ausbildungsabschnitt hilfreiche „Verschulung“ vorzufinden ist. Die in Autonomie von den Senaten beschlossenen und von den Universitätsräten abgenickten Studienpläne im Zusammenhang mit der Umstellung auf die „Bologna-Architektur“ engen nunmehr an den meisten Universitäten allerdings die Freiheitsspielräume der Studierenden auf der Bakkalaureatsebene in unnötiger Weise ein.

FH-Studiengänge haben eine fixe Studiendauer und eine klare Begrenzung von Studienplätzen pro Lehrgang, was zu Aufnahme- und Auswahlverfahren führt, während zumindest österreichische Universitäten nach den derzeitigen gesetzlichen Vorgaben auch in den Massenfächern einen freien Hochschulzugang „ertragen“ müssen.

Auch wenn die Unterschiede zwischen Universitäten und Fachhochschulen immer mehr verblassen, so ist das „proprium“ (das Eigene, die Eigenheit) einer Universität schließlich das Promotionsrecht. Der erfolgreiche Abschluss eines FH-Masterstudienganges oder eines FH-Diplomstudienganges berechtigt zu einem facheinschlägigen Doktoratsstudium an einer Universität. Fachhochschulen dürfen bisher keine Promotionen durchführen.

Was kann normalerweise eine Universität, was eine Fachhochschule nicht kann? Es reduziert sich auf wenige Bereiche: die Promotion, die Grundlagenforschung, das umfassende Orientierungs- und methodische Grundlagenwissen, die Vorbereitung auf wissenschaftliche Karrieren, die Selbstorganisation der Studierenden. Und was kann – abschließend – eine Fachhochschule, was eine Universität jedenfalls in Österreich bisher gesetzlich nicht darf oder in der Realität meist nicht so gut kann? Studienplatz-, Studienzeit- und Studierendenzahlbeschränkung, die Auswahl von Studierenden, das klar vorgegebene Studienprogramm und die unmittelbare Praxisorientierung.

Angewandt auf unsere Ausgangsfragestellung bedeutet dies: In Vorarlberg fehlt die höchste Ausbildungsstufe, das Doktorat, und auch Absolvent/inn/en von Master- und Diplomstudien sind meist enger ausgebildet als vergleichbare Universitätsabsolvent/inn/en. Es wird in Vorarlberg im tertiären Bildungsbereich verstärkt Wert auf die unmittelbare Verwertbarkeit von Wissen und Brauchbarkeit der Absolvent/inn/en in konkreten Berufen und deren Fort- und Weiterbildung Wert gelegt.

Unterschiedliche Standortwirkungen von Universitäten und Fachhochschulen

Hat ein Bundesland eine eigene öffentliche Universität „vor Ort", so ergibt sich auch üblicherweise eine höhere Akademiker/innenrate in der Bevölkerung. Damit verbunden ist erfahrungsgemäß ein geringeres Arbeitslosenrisiko. Die Wirtschaft bewältigt wirtschaftlichen, technologischen und gesellschaftlichen Strukturwandel damit deutlich leichter. Es ergeben sich mehr interdisziplinäre Kooperationen in der Forschung und für neuartige, innovative Unternehmen im Vergleich zu einer Wirtschaft, die vor allem auf hohe Umsetzungskompetenz Wert legt. Eine Region mit Universität ist attraktiver für einheimische und auswärtige Spitzenarbeitsplätze und Höchstqualifizierte in Wirtschaft und Gesellschaft. Eine Gesellschaft mit Universität ist auch kulturell und in vielen Lebensbereichen deutlich breiter aufgestellt und sollte oder könnte (bei entsprechender Bildung der Absolvent/inn/en) damit auch toleranter und integrativer sein.

Es ist nicht nur eine Frage der Größe einer Universität (gemessen an: Mitarbeiter/inne/n, Studierenden etc.), sondern auch der fachlichen Breite, wenn es um die unterschiedlichen Beschäftigungswirkungen zwischen einer Fachhochschule und einer Universität auf eine Region geht. Die größere Forschungsintensität, der intensive internationale Austausch von Lehrenden und Lernenden, die Einbindung in die internationale „scientific community" sowie das studentische und gesellschaftliche Leben einer Universität haben bemerkenswerte Auswirkungen für eine Stadt oder eine Region: Universitäten tragen viel zur Identität und zum Image von Städten und Regionen bei.

Universitäten sind – wegen ihrer Größe und Diversität – ein erheblicher regionaler Wirtschafts- und Beschäftigungsfaktor. Beispielsweise beträgt das Ausgabevolumen der beiden Innsbrucker Universitäten pro Jahr ca. 300 Millionen Euro (2009) und füllen die beiden Innsbrucker Universitäten mit ihren Fachtagungen und Kongressen rund 60 Prozent aller Veranstaltungen des „Innsbrucker Congress"(hauses), was auch Auswirkungen auf die Internationalisierung der Besucher/innenstruktur und der Übernachtungsziffern einschließlich der Glättung von saisonalen Schwankungen der Hotellerie von Innsbruck und Umgebung hat. Viele der Absolvent/inn/en kehren immer wieder gerne zu gemeinsamen Begegnungen an die Stätte ihrer Universitätsausbildung zurück.

Universitäten sind mit ihren Veranstaltungen, ihrer Nachfrage nach Personal, Sachleistungen und Investitionen (Bauten, Instandhaltung, Geräte) auch wirtschaftlich bedeutsam. Die Ausgaben der Beschäftigten und der Studierenden beleben den lokalen Konsum. Gemeinsam mit der Wohnungsnachfrage tragen sie erheblich zur Wertschöpfung einer Universitätsstadt bei. Bedeutsam sind auch die Beschäftigungswirkungen, die – häufig in Zusammenarbeit mit der lokalen Wirtschaft – aus nationalen und internationalen Forschungsprogrammen stammen. Hier macht es einen Unterschied, ob man Träger eines solchen Forschungsprogramms oder lediglich ein gerne gesehener Mitwirkender ist.

Die Sache mit den bundesstaatlichen Kompetenzen und dem lieben Geld

Ohne hier entfernt in die Tiefe gehen zu können: Öffentliche Universitäten sind juristische Personen des öffentlichen Rechts und sind primär vom Bund zu finanzieren. Fachhochschulen sind privatrechtlich durch lokale/regionale „Träger" organisiert und finanziert. Der Bund trägt mit fixen Beträgen zur Studienplatzfinanzierung bei, deren Zahl nach einem bestimmten Verfahren vom Bund für eine bestimmte Zeit genehmigt wird. Auffällig ist, dass die bundesstaatliche Kompetenzverteilung für die meisten Bundesländer schon lange keinen Grund mehr darstellt, ihre eigenen Interessen in diesem Bereich nicht auch selbst vor Ort zu finanzieren.

Die öffentlichen Universitäten Österreichs werden derzeit mit knapp unter drei Milliarden Euro pro Jahr vom Bund finanziert. Sie werden überwiegend am Standort einer Universität eingesetzt. Auf einen Anteil an diesen Mitteln verzichtet Vorarlberg zugunsten anderer Bundesländer Jahr für Jahr, wenn es „nur" auf die Studienplatzfinanzierung von Fachhochschulstudiengängen seitens des Bundes reflektiert, aber nicht auch Universitätsstandort sein will. Ohne gleich eine Medizinische Universität für Vorarlberg anzudenken, ersparen sich Wien, die Steiermark und Tirol sehr erhebliche Mittel für ihre medizinische Spitzenversorgung mit Kliniken, die der Bund in Form des „klinischen Mehraufwandes" derzeit an die Medizinischen Universitäten zahlt und (im Normalfall) für die universitäre Lehre und Forschung an die Krankenhausträger weitergeleitet werden. Universitäten sind über ihre Forschungsprojekte auch bestgeeignete Andockstellen für Forschungsmittel. So finanziert zum Beispiel die Universität Innsbruck allein jährlich fast 30 Millionen Euro aus diesem Titel mit einer großen Anzahl von Beschäftigten in der Forschung und in Kooperation mit der regionalen Wirtschaft.

Zusammenfassung und Empfehlungen

Neben dem Burgenland ist Vorarlberg das einzige österreichische Bundesland ohne öffentliche Universität. Im Gegensatz zu den übrigen Bundesländern und Nachbarländern wie Südtirol und Liechtenstein und vielen Standortstädten, die jeweils sehr erhebliche Mittel aufwendeten, um eine eigene Universität zu erhalten, war und ist die Gründung einer solchen politisch in Vorarlberg kein Thema. Die meisten anderen Bundesländer halten sich angesichts des hohen lokalen oder regionalen Nutzens von Universitäten bei deren Finanzierung keineswegs an die bundesstaatliche Aufgabenverteilung.

Wie der Vergleich zeigt, wäre Vorarlberg für eine öffentliche Universität keineswegs zu klein, zumal typischerweise durch eine Universität Studierende, Lehrende und Forschende auch von außen angezogen werden. Immerhin gehörte Vorarlberg mit der Fachhochschule Vorarlberg in Dornbirn zu den Pionieren der Fachhochschulbewegung, doch gehören Fachhochschulen mittlerweile zum „Standort-Repertoire" von Bundesländern.

Vorarlberg hat im Vergleich zu den übrigen Bundesländern, insbesondere Wien, eine überaus geringe Maturant/inn/endichte. Wie das gültige Vorarlberger Wirtschaftsleitbild 2010+ zeigt, weist Vorarlberg auch eine vergleichsweise niedrige Dienstleistungsquote auf. Durch den hohen Industrialisierungsgrad fehlt ein ausreichendes (sich selbst verstärkendes) Arbeitsplatzangebot für Hoch- und Höchstbegabte. Darüber hinaus ist es notwendig, dass die Vorarlberger Bevölkerung jene Qualifikationen erlangt, um im Wettbewerb mit Arbeitsplatzsuchenden von außen bestehen zu können. In vielen Bereichen von Innovation, Internationalisierung, Kooperation und Netzwerken sowie Bildung und Qualifikation sind mit einer lokalen Universität samt angeschlossenem Wissenstransferzentrum in den meisten anderen Bundesländern Einrichtungen vorhanden, die in Vorarlberg zum Teil erst Gegenstand von bewussten wirtschaftspolitischen Maßnahmen des Landes sein müss(t)en (siehe Handlungsfelder im Vorarlberger Wirtschaftsleitbild 2010+).

Auf Basis von regelmäßig durchgeführten repräsentativen Umfragen unter den Vorarlberger Maturant/inn/en kann gezeigt werden, dass rund 55 Prozent (oder rund 1000 Personen) eines Jahrgangs ein Universitätsstudium absolvieren wollen, das vor Ort im Land nicht angeboten wird. Man kann davon ausgehen, dass einschließlich der auswärtigen Fachhochschulabsolvent/inn/en pro Jahr zwischen 300 und 400 ausgebildete Vorarlberger/innen nicht mehr in ihr Bundesland zurückkehren. Diese „Zulieferung" des bestausgebildeten eigenen Nachwuchses an Konkurrenten um Arbeitsplätze und Wohlstand (andere Bundesländer, nahes Ausland) ist ein gewaltiger „brain drain" und fortlaufender Wohlfahrtsverlust.

An Fachhochschulen sind bisher Promotionsstudien, also die höchste Stufe eines Studiums, nicht vorgesehen, Grundlagenforschung, umfassendes Orientierungs- und methodisches Grundlagenwissen, Bildungswissen, die Selbstorganisation der Studierenden und die Vorbereitung auf wissenschaftliche Karrieren fehlen dort meist oder sind erst in Optimierung begriffen. Anpassungsprobleme bei Veraltung von Wissen im Laufe des Berufsweges dürften breit ausgebildete Universitätsabsolvent/inn/en leichter bewältigen können.

Schließlich entfalten Universitäten durch die größere Forschungsintensität, den internationalen Austausch von Lehrenden und Lernenden, die Einbindung in die „scientific community" sowie das studentische, vor allem aber das gesellschaftliche Leben einer Universität bemerkenswerte

Auswirkungen für eine Stadt oder eine Region. Sie sind nicht nur ein bedeutsamer regionaler Wirtschafts- und Beschäftigungsfaktor mit hoher Umwegrentabilität im Tourismus (Kongresswesen) sowie im Wohnungs-, Konsum- und Investitionsbereich, vor allem aber auch im Kunst-, Medien- und Kulturbereich eines Landes, ja im gesamten gesellschaftlichen und politischen Umfeld. Universitäten bringen vergleichsweise deutlich höhere laufende Bundesfinanzierungen an einen Standort und ein Bundesland als Fachhochschulen.

Als ich diesen „Besinnungsaufsatz" übernommen habe, hatte ich die wenig reflektierte Ansicht, Vorarlberg sollte die Fachhochschule Vorarlberg gezielt weiter ausbauen. Nachdem ich mich kundig gemacht habe, wovon Vorarlberg derzeit „lebt", was die künftigen Herausforderungen des Standortes sind, welcher „brain drain" für Vorarlberg jährlich entsteht, welchen Mehrwert und welche Impulse eine Universität im Vergleich zu einer – wenn auch sehr ordentlich aufgestellten – Fachhochschule für die Wirtschaft und Gesellschaft eines Landes bringen könnte, bin ich doch zur sachlich begründeten Meinung gelangt, wenigstens die Vision einer eigenen öffentlichen Universität in Vorarlberg hätte für eine zukunftsorientierte Politik viel Charme.

Hier weiterzudenken und die Entwicklungen gut zu beobachten, wäre im Sinne einer Konkurrenzanalyse sicherlich von Vorteil. Für die volle Umsetzung fehlen aber realistischerweise nunmehr und für längere Zeit die Voraussetzungen. Denn der Zeitpunkt oder besser: der notwendige Zeitraum von fünf bis zehn Jahren für eine solche Gründung ist mittlerweile schon aus budgetären Gründen des Bundes und wegen des anhaltenden formalen und inhaltlichen „Durcheinanders" im tertiären Bildungssektor dieses Staates nicht eben günstig für eine eigene öffentliche Universität in Vorarlberg.[9] Schließlich und am wichtigsten müsste das „offizielle Vorarlberg" selbst überhaupt eine Mangelsituation empfinden und dann auch noch über einen langen Zeitraum mit allen verfügbaren Kräften eine Universität überhaupt wollen und nachhaltig einfordern. Dafür wäre eine Fülle inhaltlicher, organisatorischer, investiver und nicht zuletzt auch personeller Fragen zu lösen.

Im Hinblick auf die derzeit fehlende Problemlösungskapazität im Universitätswesen auf Bundesebene zeichnet sich bereits ein Mittelweg ab: Es könnte möglich sein, dass die öffentlichen Universitäten in Österreich ihre Alleinstellungsmerkmale und damit ihre Attraktivität zumindest auf der Bakkalaureats- und vielleicht auch auf der Masterebene mittelfristig verlieren. Im Hinblick darauf würde es für Fachhochschulen Sinn machen, einem

Teil des Angebots eine universitäre Ausrichtung zu geben, ohne das Kind gleich so zu nennen. Bei den akademischen Graden wurde das „FH" mittlerweile bereits auf dem Gesetzeswege beseitigt.

Nachdem dieser Weg der Fachhochschule Vorarlberg bereits sehr erfolgreich eingeschlagen und auf die nach der hier vorgelegten Analyse deutlich werthaltigere (aber schwierigere) Alternative einer eigenen Universität für Vorarlberg verzichtet wurde, scheinen die nächsten realistischen und pragmatischen Schritte folgende zu sein:

Das Land Vorarlberg könnte intensiv darauf hinarbeiten, dass

- die Maturant/inn/enquote zumindest auf den österreichischen Durchschnitt angehoben wird;
- die inhaltlichen Bildungs- und Ausbildungserfordernisse an der Fachhochschule Vorarlberg bedarfsgerecht weiter in eine „universitäre Richtung" ausgebaut werden;
- Vorarlberg zusätzlich so viele Bundesmittel erhält, wie in anderen Bundesländern aus dem Titel „öffentliche Universitäten" laufend zufließen, und schließlich,
- die Zuständigen periodisch Kontakte zu allen auswärts studierenden Vorarlberger/inne/n nach dem Motto halten: „Studier' fertig – Vorarlberg wartet auf Dich".

Anmerkungen

1 Vgl. http://lh.vorarlberg.at/lh/dist/regierungserklaerung 09.html.

2 Vgl. „Neue Medizin-Universität: Wann beginnt's in Linz?", in: Österreichische Ärztezeitung (18), 25. 9. 2009, 16ff.

3 Vgl. Universität Österreich 2025. Analysen und Empfehlungen zur Entwicklung des österreichischen Hochschul- und Wissenschaftssystems, Wien, November 2009, vgl. www.wissenschaftsrat.ac.at.

4 Vgl. für Details die Homepages der angeführten Einrichtungen.

5 Diese Zahlen betreffen das jeweils letztverfügbare Studienjahr (zumeist: 2008/09). Die Erhebung besorgte Frau Karin Jarz.

6 Vgl. Amt der Vorarlberger Landesregierung (Hg.) (2006?), abrufbar unter: http://www.vorarlberg.gv.at/vorarlberg/wirtschaft_verkehr/wirtschaft/wirtschaft/weitereinformationen/leitbild2010_wirtschaftvo.htm. Um eine Überladung zu vermeiden, werden die verwendeten Zitate aus dem Wirtschaftsleitbild 2010+ im Folgenden nicht nach Seitenzahlen zitiert; es kommt hier auf die Inhalte an.

7 Vgl. Industriellenvereinigung Vorarlberg und Landesschulrat für Vorarlberg (2009), abrufbar unter: http://www.iv-vorarlberg.at/publikationen/. Die Auswertungen auf die nachfolgenden Fragen wurden zum Teil mit eigenen Berechnungen vergleichbar gemacht.

8 Vgl. mit etwas abweichenden Positionen: Fachhochschule Vorarlberg (2009), abrufbar unter: http://fhv.at/weg/fachhochschule-oder-uni.

9 „Zwei Nein zu Med-Uni Linz. Hahn und Wissenschaftsrat gegen neue Ausbildungsstätte", in: Der Standard, 3.12.2009, 8.

Juliane Alton

Die Odyssee zur Autonomie

Auf der Suche nach Raum für ein soziokulturelles Zentrum

Das Jahr 2009 war als erstes „Krisenjahr" in der Budgetgestaltung des Landes Vorarlberg spürbar. Der Budgetentwurf nimmt explizit darauf Bezug. Als Maßnahme zur Stabilisierung wird ein „Vorarlberger Konjunktur- und Entlastungspaket" geschnürt und am 23. Oktober 2008 der Öffentlichkeit präsentiert. Es ist laut Wirtschaftsreferent und Landeshauptmann Herbert Sausgruber 60 Millionen Euro schwer und enthält die forcierte Umsetzung „baureifer Projekte" (Hochbauprojekte 10,1 Millionen), die Forcierung der Althaussanierung (5 Millionen), eine höhere Wohnbauförderung für Eigenheime, die Förderung von Solaranlagen in Gewerbebetrieben, Photovoltaik-Förderung, Investitionen in Biomasse-Nahwärmeproduktion, Qualitätsverbesserung und Infrastrukturverbesserungen im Tourismusbereich (2 Millionen), neue Initiativen in der Forschungsförderung (1 Million), Investitionsförderungen mit Beschäftigungseffekten für die Wirtschaft (1 Million), in Kleingewerbekreditförderung (1,5 Millionen) und ein Jugendbeschäftigungsprogramm (2,5 Millionen). Genannt werden auch die ÖBB-Infrastrukturprojekte, an denen das Land beteiligt ist.[1]

Etliche dieser Maßnahmen erwachsen nicht aus der aktuellen Situation, sondern beruhen auf längerfristiger Planung auch anderer Ebenen der Politik. Dies gilt auch für die im „Entlastungspaket" genannten sozialen Unterstützungsmaßnahmen.

Die Maßnahmen sind insgesamt „klassisch" angelegt und von früheren Konjunkturmaßnahmen kaum zu unterscheiden: Sie beziehen sich in erster Linie auf Bauwirtschaft und Gewerbe, wobei technische Innovation und Energieeffizienz als Kriterien eine Zielrichtung vorgeben. Es werden in erster

Linie „männliche" Arbeitsplätze gefördert. Eine Maßnahme im Bildungsbereich, die Abschaffung der Studiengebühren an der Fachhochschule, hebt sich davon ab.

Ideen für den Kulturbereich als Arbeitsmarkt und als Standortfaktor fehlen, obschon internationale Studien seit Jahren klar belegen, dass Investitionen im Bereich Soziokultur Wirtschafts-, Beschäftigungs- und gesellschaftliche Integrationswirkungen entfalten.[2] Dass es sich bei der Beschäftigungswirkung nicht in erster Linie um klassische Arbeitsplätze im Angestelltenverhältnis handelt, muss allerdings betont werden, es werden vielmehr „Arbeitsmöglichkeiten" unter oft prekären Bedingungen eröffnet.

Die Hausbesetzung – eine Raumfrage

Einen Tag, nachdem das Konjunktur- und Entlastungspaket präsentiert wurde, am 24. Oktober 2008, geschah Ungewöhnliches: In Feldkirch wurde in Bahnhofsnähe ein Gebäude besetzt. Die Hausbesetzer wollen ein autonomes Kulturzentrum errichten, meldet der ORF am 25. Oktober. „Wir fordern Raum abseits von Ausbeutung", schreiben die Hausbesetzer/innen in einer am Tag darauf veröffentlichten Presseaussendung: „Die Frage, die uns bewegt, ist die Frage nach Raum. Raum, in dem etwas Neues entstehen kann, abseits von der allgegenwärtigen Ausbeutung und Verwertung menschlicher Kreativität durch eine Logik, die nur noch den Willen zu mehr Profit und Macht kennt. Wir wollen einen Raum, in dem es wieder Möglichkeiten gibt, Utopien für ein gesellschaftliches Mitsein, das Herrschaftsverhältnisse überwinden kann, offen ist, für eine Zukunft, in der sich Begriffe wie Freiheit und Solidarität verwirklichen können."[3]

Die erste Reaktion eines Politikers war jene des Feldkircher Bürgermeisters Wilfried Berchtold: Die Stadt lasse sich nicht erpressen, ließ er vermelden und sprach von illegalen Aktionen. Die Hausbesetzer/innen hatten allerdings das Kunststück geschafft, das Gebäude zu besetzen, ohne gegen ein einziges Gesetz zu verstoßen. Zwar brachte Sicherheitslandesrat Erich Schwärzler ebenso wenig Verständnis für die Hausbesetzer/innen auf, doch die Polizei sah keinen Anlass einzugreifen.

Unabhängige Organisationen wie der Dachverband für Offene Jugendarbeit KOJE, der Kulturverein Transmitter und die IG Kultur Vorarlberg unterstützten das Anliegen der Besetzer/innen von Beginn an. Tatsächlich kam die lautstarke Artikulation des Anliegens, es möge endlich ein Raum für autonome Kulturarbeit freigegeben werden, für die Politik möglicherweise überraschend, nicht aber für Repräsentant/inn/en der Kultur- und Jugendarbeit. Denn der Verein Transmitter mit seinem vagabundierenden Festival, selbst schon 17 Jahre alt, ist die Kultur gewordene Forderung nach einem Freiraum. Der seit 2005 obdachlose Verein Konkret, Träger des ersten autonomen Jugendzentrums in Österreich, ist eine weitere Wurzel der aktuellen Aktivitäten. Der Aktionsmonat der Initiator/inn/en für ein autonomes Kulturzentrum lief seit Anfang Oktober 2008. Die Besetzung war insofern nur Kulminationspunkt, um endlich mit dem Anliegen ernst genommen zu werden.[4]

Mietfreiheit für Kulturarbeit

Am 28. Oktober 2008 gibt es ein Gespräch im Rathaus Feldkirch, bei dem neben den Initiator/inn/en der Bürgermeister und die Vizebürgermeisterin der Stadt Feldkirch Erika Burtscher sowie der Landesjugendreferent Roland Marent anwesend sind. In diesem Gespräch wird geklärt, dass sich das Anliegen an das Land richtet und kein neues ist. Der Bürgermeister verspricht, sich im Rahmen seiner Möglichkeiten dafür einzusetzen, dass eine solche Einrichtung in Vorarlberg möglich wird. Die Besetzung wird daraufhin am 30. Oktober 2008 beendet, ein erstes Gespräch mit dem damals für Kultur zuständigen Landesstatthalter Markus Wallner folgt bereits am 11. November im Landhaus.

Geklärt wird zunächst das Anliegen der Initiator/inn/en:

- Es geht um Kulturarbeit, zum Beispiel um das Veranstalten von Konzerten, die sonst im Land nirgendwo stattfinden können.
- Es geht um einen Raum der Begegnung für Menschen aller Altersgruppen, ohne Konsumzwang, ohne pädagogische oder problematisierende Zugänge.
- Die Arbeit im Zentrum erfolgt ehrenamtlich, eine Subventionierung wird klar abgelehnt (Abrechnungszwänge binden).
- Als einzige öffentliche Ressource wird der mietfreie Raum angestrebt.

Geklärt wird auch das Verständnis des Begriffes „autonom“: Spielregeln werden gemeinsam, basisdemokratisch festgelegt. Es geht um ein Miteinander ohne Hierarchie, alle übernehmen Verantwortung für das Funktionieren. Definitiv bedeutet „autonom" nicht Chaos oder Gesetzlosigkeit, was schon im Rahmen der Besetzung belegt werden konnte.

Eine Arbeitsgruppe wird eingerichtet: Vonseiten der Gemeinden werden die Feldkircher Vizebürgermeisterin Erika Burtscher (Oberland) und der Lustenauer Vizebürgermeister Kurt Fischer (Unterland) delegiert, vom Land mit Werner Grabher und Thomas Müller Vertreter der Abteilungen Kultur und Jugend entsandt. Die Initiative nominiert ebenfalls Vertreter/innen. Weiters sollen die KOJE für Moderation, Einladung und Protokoll eingebunden werden und die IG Kultur Vorarlberg als kulturpolitische Interessenvertretung der unabhängigen Kultureinrichtungen. Der politisch zuständige Ansprechpartner beim Land, Markus Wallner, möchte über den Prozess informiert bleiben und „freut sich auf das Ergebnis", wie im Protokoll festgehalten ist.

29 Gemeinden für ein autonomes Haus

Für die Monate Januar bis März 2009 wird ein Fahrplan festgelegt. Im Rahmen von drei Treffen wird nach einem passenden Gebäude gesucht, die organisatorischen und rechtlichen Fragen werden geklärt. Eingeplant wird auch eine Exkursion ins autonome Kulturzentrum Bremgarten in der benachbarten Schweiz, wo seit 1991 ein Kulturzentrum ohne öffentliche Subvention ein vielfältiges Programm anbietet.[5] Grundsätzlich kommt jede der 29 Gemeinden im Vorarlberger Rheintal als Standort für ein autonomes Kulturzentrum in Frage. Für Februar wird zusätzlich eine öffentliche Diskussion angesetzt, diese findet am 3. Februar bei regem Zuspruch im Spielboden statt.

Nach der Konzeptphase wird eine Umsetzungsphase ab April 2009 eingeplant. In den drei Treffen am 29. Januar, 24. Februar und 24. März 2009 wird das Raumanforderungsprofil vorgestellt und die Arbeit der Suche aufgeteilt. Das Anforderungsprofil für das Gebäude ergibt sich aus dem Konzept, hier soll es nur ganz kurz dargelegt werden:

- Größe 1000 qm
- Garten
- Gute öffentliche Erreichbarkeit (Eisenbahnhaltestelle in Geh-Entfernung)
- Ausreichende Entfernung von Wohngebieten (Lärmbelästigung)
- Entsprechende Widmung für kulturelle Nutzung oder Möglichkeit umzuwidmen

Dies gilt als Idealform, Kompromisse können notwendig sein. Besichtigt werden sollen Gebäude ab 600 qm. Die Vizebürgermeister/innen kümmern sich um Gebäude im Gemeindebesitz und binden das Realbüro Hagen ein. Die Kulturabteilung befragt die Vermögensverwaltungsabteilung des Landes, Vertreter/innen der Initiative kümmern sich um private Anbieter/innen und weitere Immobilienbüros.

Die ÖBB haben mittlerweile das vormals besetzte Gebäude abgerissen, das Grundstück wird gebraucht. Sie sind entgegen den ursprünglichen Wünschen der Initiator/inn/en nicht in die Gespräche eingebunden, sie zeigen kein Interesse.

Ideen von Neubau bis Container

Und so machen sich die Initiator/inn/en des autonomen Kulturzentrums auf die Suche nach einem geeigneten Gebäude. Dazu werden auch die Katasterpläne zuhilfe genommen, doch die Arbeit gestaltet sich zäh. Objekte in Hohenems werden zweitrangig in Augenschein genommen, denn das Autonome Jugend- und Kulturzentrum Konkret mit ehemaligem Sitz in Hohenems hat in seiner langjährigen Geschichte unerfreuliche Erfahrungen mit der Stadtverwaltung gemacht.[6]

Es wird auch die Idee, ein Containergebäude auf einem freien Grundstück zu errichten oder mithilfe von Mietzahlungen des Landes einen Neubau zu finanzieren, diskutiert. Allerdings ist zu diesem Zeitpunkt noch nicht klar, mit welchen Beträgen das Land sich engagieren will. Diese Frage, so der Vorschlag von Kurt Fischer, soll geklärt werden, wenn ein konkretes Gebäude gefunden ist.

Welche Rechtsperson Mieter und insgesamt verantwortlich sein soll, wird gemeinsam mit Haftungsfragen diskutiert. Für die Initiator/inn/en ist klar, dass der Verein Konkret diese Rolle übernehmen soll und aktive Mitglieder der Initiative sich im Vorstand engagieren werden.

Die Kommunikation mit der Gemeinde, wo das autonome Kulturzentrum angesiedelt werden soll, wird diskutiert. Bürgermeister/innen und Gemeindevorstände sind ebenso einzubinden wie aktive Vereine der Gemeinde.

Erika Burtscher und Kurt Fischer finden keine geeigneten Gebäude. Die Kulturabteilung des Landes findet über die Vermögensverwaltungsabteilung zwei Gebäude in Bregenz, die aber beide ungeeignet sind (eines zu klein, eines zu groß und zu teuer und dazu bewohnt). Die Initiator/inn/en bringen eine Vielzahl an Gebäuden in die Diskussion ein: Haus der Jungen Arbeiter, Fussenegger- und Steinebachareal, Steinbruch, Elektro Rein (Dornbirn), Tupperwaregebäude (Weiler), Spinnerei, Otten Areal, Doldbau (Hohenems), Thiengebäude (Rankweil), Verzinkerei Zimmermann (Lustenau), Tierkörperverwertung (Koblach), Gasthof Schiff (Bregenz).

Die Treffen finden im Vismut in Dornbirn statt, Martin Hagen von der Offenen Jugendarbeit in Dornbirn als Gastgeber liefert wichtige Beiträge. Vismut und KOJE wollen nach einem letzten Treffen im April die Koordinationsarbeit an die IG Kultur weitergeben, was von allen gutgeheißen wird.

Zwei Favoriten in Weiler und Rankweil

Die Ergebnisse der bisherigen Arbeit werden am 31. März 2009 Landesstatthalter Markus Wallner und Mitarbeiter/inne/n aus den Abteilungen Kultur und Jugend präsentiert. Die Favoriten der Initiator/inn/en sind das Tupperwaregebäude in Weiler und das Thiengebäude in Rankweil, wobei in Weiler die Bürgermeisterin Mechthild Bawart sich als Befürworterin eines autonomen Kulturzentrums in ihrer Gemeinde deklariert, was in Rankweil noch nicht geklärt ist. Als Kaufpreis stehen 1,3 bzw. 2 Millionen Euro im Raum. Markus Wallner lehnt allerdings einen Kauf des Landes in dieser Größenordnung ab. So viel Geld sei weder kurzfristig verfügbar (frühestens nach einem Beschluss im Herbst 2009 im Budget des Jahres 2010) noch sei das Land gewillt, in einer solchen Größenordnung Geld bereitzustellen. Er bietet die Zahlung einer Miete durch das Land in derselben Größenordnung wie für das Theater Kosmos in Bregenz an (32 000 Euro im Jahr). So werden die Initiator/inn/en wieder auf die Suche nach einem Mietobjekt geschickt.

Aus heutiger Sicht wäre es kaum möglich gewesen, das Thiengebäude in Rankweil (Privatbesitz eines Technologiekonzerns) zu kaufen oder zu mieten. Beim Tupperwaregebäude stellte sich heraus, dass die Widmung (Betriebsgebiet II) keine kulturelle Nutzung zugelassen hätte und eine Umwidmung laut Rechtsauskunft des Landes nicht möglich wäre.

Die Exkursion nach Bremgarten im April 2009 ergab neue Erkenntnisse in folgender Hinsicht: In einer 6000-Einwohnergemeinde kann ein solches Kulturzentrum über lange Zeit existieren. Das Gebäude selbst ist desolat, ob es Vorarlberger Veranstaltungsrecht genügen würde, wird von Vertreter/inne/n des Landes bezweifelt. Das Programm ist vielfältig, der Besuch gut, Probleme mit der Gemeinde oder mit Nachbarn scheint es nicht zu geben.

Ein Treffen mit Martin Assmann von Vision Rheintal ergibt eine unverbindliche Billigung des Projekts, aber keine konkreten Zusagen der Unterstützung, weder im Sinn der Raumsuche noch betreffend die Thematisierung im Rahmen einer der regelmäßigen Konferenzen mit den Bürgermeister/inne/n im Rheintal.

Kultursuche in der Tierkörperverwertung

Für die Monate Mai bis Juni wird notgedrungen eine zweite Phase der Raumsuche eingeplant, der Verein Konkret stellt einen formellen Finanzierungsantrag an das Land, damit das Projekt im Budget berücksichtigt werden kann. Die Tierkörperverwertung in Koblach rückt allmählich ins Zentrum des Interesses. Es handelt sich dabei um eine Halle mit 600 qm Grundfläche und elf bis 13 m Höhe. Es gibt funktionierende Nebenräume (kleine Büros, wenig Sanitär), es gibt Flächen im Freien. Die Halle ist mit Strom versorgt, aber unisoliert (nicht zu heizen). Zeitweise tritt Geruchsbelästigung durch den Probebetrieb der Tierkörperverbrennung im selben Gebäudeverbund auf. Großer Vorteil: Die Halle steht im überwiegenden Besitz des Landes.

Die Initiator/inn/en sehen zwar die baulichen und akustischen Schwierigkeiten, entwickeln aber sehr schnell eine Vielzahl von Ideen, wie diese Probleme angepackt werden können. Erika Burtscher stellt Kontakt mit dem Koblacher Bürgermeister Fritz Maierhofer her, der sich nach anfänglicher Überraschung interessiert zeigt. Als nächstes soll daher die Widmungsfrage geklärt werden.

Zu diesem Zeitpunkt Anfang Juli wird das Land kontaktiert. Markus Wallner scheint interessiert und verspricht, die Widmungsfrage zu klären. Die Urlaubszeit verhindert ein rasches Weiterarbeiten, im Sommer beginnt überdies der Wahlkampf für die Landtagswahl am 20. September 2009. Es gibt für die Initiator/inn/en keine andere Möglichkeit, als ein Terminangebot von Markus Wallner für den 10. September 2009 anzunehmen, um eine Vereinbarung betreffend das Gebäude schließen zu können. Der Leiter der Vermögensverwaltungsabteilung des Landes, Kurt Fenkart, soll dabei sein.

Dieses Treffen verläuft eigenartig: Vonseiten des Landes ist davon die Rede, dass die Halle einerseits desolat sei, andererseits werde sie möglicherweise als Lagerhalle für Kunstobjekte gebraucht (zum Beispiel für mehrere Beton-Porsches von Gottfried Bechtold). Das Land habe bis vor Kurzem eine

Monatsmiete von 3000 Euro pro Monat von der Firma Rauch erwirtschaften können, die dort Trester getrocknet habe. Die Veranstaltungstauglichkeit wird bezweifelt, die Renovierungskosten werden als unfinanzierbar angesehen (zwischen ein und zwei Millionen Euro). Die Initiator/inn/en erinnern, daran, dass ihnen an dem Gebäude im derzeitigen Zustand gelegen ist, eine Luxusrenovierung wünscht sich niemand, auch wenn damit feststeht, dass im Winter wenig veranstaltet werden kann. Sie schlagen vor, sich bei der zuständigen Bezirksverwaltungsbehörde nach den Mindeststandards für eine Veranstaltungsgenehmigung zu erkundigen. Karl Fenkart sagt zu, dies zu erledigen. Die Initiator/inn/en versichern, alles Notwendige aus eigener Kraft renovieren zu können. So trennt man sich zehn Tage vor der Landtagswahl nicht ohne Zuversicht.

Neue Besen kehren ... auch nicht

Nach der Landtagswahl ist Markus Wallner zwar noch Landesstatthalter, aber nicht mehr für Kultur zuständig. Diese Verantwortung tritt er an Andrea Kaufmann ab, zu diesem Zeitpunkt Kulturstadträtin in Dornbirn. Insgesamt hat er sich nach der Wahl offenbar von dem Projekt verabschiedet, ohne dies so konkret zu artikulieren. Am Rande des „Kulturtreffs" am 16. November 2009 spricht er von einem nicht realisierbaren Projekt. Die versprochene Kontaktaufnahme Karl Fenkarts mit der Bezirkshauptmannschaft Feldkirch findet nicht statt. Erst auf Drängen der Initiator/inn/en kommt es am 25. November zu einem Gespräch mit Karl Fenkart. Er hat detaillierte Kostenschätzungen für die Instandsetzung beauftragt und erhalten. Doch befürwortet er die Instandsetzung nicht und führt Kostengründe an. Gleichzeitig soll die Halle im derzeitigen Zustand den Initiator/inn/en nicht überlassen werden, das Land könne die Halle im derzeitigen Zustand nicht vermieten, meint Fenkart. Zum Trost übermittelt er einige Tage später die Kostenschätzung für eine vollständige Renovierung inklusive Isolierung der Halle (Größenordnung 1,8 Millionen Euro) und eine Liste der Liegenschaften, die sich im Besitz des Landes befinden.

Das Ergebnis eines über ein Jahr andauernden politischen Projekts ist mehr als ernüchternd: Zwar konnten die Initiator/inn/en mittels der Hausbesetzung Politiker/innen dazu bewegen, in Gespräche einzutreten und verbale Bekenntnisse zum Projekt eines autonomen Kulturzentrums zu erlangen. Doch am Ende gibt es ein leer stehendes Gebäude des Landes, das die

Initiator/inn/en gern dafür adaptiert hätten, wofür das Land jedoch letztlich die Zustimmung verweigert. Ein nachvollziehbarer Grund dafür wurde bislang nicht genannt. Die Initiator/inn/en erhielten, das ist der Stand der Dinge heute, von der neuen Kulturlandesrätin wiederum die Zusicherung, dem Projekt wohlwollend gegenüberzustehen und zu Mietzahlungen bereit zu sein, wenn nur ein geeignetes Gebäude gefunden werde.

Fehlende Wertschätzung fürs Ehrenamt

So hat die Landesregierung in Vorarlberg die Chance ungenützt verstreichen lassen, ein nachhaltiges Projekt im Soziokulturbereich entstehen zu lassen. Die Gründe dafür bleiben im Dunkeln. Denn im Gegensatz zu manchen negativen Erwartungen der Initiator/inn/en gab es vonseiten der involvierten Gemeinden keine ablehnenden Haltungen, sondern im Gegenteil – Interesse und Zuspruch. Kosten wären dem Land keine entstanden, sieht man vom Entfall einer Miete ab, die zurzeit ohnehin nicht lukriert wird. Für ein autonomes Kulturzentrum ein Gebäude bereitzustellen, wäre auch ein Signal an die von Arbeitslosigkeit und wirtschaftlicher Unsicherheit bedrängten jungen Erwachsenen gewesen, dass es Platz auch für sie gibt und dass ehrenamtliches Engagement sich lohnt. Nämlich in dem Sinn, dass gesellschaftliche Integration über gemeinsame Arbeit passiert, dass berufliche Perspektiven auch durch die organisatorische Arbeit in einem Kulturzentrum und in dort angesiedelten Werkstätten verbessert werden können. Das Angebot, ehrenamtlich ein solches Zentrum zu betreiben, hat nicht die verdiente Wertschätzung erfahren.

Nun dürfte die Energie bis auf Weiteres verbraucht sein. Etliche der Aktivist/inn/en haben Vorarlberg in Richtung der Universitätsstädte verlassen. Sie sehen keine realistische Chance, ihr Kulturzentrum in absehbarer Zeit verwirklichen zu können. Ihre Energie und ihre Lebenszeit werden sie nun anderswo investieren. Denn von der Vorarlberger Landesregierung fühlen sie sich verschaukelt.

Die Abwanderung von Sozialkapital

Für die Landesregierung bedeutet dies jedoch nicht, dass sie das Projekt nun ad acta legen und vergessen kann. Denn im Walgau hat es am 23. Oktober 2009, genau ein Jahr nach der Verlautbarung des „Vorarlberger Konjunkturpakets", wiederum eine Hausbesetzung gegeben. An die 20 durchwegs jüngere Aktivist/inn/en, die mit den Initiator/inn/en des autonomen Kulturzentrums im Rheintal in loser Verbindung stehen, haben ähnliche Forderungen erhoben.

Nun würde es der Landesregierung gut anstehen, das sich bietende gesellschaftliche Potential (von Ökonom/inn/en gern auch als „Sozialkapital" bezeichnet) nicht zu vernachlässigen oder gar aus dem Land zu vertreiben, sondern das geringe notwendige Investment an Raum tatsächlich bereitzustellen. Wurde zu Beginn der Verhandlungen im November 2008 das Bekenntnis des Landesstatthalters Markus Wallner zum Projekt noch ernst genommen, so gab seine gewandelte Haltung unmittelbar nach der Landtagswahl Anlass, sich in negativen Erwartungen gegenüber der Politik bestätigt zu fühlen.

Sollte es 2010 gelingen, nicht nur ein Vertrauensverhältnis zwischen der Szene und der nunmehr zuständigen Kulturlandesrätin Andrea Kaufmann herzustellen, sondern auch ein Gebäude zu finden, sind die Chancen für ein wichtiges soziokulturelles Projekt in Vorarlberg noch gegeben. Vielleicht verbleibt die Landesregierung jedoch bei der oft praktizierten Haltung, möglichst keine Einrichtung ohne direkte Einflussmöglichkeit zuzulassen – und sei es nur ein Freiraum für alternative Kultur, ein Experimentierfeld für Arbeits- und Lebensformen.

Anmerkungen

1 Weitere Details und die Entlastungsmaßnahmen abrufbar unter: http://vorarlberg.at/vorarlberg/finanzen_abgaben/finanzen/landesbudget/weitereinformationen/landesvoranschlaege/landesvoranschlaege.htm.

2 Als ein Beispiel sei die Studie der EU „Economy of Culture" von 2006 genannt, abrufbar unter: http://ec.europa.eu/culture/key-documents/doc873_en.htm. „Die Studie zeigt, wie Kultur die wirtschaftliche und soziale Entwicklung, aber auch Innovation und Zusammenhalt voranbringt. Der kulturelle und kreative Sektor ist ein Wachstumssektor, der sich schneller entwickelt als die übrige Wirtschaft. Dasselbe gilt für die Beschäftigung. So bietet dieser Sektor ganz verschiedene, oft hoch qualifizierte Arbeitsmöglichkeiten, und auch bei der

Schaffung von Arbeitsplätzen weist dieser Sektor ein höheres Wachstum auf als die übrige Wirtschaft. Die Entwicklung vieler anderer Branchen der europäischen Wirtschaft, insbesondere Innovation und IKT, wird durch diesen Sektor ebenfalls vorangetrieben", heißt es in der deutschen Zusammenfassung.

3 Das ausformulierte Konzept für ein Autonomes Kulturzentrum in Vorarlberg findet sich auf der Seite www.ajzkonkret.at.

4 Es gibt zahlreiche Dokumente zur Geschichte autonomer (Jugend-)Kulturarbeit, die einer Aufarbeitung harren. Interessent/inn/en wenden sich an den Verein Konkret unter der oben genannten Adresse.

5 Der schwierige Beginn und die ermutigende Entwicklung ist hier nachzulesen: http://www.kuzeb.ch/geschich.htm.

6 Obschon nicht weniger als elf Objekte zur Nutzung für das Zentrum vorgeschlagen wurden, kam es nie zu einem vertretbaren Standort für das „Konki". Zuletzt wurde ein für Veranstaltungen nicht zugelassenes, vom Schimmel befallenes Gebäude in der „roten Zone" genutzt, sodass der Vereinsvorstand angesichts seiner Verantwortung für Besucher/innen und Mitarbeiter/innen schließlich das Haus verließ und der Verein seither ohne Obdach ist.

aha – Tipps & Infos für junge Leute,
invo – service für kinder- und jugendbeteiligung,
Offene Jugendarbeit Lustenau

Politische Bildung in der außerschulischen Jugendarbeit

Der Vorarlberger Landesregierung ist Politische Bildung im außerschulischen Jugendbereich ein besonderes Anliegen. Mit landesweiten Aktivitäten zum Thema „Jugend & Politik" sollen junge Menschen zu einem eigenverantwortlichen, kompetenten und vorausschauenden politischen Handeln befähigt werden. Durch innovative außerschulische Angebote können Jugendliche die Distanz zur Politik abbauen und die Motivation zu einer aktiven Meinungsbildung und einer aktiven Beteiligung finden. Seitens des Landes Vorarlberg wurden 2009 unter anderem die beiden Projekte „Jugend & Politik" und „Aktionswoche Jugendpolitik" finanziell unterstützt.

Projekt „Jugend & Politik"

Anlass für das Projekt „Jugend & Politik" war die Wahlaltersenkung in Österreich im März 2007 von 18 auf 16 Jahre. Mit dieser Änderung des Wahlrechts werden junge Menschen vor neue Herausforderungen gestellt. Dies bestätigten auch vom aha durchgeführte Fokusgruppen mit Jugendlichen. Um sich eine „eigene" und damit selbst bestimmte Meinung zu bilden, wünschten sich die Jugendlichen „objektive" und „neutrale" Unterstützung.

Das aha als neutrales und objektiv agierendes Jugendinformationszentrum reagierte auf diesen Bedarf. Anliegen des Projektes „Jugend & Politik" ist es, mit verschiedenen Methoden und Inhalten möglichst viele Jugendliche zur aktiven Meinungsbildung zu motivieren. Dabei bietet es sich an, das Thema „Politische Bildung" mit dem Thema „Informationskompetenz" zu verknüpfen. Letztere bildet die Grundlage, auf der Jugendliche in ihrem Meinungsbildungsprozess begleitet und unterstützt werden können, während die „Politische Bildung" die inhaltliche Orientierung der Angebote bestimmt. Großer Wert wurde darauf gelegt, junge Menschen selbst in die inhaltliche Planung und Umsetzung der Angebote miteinzubeziehen.

Das Projekt „Jugend & Politik" umfasst eine Reihe von Workshops, Events und Aktionen für Jung- und insbesondere Erstwähler/innen. Ziel war es, nachhaltige Angebote zu schaffen, zu denen möglichst viele Jugendliche Zugang haben. Kernzielgruppe sind 14- bis 18-Jährige. Durch Kooperationen mit verschiedenen Partner/inne/n aus der Verbandlichen und der Offenen Jugendarbeit (invo – service für kinder- und jugendbeteiligung,[1] Vorarlberger Kinder- und Jugendanwalt,[2] KOJE – Koordinationsbüro für Offene Jugendarbeit und Entwicklung,[3] Landesjugendbeirat und Landesjugendreferat[4]) wurde sichergestellt, dass Jugendliche verschiedenster Herkunft im Hinblick auf Bildung, sozialen oder kulturellen Status von den Angeboten profitieren können. Dabei gilt es Wege aufzuzeigen, wie junge Menschen selbst zu Informationen kommen, wie sie damit kritisch umgehen können, was es braucht, um sich selbst ein Urteil und eine Meinung zu bilden und letztlich eine Entscheidung zu treffen.

Politik hautnah

Ein Beispiel für eine der Veranstaltungen im Rahmen des Projektes ist der „FrageRaum Politik". Jugendliche haben bei diesem Event die Gelegenheit, Vorarlberger Politiker/inne/n in informellem Rahmen zu begegnen und ganz persönlich kennenzulernen. Im Vorfeld der Vorarlberger Landtagswahl 2009 wurden zwei Veranstaltungen mit über 200 Teilnehmer/inne/n durchgeführt. Politiker/innen aller im Landtag vertretenen Parteien stellten sich den Fragen der Jugendlichen.

Nach einem kurzen Einstieg in das Thema „Politik" wurden vier Gruppen gebildet. Gemeinsam mit erwachsenen Moderator/inn/en erarbeiteten die Jugendlichen Fragen an die Politiker/innen. In kleinen Gruppen trafen die Jugendlichen in den verschiedenen „FrageRäumen" auf je eine Politikerin/einen Politiker. Dabei hatten sie Gelegenheit, ihre Fragen zu stellen. Anschließend wurden die „FrageRäume" gewechselt. Auf diese Weise konnten sich die Jugendlichen ein Bild von der Position der Partei und von der Person der Politikerin/des Politikers machen.

Die Idee zu dieser Veranstaltung kam von Jugendlichen selbst. Ihr Anliegen war es, einerseits die Parteien und die Inhalte unter die Lupe zu nehmen und andererseits die Politiker/innen in einem recht „privaten" Umfeld kennenzulernen.

Ziele des „FrageRaums Politik":

- Jugendliche sollen in einem möglichst niederschwelligen Rahmen, der mehr von ihrer Kultur als jener der Erwachsenen geprägt ist, auf lebendige Art mit Politiker/inne/n in Kontakt kommen, sich informieren und austauschen.
- Politik soll konkret erfahrbar sein.
- Jugendlichen soll die Möglichkeit geboten werden, *ihre* Fragen zu stellen und *ihre* Themen zur Sprache zu bringen.
- Förderung der Informationskompetenz und der Dialogfähigkeit.

Ergebnisse des „FrageRaums Politik":

- Jugendliche haben sich von den Politiker/inne/n wertgeschätzt und ernst genommen gefühlt.
- Politische Themen aus der jugendlichen Lebenswelt sind zur Sprache gekommen.
- Veranstaltung hat nachgewirkt, angeregte Diskussionen sind entstanden.
- Bei den „GegenFragen" stand Persönliches im Vordergrund, lockerer Ausklang.
- Politik wurde für Jugendliche „greifbar".
- Die Veranstaltung war von Jugendlichen für Jugendliche unter geringer Mitwirkung von Erwachsenen. Dadurch ist eine ganz besondere Atmosphäre entstanden.

Beteiligung von Jugendlichen

Das Projekt „Jugend & Politik" lebt von den Inputs und der Mitarbeit von Jugendlichen. So wurde etwa im Vorfeld des „FrageRaums Politik" ein Moderationsteam gegründet. Anliegen war es, die Veranstaltung mit großer Jugendbeteiligung, unter möglichst geringer Mitwirkung von Erwachsenen durchzuführen. Vier Jugendliche nahmen an einem Moderationstraining teil und moderierten die „FrageRaum"-Veranstaltungen.

Redaktions- und Filmteam

Aus dem ebenfalls im Rahmen von „Jugend & Politik" durchgeführten Medienworkshop „Hier steht's schwarz auf weiß" ist ein jugendliches Redaktionsteam[5] hervorgegangen. Sechs Mädchen warfen gemeinsam mit einem erfahrenen Journalisten einen Blick hinter die Kulissen der Medienwelt und lernten die Tricks und Kniffe des Journalistenalltags kennen. Interessierte hatten die Möglichkeit, im Anschluss einen weiteren Workshop zum Thema „Journalistisches Arbeiten" zu besuchen. Die Nachwuchsreporterinnen berichten auch nach Ende des Projektes „Jugend & Politik" über Veranstaltungen des aha. Neben dem Redaktionsteam wurde auch ein jugendliches Filmteam ins Leben gerufen. Schülerinnen des BORG Lauterach besuchten in ihrer Freizeit einen Workshop und drehten den Film „Jugend & Politik – Ein Stimmungsbild". Auch beim „FrageRaum Politik" war das Filmteam vor Ort und berichtete über ihre Motivation, am Projekt mitzuwirken.

Welche Eindrücke hat der „FrageRaum Politik" bei dir hinterlassen?

Während der Diskussionsrunden wurde deutlich, dass Politiker auch nur Menschen sind. Den Jugendlichen wurde die Chance gegeben, sich eine persönliche Meinung über die einzelnen Parteien sowie deren Vertreter zu bilden.
Elena (16)

Mich hat überrascht, dass die Politiker so offen und ehrlich geantwortet haben und teilweise nicht immer mit den Ansichten der eigenen Partei sympathisierten.
Andres (18)

Die Aussagen der Politiker fand ich des Öfteren sehr überraschend, da sie doch anders reagierten, wie ich zunächst vermutete. Nach diesem Event werde ich auch noch einmal meine politische Einstellung überdenken.
Nina (16)

Ich hatte das Gefühl, dass manche Politiker den gestellten Fragen ausgewichen sind und teilweise ein Widerspruch vorhanden war.
Christian (15)

Umfrage: Alicia Viertmann (18) und Linda Achberger (17), Jugendreporterinnen (26. Juni 2009)

„Aktionswoche Jugendpolitik". Ein Projekt zur Förderung der Wahlkompetenz Jugendlicher

„Wählen ab 16" bildete die Ausgangslage für ein weiteres Projekt, das von zwei Einrichtungen der Offenen Jugendarbeit Lustenau – den Jugendhäusern Culture Factor Y und Full House – initiiert wurde. Ziel dieser Aktionswoche zur politischen Aufklärung war es, Jungwähler/innen zu motivieren, von ihrem Wahlrecht Gebrauch zu machen. Ein großes Anliegen war dabei, politische Bewusstseinsbildung mit Spaß zu verbinden. Mit der „Aktionswoche Jugendpolitik" wurden im Vorfeld der Vorarlberger Landtagswahlen im September 2009 rund 550 Jugendliche in Lustenau erreicht.

Politikvermittlung durch Jugendliche

Ein konsequent partizipatives Peer-to-Peer-Konzept liegt dem Projekt zugrunde: Jugendliche selbst bringen Politik anderen Jugendlichen näher. Unterstützt von Jugendarbeiter/inne/n war ein engagiertes Team von sechs jungen Leuten von der Idee über die Planung bis zur Umsetzung und Evaluation in das Projekt eingebunden.

Ein besonderer Vorteil dieses Peer-to-Peer-Konzeptes: Politikvermittlung durch Gleichaltrige wirkt auf Jugendliche besonders anregend und authentisch.

„Politik on Tour"

Die Handelsschule/-akademie und das Bundesgymnasium der Marktgemeinde Lustenau konnten als Partner für das Projekt gewonnen werden. Unter dem Motto „Politik on Tour" standen die Schulen einige Tage vor den Vorarlberger Landtagswahlen ganz im Zeichen von Information und politischer Aufklärung. Die gute Zusammenarbeit der schulischen und außerschulischen Jugendarbeit war für das Gelingen des Projektes maßgeblich.

Das jugendliche Aktionsteam der Offenen Jugendarbeit Lustenau besuchte im Vorfeld der Landtagswahlen die beiden Schulen, um über die zur Wahl stehenden Parteien und ihre Programme zu informieren und anschließend eine Probewahl durchzuführen. Denn die Unwissenheit über den Ablauf einer Wahl stellt für viele Erstwähler/innen eine Hemmschwelle dar. Durch das Aufzeigen einer Wahlsituation und das aktive TUN sollte Demokratie für junge Menschen erfahrbar gemacht werden, um Barrieren, die vor dem ersten Mal wählen möglicherweise bestehen, abzubauen.

Bei der Probewahl wurde mit einer originalen Wahlkabine und Übungswahlzetteln nachgestellt, wie ein Urnengang funktioniert und was es dabei zu beachten gibt. „Wie vergibt man eine Vorzugsstimme?", „Wer darf wählen?" oder „Wie läuft eine Wahl überhaupt ab?" sind nur einige der Fragen, die dabei auftauchten und vom jugendlichen Aktionsteam beantwortet wurden.

„Dadurch, dass wir unter Jugendlichen Interesse an der Demokratie weckten und ihnen viele Infos zukommen ließen, werden sie sich auch in Zukunft mehr mit der Politik im Land auseinandersetzen", so Projektleiter Roman Zöhrer. „Wir haben großen Wert auf eine jugendfreundliche und niederschwellige Arbeitsweise gelegt. Dies ermöglichte uns, auch sehr viele politisch weniger interessierte Jugendliche zu erreichen."

Round Table

Mit dem Zwischenergebnis der Testwahl wurden die verschiedenen Parteivertreter/innen bei einer „Round Table"-Diskussion konfrontiert. Politiker/innen aller zur Wahl stehenden Parteien nahmen an der Veranstaltung im Culture Factor Y in Lustenau teil, um den Fragen der Erstwähler/innen Rede und Antwort zu stehen. Gut vorbereitet brachten die Jungwähler/innen die

Diskussionsthemen auf den Punkt. Dabei setzten sich die Jugendlichen für die folgenden Anliegen ein:
- Verbesserungen in der Ausländerpolitik: ein Miteinander von Einheimischen und Migrant/inn/en sowie Sprachförderung
- Gleiche Rechte und Pflichten sowie Chancengleichheit für alle
- Mehr Platz, mehr Raum, neues Jugendhaus
- Weitere und auch zukünftige Unterstützung von Jugendprojekten wie die „Guten Geister"[6]
- Kampf gegen Arbeitslosigkeit
- Bildungsmöglichkeiten für alle
- Bessere und günstigere Mobilität
- Unterstützung, Förderung, Gerechtigkeit für Lehrlinge, Mediation für Lehrherren
- Förderung von alternativen Technologien
- Günstigere Mieten, Jugendstartwohnungen

Dagegen lehnten die Jugendlichen strikt ab:
- Ausländerhetze, Antisemitismus
- Wachsende Armut
- Lobbyismus – Politik muss unabhängig bleiben bzw. werden

Zudem fanden während der Aktionswoche Konzerte und Filmabende im Culture Factor Y statt, um die Jugendlichen in einem lockeren und spaßigen Umfeld für Politik zu interessieren.

Interviews an Lustenauer Schulen:

Wählen ist sehr wichtig! Auch finde ich es wichtig, dass es einen offenen Zugang für Schulen und deren Erstwähler gibt. Weil Parteiwerbung oftmals sehr subjektiv ist.
Stefan (16)

Ja sicher gehe ich am Sonntag wählen, weil es wichtig ist, dass jede/r seine/ihre Stimme abgibt. Ich finde es sehr sinnvoll, dass es Aufklärungsarbeit von der Offenen Jugendarbeit Lustenau gibt, damit Erstwähler/innen wissen, wie es geht.
Simona (16)

Ich gehe wählen, weil ich etwas verändern will, und finde es deshalb sehr wichtig. Das Projekt „Politik on Tour", vor allem die Testwahl ist super. Ich habe vorher nicht gewusst, wie die Wahl genau abläuft.
Daniel (16)

Ja sicher gehe ich wählen, weil ich will, dass meine Meinung in Form einer Fraktion vertreten ist. „Politik on Tour" ist eine wichtige Idee, um junge Menschen für die Politik zu begeistern. Und vor allem auch, damit sie für ihren ersten Wahlgang aufgeklärt und gut gerüstet sind.
Alexandra (17)

Umfrage: Jugendteam des Culture Factor Y und Full House

Fazit

Jugendliche sollten in einem möglichst niederschwelligen Rahmen, der mehr von ihrer Kultur als jener der Erwachsenen geprägt ist, auf lebendige Art mit dem Thema „Politik" in Kontakt kommen, sich informieren und sich austauschen. Die größte Herausforderung in der Politischen Bildung im außerschulischen Kontext ist es, Jugendliche überhaupt zu erreichen. Denn im Unterschied zur Politischen Bildung in der Schule beruht diese Art der Politikvermittlung auf dem Prinzip der Freiwilligkeit. Für die Akquirierung von Jugendlichen und die Motivationsarbeit müssen viele Ressourcen zur Verfügung gestellt werden. Dafür ist eine enge Zusammenarbeit mit bestehenden Einrichtungen der Jugendarbeit, Schulen, Jugendkoordinatorinn/en auf Gemeindeebene etc. notwendig.

Zusammenfassend lässt sich festhalten, dass – um Jugendliche für „Politik" zu begeistern – ein jugendgerechter Zugang zum Thema geschaffen werden muss. Dies kann nur sichergestellt werden, wenn Jugendliche selbst von Anfang an in die Planung und Umsetzung der Projekte miteinbezogen werden. Zudem hat sich gezeigt, dass die persönliche Begegnung mit Politiker/inne/n – wie beim „FrageRaum Politik" – und das aktive Tun – wie bei den Probewahlen der „Aktionswoche Politik" – die größten Lerneffekte für Jugendliche mit sich bringen.

Ausgehend von den Erfahrungen der beiden Projekte haben aha und invo mit finanzieller Unterstützung des Jugendreferates beim Amt der Vorarlberger Landesregierung ein Angebot für die Gemeindewahl in Vorarlberg

2010 entwickelt.[7] Auch außerhalb von Wahlzeiten lassen sich die Projekte mit kleinen Adaptierungen umsetzen. Information und Erstberatung für Einrichtungen, die ähnliche Angebote für Jugendliche realisieren möchten, sind bei aha (www.aha.or.at) und invo (www.invo.at) erhältlich.

Anmerkungen

1 Vgl. www.invo.at.
2 Vgl. www.kija.at.
3 Vgl. www.koje.at.
4 Vgl. www.vorarlberg.at/vorarlberg/jugend_senioren/jugend_senioren.htm.
5 Vgl. www.aha.or.at/ueber_aha/teamplus/redaktionsteam.
6 Arbeitsprojekt des Jugendzentrums Full House für arbeitssuchende Jugendliche, vgl. www.full-house.at.
7 Weitere Informationen dazu bei aha – Tipps & Infos für junge Leute, aha@aha.or.at.

Nachschlag V

Werner Hagen

Husvarstand

I wett, i hett meh Husvarstand.
Dänn güng mor alls lichtor vo dor Hand,
und spilend löstit i jeds Problem.
Däs wär saumäßig bequem.
Abor eoppas i minom Hirn falliort,
i fiond alls fürchtig kompliziort.
Do händ's halt dio mit dom Husvarstand frei,
do git's ko lange Sionnarei,
gradus und jo kon Blick uf d'Sito.
Wer dischkuriort, kut bloß zum Strito.
Däs uonzig, was d' bruchscht, ischt Husvarstand.
Mit deom regiorscht a ganzos Land.
Abor was ischt as aingle gnau?
Muoß ma do gschiid si oder schlau?
Hoaßt Husvarstand, dass os jeda varstoht
und dass as in uofachschto Kopf ine goht?
Ischt Husvarstand do Varstand von am Hus?
Dänn küm ma mit Hohl- und Dachziogl us,
dazuo a paar Breotor vor om Kopf,
däs heot sogär der ärmschte Tropf.
Bloß i muoß mi, wil i däs alls nid hio,
mit am Menschovarstand scho zfrido gio.

Abor wänigschtens langat's grad,
zum an Flohmarkt fahro mit dom Rad,
am Gepäcksträgar domm an Stoß Büochor und Gschior,
an Rodel, an Gasherd und a Klavior.

Anhang

Vorarlberger Landtagswahlen

Wahltag	Wahlberechtigte und -beteiligung (%)		gültige Stimmen	ÖVP			SPÖ			FPÖ			GRÜNE		
				Stimmen	%	Mandate	Stimmen	%	Mandate	Stimmen	%	Mandate	Stimmen	%	Mandate
15.11.1945	77 824	91,80	69 602	48 876	70,20	19	19 016	27,30	7						
09.10.1949	108 537	96,40	100 956	56 960	56,42	16	19 293	19,11	4	22 271	22,06	6			
17.10.1954	117 973	94,31	105 373	61 105	57,99	16	27 357	25,96	7	14 395	13,66	3			
18.10.1959	130 103	93,75	118 078	64 619	54,73	21	34 607	29,31	10	17 614	14,92	5			
18.10.1964	142 919	93,10	129 662	69 321	53,46	20	38 302	29,54	10	20 480	15,79	6			
19.10.1969	153 022	93,66	139 617	69 861	50,04	20	38 718	27,73	9	29 258	20,96	7			
20.10.1974	159 630	94,17	146 773	83 571	56,94	22	40 498	27,59	10	20 333	13,85	4			
21.10.1979	175 060	94,06	161 130	92 579	57,46	22	46 800	29,04	10	20 140	12,50	4			
21.10.1984	191 774	93,21	172 503	89 086	51,64	20	41 366	23,98	9	18 097	10,49	3	22 430	13,00	4
08.10.1989	207 555	90,97	178 112	90 903	51,04	20	37 919	21,29	8	28 707	16,12	6	9234	5,18	2
18.09.1994	218 925	89,26	185 455	92 626	49,95	20	30 123	16,24	6	34 104	18,39	7	14 385	7,76	3
19.09.1999	226 113	87,81	191 300	87 542	45,76	18	24 844	12,99	5	52 444	27,41	11	11 541	6,03	2
19.09.2004	242 509	60,64	145 863	80 112	54,92	21	24 609	16,87	6	18 881	12,94	5	14 829	10,17	4
20.09.2009	261 132	68,44	177 414	90 108	50,79	20	17 779	10,02	3	44 562	25,12	9	18 763	10,58	4

Anmerkungen:
Die FPÖ kandidierte 1949 und 1954 unter der Bezeichnung WdU (Wahlpartei der Unabhängigen).
1959 wurden erstmals 36 Abgeordnete gewählt.
Die Grünen kandidierten 1984 unter der Bezeichnung AL/VGÖ (Alternative Liste/Vereinte Grüne Österreichs) und 1989 unter GAV (Grüne Alternative Vorarlberg).

Wahltag	sonstige Parteien (Stimmen)												
	KPÖ	LPÖ	DGV	FRITZ	GBL	CWG	LIF	VAU	NEU	LFB	BZÖ	GSI	sonstige
15.11.1945	1710												
09.10.1949	2432												
17.10.1954	2516												
18.10.1959	1238												
18.10.1964	1559												
19.10.1969		1780											
20.10.1974	1317												1054
21.10.1979	1611												
21.10.1984	1524												
08.10.1989	1266		8737	1346									
18.09.1994				1706	2911	2443	6478						679
19.09.1999				2328			6424	4363	1679				135
19.09.2004				2806				3046		1373			207
20.09.2009											2134	3090	978

Abkürzungen: ÖVP Österreichische Volkspartei; SPÖ Sozialistische/Sozialdemokratische Partei Österreichs; FPÖ Freiheitliche Partei Österreichs; KPÖ Kommunistische Partei Österreichs; LPÖ Liberale Partei Österreichs; DGV Die Grünen Vorarlbergs; FRITZ/FRIZZ Liste Georg Fritz; GBL Grüne Bürgerliste; CWG Christliche Wählergemeinschaft; LIF Liberales Forum; VAU Liste vau-heute Bernhard Amann; NEU Partei neutrales Österreich; LFB Liste freier Bürger; BZÖ Bündnis Zukunft Österreich; GSI Die Gsiberger.

Quellen: Bundesministerium für Inneres, Amt der Vorarlberger Landesregierung.

Nationalratswahlen – Ergebnisse in Vorarlberg

Nationalrat Wahltag	Wahlberechtigte und -beteiligung (%)		gültige Stimmen	ÖVP		SPÖ		FPÖ		GRÜNE	
				Stimmen	%	Stimmen	%	Stimmen	%	Stimmen	%
25. 11. 1945	77 824	92,0	69 707	48 812	70,0						
09. 10. 1949	108 567	96,6	101 837	57 402	56,4	19 262	18,9	22 287	21,9		
22. 02. 1953	116 757	96,1	108 269	60 140	55,6	24 531	22,7	20 340	18,8		
13. 05. 1956	124 516	96,5	116 851	71 081	60,8	31 271	26,8	12 010	10,3		
10. 05. 1959	131 553	95,3	122 537	69 153	56,4	36 834	30,1	14 836	12,1		
18. 11. 1962	139 140	95,5	130 388	72 914	55,9	36 459	28,0	19 370	14,9		
06. 03. 1966	146 891	96,3	139 173	85 994	61,8	30 787	22,1	17 905	12,9		
01. 03. 1970	156 323	95,9	147 541	80 763	54,7	45 726	31,0	20 038	13,6		
10. 10. 1971	154 661	95,9	145 358	75 050	51,6	53 265	36,6	16 082	11,1		
05. 10. 1975	161 305	96,1	152 422	80 891	53,1	54 750	35,9	15 588	10,2		
06. 05. 1979	173 809	96,1	163 791	89 999	55,0	54 739	33,4	17 536	10,7		
24. 04. 1983	186 625	96,3	176 301	106 324	60,3	48 158	27,3	12 732	7,2	8196	4,7
23. 11. 1986	198 350	96,0	184 180	97 725	53,1	46 953	25,5	21 950	11,9	16 256	8,8
07. 10. 1990	210 902	93,4	188 345	76 010	40,4	54 333	28,9	32 335	17,2	18 460	9,8
09. 10. 1994	221 450	72,4	158 595	59 921	37,8	33 075	20,9	37 354	23,6	14 236	9,0
17. 12. 1995	222 629	83,2	182 209	62 061	34,1	41 681	22,9	49 996	27,4	13 218	7,3
03. 10. 1999	229 911	74,1	168 878	59 956	35,2	30 668	18,2	50 956	30,2	16 950	10,0
24. 11. 2002	237 302	84,2	197 360	97 131	49,2	39 590	20,1	25 642	13,0	28 671	14,5
01. 10. 2006	250 521	70,0	173 963	73 076	42,0	32 204	18,5	18 998	10,9	28 609	16,5
28. 09. 2008	262 709	71,4	185 110	58 021	31,3	26 152	14,1	29 821	16,1	31 793	17,2

Nationalrat Wahltag	BZÖ		MATIN		KPÖ		LIF		sonstige	
	Stimmen	%	Stimmen	%	Stimmen	%	Stimmen	%	Stimmen	%
25.11.1945					1706	2,4				
09.10.1949									2886	2,8
22.02.1953									3258	3,0
13.05.1956									2489	2,1
10.05.1959									1714	1,4
18.11.1962									1645	1,3
06.03.1966									4487	3,2
01.03.1970					722	0,5			292	0,2
10.10.1971					961	0,7				
05.10.1975					1193	0,8				
06.05.1979					1517	0,9				
24.04.1983					891	0,5				
23.11.1986					1296	0,7				
07.10.1990					1182	0,6			6025	3,2
09.10.1994							10371	6,5	3218	2,0
17.12.1995					368	0,2	12969	7,1	1916	1,1
03.10.1999					358	0,2	8133	4,8	2358	1,4
24.11.2002					717	0,4	3191	1,6	2418	1,2
01.10.2006	5592	3,2	13412	7,7	957	0,6			1115	0,6
28.09.2008	24	12,8			1001	0,5	4860	2,6	9851	5,3

Anmerkungen:
Die Stimmen und Prozentpunkte der beiden getrennt antretenden Grün-Listen VGÖ und ALÖ im Jahr 1983 bzw. GAL und VGÖ 1990 wurden addiert.

Abkürzungen: MATIN Liste Hans-Peter Martin.

Europawahlen – Ergebnisse in Vorarlberg

Wahltag	Wahlberechtigte und -beteiligung (%)		gültige Stimmen	ÖVP		SPÖ		FPÖ		GRÜNE		LIF		MARTIN		sonstige
				Stimmen	%	Stimmen	%	Stimmen	%	Stimmen	%	Stimmen	%	Stimmen	%	Stimmen
01.06.1996	224 887	58,7	130 727	47 305	36,2	18 138	13,9	43 321	33,1	11 669	8,9	6399	4,9			3895
13.06.1999	229 565	44,1	100 295	35 889	35,8	19 824	19,8	28 390	28,3	11 352	11,3	2880	2,9			1960
13.06.2004	245 893	36,2	87 778	34 858	39,7	16 296	18,6	7224	8,2	14 215	16,2			14 743	16,8	442
07.06.2009	264 431	40,0	104 552	38 393	36,7	13 838	13,2	12 328	11,8	13 490	12,9					6067

Vorarlberger Gemeinderatswahlen

Bregenz Wahljahr	Wahlberechtigte und -beteiligung (%)		gültige Stimmen	SPÖ			ÖVP			FPÖ			Bregenz grünt/ Grünes Forum		
				Stimmen	%	Mandate	Stimmen	%	Mandate	Stimmen	%	Mandate	Stimmen	%	Mandate
1985	16 315	90,85	14 256	7766	54,48	21	4309	30,23	11	620	4,35	1	433	3,04	1
1990	17 109	89,16	14 375	6049	42,08	15	5335	37,11	14	1341	9,33	3	847	5,89	2
1995	17 361	86,06	14 064	3530	25,10	9	6651	47,29	18	2119	15,07	5	816	5,80	2
2000	17 516	85,30	13 801	2414	17,49	7	7221	52,32	20	2045	14,82	5	1173	8,50	3
2005	18 141	61,38	10 481	3719	35,48	13	3999	38,15	14	763	7,28	2	1406	13,41	5
2010	19 899	59,35	11 332	2978	26,28	10	5525	48,76	18	961	8,48	3	1179	10,40	4

Bregenz Wahljahr	Bregenzer Liste			Liberales Forum			Liga/Liste/ PRO Vorkloster			Bregenz denkt			Piratenpartei Österreich			KPÖ		
	Stimmen	%	Mandate	Stimmen	%	Mandate	Stimmen	%	Mandate	Stimmen	%	Mandate	Stimmen	%	Mandate	Stimmen	%	Mandate
1985	1084	7,60	2													44	0,31	0
1990	803	5,59	2															
1995				794	5,65	2	154	1,09	0									
2000				330	2,39	0	67	0,49	0	551	3,99	1						
2005							38	0,36	0	556	5,30	2						
2010										503	4,44	1	186	1,64	0			

Dornbirn Wahljahr	Wahlberechtigte und -beteiligung (%)		gültige Stimmen	ÖVP			SPÖ			FPÖ			Offene Bürgerliste/ Dornbirner Grüne		
				Stimmen	%	Mandate	Stimmen	%	Mandate	Stimmen	%	Mandate	Stimmen	%	Mandate
1985	24192	93,20	21555	12980	60,22	22	5193	24,09	9	1408	6,53	2	1890	8,77	3
1990	25483	91,73	21347	11401	53,41	20	4463	20,91	7	2239	10,49	4	3244	15,20	5
1995	26826	90,07	22930	13835	60,34	23	3500	15,26	5	3029	13,21	5	2020	8,81	3
2000	27844	89,27	22743	12147	53,41	20	4312	18,96	7	3978	17,49	6	1926	8,47	3
2005	29960	57,81	16308	9407	57,68	21	3765	23,09	8	1324	8,12	3	1725	10,58	4
2010	33937	54,28	17247	8937	51,82	20	3548	20,57	7	2502	14,51	5	2177	12,62	4

Dornbirn Wahljahr	Liberales Forum			(J. Seiner und) die Buntkarierten			Unabhängige Bürger Liste Dornbirn			KPÖ		
	Stimmen	%	Mandate	Stimmen	%	Mandate	Stimmen	%	Mandate	Stimmen	%	Mandate
1985										84	0,39	0
1990												
1995	546	2,38	0									
2000				380	1,67	0						
2005							87	0,53	0			
2010				83	0,48	0						

Hohenems	Wahlberechtigte und -beteiligung (%)		gültige Stimmen	ÖVP			SPÖ			FPÖ			Grün-alternative Liste/Die Grünen		
Wahljahr				Stimmen	%	Mandate	Stimmen	%	Mandate	Stimmen	%	Mandate	Stimmen	%	Mandate
1985	7851	94,22	7139	3790	53,09	18	2193	30,72	10	465	6,51	2	691	9,68	3
1990	8406	92,99	7515	2942	39,15	13	2523	33,57	12	986	13,12	4	868	11,55	4
1995	8753	90,72	7664	2620	34,19	12	1772	23,12	8	1121	14,63	5	665	8,68	3
2000	8952	90,24	7309	3681	50,36	18	951	13,01	4	1163	15,91	6	363	4,97	1
2005	9605	63,05	5813	3171	54,55	19	753	12,95	4	748	12,87	4	413	7,10	2
2010	10774	61,21	6227	2725	43,76	15	564	9,06	3	1411	22,66	7			

Hohenems	Pfütz Neutral/ Ems-neutral			Die Emsigen			Unabhängige Liste Hohenems			Bürgerbewegung Hohenems		
Wahljahr	Stimmen	%	Mandate	Stimmen	%	Mandate	Stimmen	%	Mandate	Stimmen	%	Mandate
1985												
1990	196	2,61	0									
1995	101	1,32	0	583	7,61	2	802	10,46	3			
2000	58	0,79	0	615	8,41	3	295	4,04	1			
2005				524	9,01	3	204	3,51	1			
2010				635	10,20	3				892	14,32	5

Anmerkungen: 2010 kandidierten die Emsigen und die Grünen gemeinsam.

Feldkirch Wahljahr	Wahlberechtigte und -beteiligung (%)		gültige Stimmen	ÖVP			SPÖ			FPÖ		
				Stimmen	%	Mandate	Stimmen	%	Mandate	Stimmen	%	Mandate
1985	15 875	91,75	13 994	9049	64,66	24	3144	22,47	8	727	5,20	2
1990	17 345	90,34	14 938	8648	57,89	22	2665	17,84	6	1775	11,88	4
1995	18 505	87,43	15 538	8286	53,33	20	2299	14,80	5	2735	17,60	6
2000	19 088	82,62	15 008	8344	55,60	21	2311	15,40	6	2190	14,59	5
2005	20 157	57,54	10 722	6924	64,58	24	1506	14,05	5	767	7,15	2
2010	23 092	52,89	11 191	7567	67,62	25	876	7,83	3	1070	9,56	3

Feldkirch Wahljahr	Feldkirch blüht/ Die Grünen			Bürgerliste Feldkirch			Liberales Forum			Lüt für Feldk. – Die Naturgesetzpartei		
	Stimmen	%	Mandate	Stimmen	%	Mandate	Stimmen	%	Mandate	Stimmen	%	Mandate
1985	1074	7,67	2									
1990	1710	11,45	4	140	0,94	0						
1995	1665	10,72	4				553	3,56	1			
2000	1784	11,89	4							379	2,53	0
2005	1525	14,22	5									
2010	1678	14,99	5									

Bludenz Wahljahr	Wahlberechtigte und -beteiligung (%)		gültige Stimmen	SPÖ			ÖVP			FPÖ		
				Stimmen	%	Mandate	Stimmen	%	Mandate	Stimmen	%	Mandate
1985	8728	92,77	7909	4144	52,40	18	2919	36,91	13	156	1,97	0
1990	8999	92,24	8064	3802	47,15	16	3220	39,93	14	402	4,99	1
1995	9187	90,58	8094	2985	36,88	12	3847	47,53	16	474	5,86	2
2000	9064	83,45	7181	2414	33,62	11	2873	40,01	14	725	10,10	3
2005	9395	63,84	5439	1818	33,43	11	2668	49,05	17	214	3,93	1
2010	10138	60,16	5591	1507	26,95	9	2901	51,89	17	514	9,19	3

Bludenz Wahljahr	Bludenz grünt			KPÖ			Bürgerforum Bludenz – Off. Bürgerliste			Offene Liste Bludenz		
	Stimmen	%	Mandate	Stimmen	%	Mandate	Stimmen	%	Mandate	Stimmen	%	Mandate
1985	629	7,95	2	61	0,77	0						
1990	640	7,94	2									
1995	476	5,88	2				312	3,85	1			
2000										1169	16,28	5
2005										739	13,59	4
2010										669	11,97	4

Lustenau Wahljahr	Wahlberechtigte und -beteiligung (%)		gültige Stimmen	FPÖ			ÖVP			SPÖ		
				Stimmen	%	Mandate	Stimmen	%	Mandate	Stimmen	%	Mandate
1985	10 656	94,18	9708	4954	51,03	19	3203	32,99	12	811	8,35	3
1990	11 367	92,09	9804	4582	46,74	18	2528	25,79	9	1241	12,66	4
1995	11 893	91,15	10392	5947	57,23	21	2271	21,85	8	610	5,87	2
2000	12 549	89,58	10362	4310	41,59	16	3448	33,28	12	580	5,60	2
2005	13 536	68,91	8708	3515	40,37	15	3240	37,21	14	566	6,50	2
2010	15 070	67,13	9540	2956	30,99	11	4876	51,11	19	524	5,49	2

Lustenau Wahljahr	Alternative Liste/ Die Grünen			Liberales Forum			NBL-Neue Bürger Liste			Liste Halil Ilgec		
	Stimmen	%	Mandate	Stimmen	%	Mandate	Stimmen	%	Mandate	Stimmen	%	Mandate
1985	740	7,62	2									
1990	1453	14,82	5									
1995	1200	11,55	4	364	3,5	1						
2000	1881	18,15	6				143	1,38	0			
2005	1139	13,08	4							248	2,85	1
2010	1184	12,41	4									

Kurzbiografien der Autor/inn/en

aha – Tipps & Infos für junge Leute, ist das Jugendinformationszentrum in Vorarlberg (JIZ). Das JIZ recherchiert und dokumentiert jugendrelevante Informationen, bereitet sie jugendgerecht auf und gibt sie über verschiedene Kommunikationskanäle an seine Zielgruppe weiter. Das Angebot wird aktiv von Jugendlichen mitgestaltet. Das JIZ fördert Jugendliche, in der Vielfalt zu fokussieren und wissensbasierte Entscheidungen zu treffen. Dadurch wird ihre Kompetenz im Umgang mit Information und Medien gestärkt. aha wird finanziert vom Land Vorarlberg sowie den Städten Dornbirn, Bregenz und Bludenz; http://www.aha.or.at/.

Juliane Alton, Dr., geb. 1966 in Feldkirch, ist Theaterwissenschafterin und Publizistin sowie Vorstandsmitglied der IG Kultur Österreich und der Grünen Bildungswerkstatt Vorarlberg. Derzeit Geschäftsführerin der IG Kultur Vorarlberg; http://www.alton.at/juliane/.

Martina Büchel-Germann, Dr. jur., Vorstand der Abteilung Europaangelegenheiten und Außenbeziehungen des Amtes der Vorarlberger Landesregierung; http://www.vorarlberg.gv.at/vorarlberg/regionen_europa/europa/europa/kontakt/europaangelegenheiten.htm.

Wolfgang Burtscher, Dr., geb. 1948 in Feldkirch, studierte Rechtswissenschaften in Wien und ist seit 1968 beim ORF tätig, davon 1985 bis 1996 als Chefredakteur des Aktuellen Dienstes und seit 1997 als Landesintendant bzw. seit 2002 als Landesdirektor; http://kundendienst.orf.at/unternehmen/menschen/geschaeftsfuehrung/burtscher.html.

Peter Bußjäger, Dr., geb. 1963 in Bludenz, ist Universitätsdozent für Verfassungsrecht, Verwaltungsrecht und Verwaltungslehre an der Universität Innsbruck sowie seit 2001 Direktor des Institutes für Föderalismus in Innsbruck, seit 2003 Direktor des Vorarlberger Landtages und seit 2005 Mitglied des Verwaltungsgerichtshofes des Fürstentums Liechtenstein; http://www.foederalismus.at/bussjaeger.htm.

Adnan Dincer, geb. 1968 in Konya (Türkei), seit 1974 in Dornbirn wohnhaft, studierte in Ankara Internationale BWL und besuchte die Lehrgänge Politische Bildung an der Universität Salzburg sowie an der Donau-Universität Krems. Er ist Integrations- u. Konfliktanalytiker/-manager, Unternehmensberater sowie Kommunikations- und Kompetenztrainer. Weiters Vorstandsmitglied der AK Vorarlberg, Fraktionsobmann der NBZ (Neue Bewegung für die Zukunft) und Mitglied in diversen Politischen/Sozialen Ausschüssen; http://www.adnandincer.com/.

Peter Filzmaier, Univ.-Prof. Dr., geb. 1967 in Wien, ist Politikwissenschafter und Leiter des Departments für Politische Kommunikation der Donau-Universität Krems sowie geschäftsführender Gesellschafter des Instituts für Strategieanalysen (ISA), Wien; http://www.strategieanalysen.at/.

Brigitte Flinspach, geb. 1943 in Salzburg, war von 1989 bis 1999 Landtagsabgeordnete für die Grünen im Vorarlberger Landtag, danach bis 2009 Obfrau des Vereins für Einwicklungszusammenarbeit SÜDWIND Vorarlberg und weiterhin im Vorstand tätig. Sie ist bis heute in der SeniorInnenpolitik Bregenz aktiv.

Ulrich Gabriel, Mag., geb. 1947 in Dornbirn, studierte Musikpädagogik und Germanistik in Wien. AHS-Lehrer, Musiker, Autor, Kabarettist, Kolumnist, Kunst- und Kulturschaffender sowie -kritiker. Produziert die CD-Reihe GAULS Kinderlieder und die Vorarlberger Lesebuchreihe „Lies wo du lebst", Leiter des Verlages unartproduktion; http://www.unartproduktion.at/.

Manfried Gantner, Univ.-Prof. Dr., geb. 1945 in Wald am Arlberg, ist Professor für Finanzwissenschaft an der Universität Innsbruck, deren Rektor er von 2003 bis 2007 war. Aktuelle Funktionen: Mitglied des Kuratoriums der Tiroler Zukunftsstiftung, Mitglied der Expertengruppe für Angewandte Forschung und Entwicklung der Hochschule Liechtenstein und Mitglied des Finanzkuratoriums der Akademie der Wissenschaften; http://www.uibk.ac.at/publicfinance/personal/gantner/lebenslauf_gantner.html.

Hubert Gorbach, geb. 1956 in Frastanz, seit seinem Ausscheiden als Vizekanzler und Bundesminister für Verkehr, Technologie und Innovation 2007 selbständig als Geschäftsführer der Gorbach Consulting GmbH, Aufsichtsratstätigkeit RHI (Aut) und Helios Power (Bulg.). Zuvor Vorsitzender Walter Klaus-Holding (2007), Vizekanzler und Bundesminister für Verkehr, Innovation und Technologie (2003–2007), Landesstatthalter, zuständig für die Ressorts: Straßenbau, Hochbau, Abfallwirtschaft, Wasserwirtschaft, Gewässerschutz, Wildbach und Lawinenverbauung sowie technische Dienste – Seilbahnwesen, Elektrotechnik, Maschinenbau (1999–2003), Mitglied der Vorarlberger Landesregierung (1993–2003) und Mitglied des Vorarlberger Landtages (1989–1993); http://www.gorbach-consulting.com/bio.htm.

Arnulf Häfele, DDr., geb. 1946 in Hohenems, studierte an der Universität Innsbruck Sozial- und Wirtschaftsgeschichte sowie Europäische Ethnographie und Rechtswissenschaften. Landtagsabgeordneter von 1974 bis 1999, SPÖ-Landesvorsitzender und Mitglied des SPÖ-Bundesparteipräsidiums von 1988 bis 1993. Derzeit Vorarlberger Landesobmann der „Naturfreunde Österreichs" und Zeitungskolumnist.

Werner Hagen, Dr., geb. 1943 in Dornbirn, AHS-Lehrer, Autor von politischem Kabarett wie dem „Nochejasser", „Wühlmäuse" oder „Kasperletheater für Vorarlberg" und Mundartgedichten.

Kathrin (Stainer-)Hämmerle, MMag. Dr., geb. 1969 in Hohenems, aufgewachsen in Lustenau, ist Professorin für Politikwissenschaft an der Fachhochschule Kärnten und lehrt an den Universitäten Klagenfurt, Innsbruck, Krems sowie an der Pädagogischen Hochschule Kärnten mit den Schwerpunkten Politische Bildung, Demokratieforschung und Verfassungsrecht; http://www.fh-kaernten.at/ueber-die-fh/mitarbeiterinnen/detail.html?per_oid=4295703641.

Klaus Hämmerle, Mag., geb. 1959 in Lustenau, seit 2002 Redakteur in der Lokalredaktion der „Vorarlberger Nachrichten".

Walter Hämmerle, Dr., geb. 1971 in Lustenau, lebt seit 1990 in Wien und ist Stellvertretender Chefredakteur der „Wiener Zeitung".

Johannes Huber, Mag., geb. 1972 in Dornbirn, Studium der Politikwissenschaften. Seit 2000 „Vorarlberger Nachrichten"-Innenpolitik-Redakteur in Wien.

invo – service für kinder- und jugendbeteiligung – unterstützt die Entwicklung von Beteiligungskulturen in Gemeinden, Institutionen und an kinder- und jugendrelevanten Orten durch Information, Beratung und Lobbying. invo regt Bildungsangebote zum Thema Kinder- und Jugendbeteiligung an und schafft Netzwerke. invo initiiert und begleitet Impulsprogramme und Projekte zur Entwicklung nachhaltiger Beteiligungsstrukturen. invo ist eine Einrichtung des Landes Vorarlberg in Kooperation mit aha – Tipps & Infos für junge Leute.

Guntram Lins, Dr., geb. 1938, nach Studium der Rechtswissenschaften in Innsbruck seit 1968 Rechtsanwalt in Bludenz. 15 Jahre Gemeindemandatar in Nüziders und Bludenz. Von 1984 bis 1994 Mitglied der Vorarlberger Landesregierung zuständig für die Referate Finanzen, Hochbau und Kultur, sodann wieder Rechtsanwalt bis zur Pensionierung im Jahre 2005. Von 2004 bis 2009 Aufsichtsratsvorsitzender der Bundestheater Holding.

Wilfried Marxer, Dr., Jg. 1957, ist liechtensteinischer Staatsbürger und wohnt in Triesen (FL). Seit 2004 Forschungsbeauftragter am Liechtenstein-Institut/Fachbereich Politikwissenschaft in Bendern sowie Lehrbeauftragter an der Hochschule Liechtenstein und Präsident der Liechtensteinischen Akademischen Gesellschaft; http://www.liechtenstein-institut.li.

Offene Jugendarbeit Lustenau. Das Angebot der Offenen Jugendarbeit entspricht der Interessenlage Jugendlicher und den regionalen Gegebenheiten. Die Förderung junger Menschen in ihrer Entwicklung steht im Vordergrund ihres Wirkens.

Flooh Perlot, Dr., geb. 1979 in Innsbruck, ist Politikwissenschafter und wissenschaftlicher Mitarbeiter am Institut für Strategieanalysen (ISA), Wien.

Peter Plaikner, geb. 1960 in Innsbruck; Medienberater und Politikanalyst; 1981–2004 „Tiroler Tageszeitung", dort ab 1995 stv. Chefredakteur; seit 2005 plaiknerpublic medienarbeit – Wien | Innsbruck | Klagenfurt, strategische Kommunikationsberatung; Kolumnist für „Die Furche", „Tiroler Tageszeitung" und „Kärntner Woche"; Lehrgangsmanager für politische Kommunikation an der Donau-Universität Krems; zahlreiche Publikationen, Vorträge und Lehrtätigkeiten.